工业和信息化普通高等教育
"十三五"规划教材立项项目

会计名校名师
新形态精品教材

税务会计

微课版

◎ 盖地　编著

Tax
Accounting

ACCOUNTING

人民邮电出版社
北京

图书在版编目（CIP）数据

税务会计：微课版 / 盖地编著. -- 北京：人民邮
电出版社，2019.6
会计名校名师新形态精品教材
ISBN 978-7-115-49011-7

Ⅰ. ①税… Ⅱ. ①盖… Ⅲ. ①税务会计—教材 Ⅳ.
①F810.42

中国版本图书馆CIP数据核字(2018)第174777号

内 容 提 要

本书以我国现行税收法规和会计准则（制度）为法规依据，基于税务会计与财务会计适度分离的原则，系统阐述了税务会计的理论结构和纳税基础；以增值税会计、所得税会计为重点，分述符合税法要求的各税种会计的确认、计量与申报；在会计记录环节，以税务会计与财务会计混合模式进行阐述。本书的框架结构既符合我国会计实务的现状，又在理论上对两种会计进行了明确界定。

本书既可作为普通高等院校和职业院校会计学、财务管理学等专业相关课程的教材，又可作为企业会计人员、会计师、税务师、税务师事务所等中介机构专业人员的参考书。

◆ 编　著　盖　地
　 责任编辑　许金霞
　 责任印制　焦志炜

◆ 人民邮电出版社出版发行　　北京市丰台区成寿寺路 11 号
　 邮编　100164　电子邮件　315@ptpress.com.cn
　 网址　http://www.ptpress.com.cn
　 固安县铭成印刷有限公司印刷

◆ 开本：787×1092　1/16
　 印张：15.75　　　　　　　　　　2019 年 6 月第 1 版
　 字数：427 千字　　　　　　　　2019 年 6 月河北第 1 次印刷

定价：49.80 元
读者服务热线：(010)81055256　印装质量热线：(010)81055316
反盗版热线：(010)81055315
广告经营许可证：京东工商广登字 20170147 号

前 言 Preface

　　在现代企业制度下，财务会计、税务会计与管理会计提供的三类会计信息被广泛使用，但税务会计与财务会计的密切程度要远远高于税务会计与管理会计的密切程度。在会计理论与实务界，仍然有人将会计工作岗位分工混同于会计学科划分，认为财务会计可以处理涉税事项，税务会计没必要独立存在。但涉税事项不等于纳税事项，涉税会计处理不等于税务会计处理。涉税会计处理的目的是提供财务报表（报告），处理依据是会计准则；税务会计根据税收法规处理纳税事项，进而提供纳税申报表——税务会计报表。它们是两个密切联系但又不同的会计信息处理系统。

　　改革开放 40 多年来，我国的税收、会计等法规制度建设明显地体现在基于会计权益的分权观上，而非基于财税权益的集权观。在基于会计权益的分权观下，税务会计已经成为一种制度安排。

　　本书主要内容及章节安排如下。

　　第一章简述税务会计的基本理论，包括税务会计的概念、目标、原则、基本前提和会计要素。

　　第二章简述纳税基本知识，包括对税收的基本认知、税收实体法的主要构成要素、纳税申报和税款缴纳的基本内容。

　　第三章至第九章，对七个主要税种分章阐述其税务会计，其中又以第三章"增值税会计"和第七章"企业所得税会计"为核心章节。由于现行增值税会计处理制度遵循财税合一的模式，因此，在第三章"增值税会计"中的科目设置、会计记录方法一般以税法为准；由于《企业会计准则第 18 号——所得税》与中华人民共和国企业所得税法采取财税分离模式，因此，在第七章"企业所得税会计"中，以《企业会计准则第 18 号——所得税》为依据，前四节属于税务会计中的所得税会计（Income Taxes Accounting），均是以企业所得税法为确认、计量、记录依据，并按税法规定进行纳税申报。在第五节"财务会计中的所得税会计"（Accounting for Income Taxes）中，以《企业会计准则第 18 号——所得税》为依据，主要阐述了资产负债表债务法下的企业所得税会计处理方法，而非全部的企业所得税会计内容（属于财务会计范畴），仅是为了便于分析比较两者的区别与联系。因为在"一套账"的账簿体系下，在会计账务处理（记录）环节，两者密不可分。当然，如果在财务会计课程中已经比较系统地学习过这节的内容或者因课时所限，可以不讲或者自学。

第十章阐述企业经常涉及的六个小税种，简述其确认、计量、记录和纳税申报。

在体例结构上，每章章首设置了"学习目标"和"本章导言"两个栏目，每章章尾设置了"本章重点和难点""思考题""技能题"等栏目。

另外，本书的一大亮点是在内容形式上，针对重要的知识点配录微课，扫描二维码即可观看视频。

本书与张孝先编写的《税务会计实训教程》配套，以提升读者的实际业务操作能力。

税务会计的规范标准当然是税收法规制度。因此，本书在阐述各税种会计时，其确认、计量与申报均以我国现行税收法规（包括 2018 年增值税税率的调整、新颁布的企业所得税优惠政策，第十三届全国人民代表大会常务委员会第五次会议通过的修改《中华人民共和国个人所得税法》的"决定"等）为准，其会计记录则体现税收法规与会计准则的结合。

税收、会计法规制度变动频繁，书中所涉法规制度，如理解有误，应以法规为准；如有新变化，应以新法规制度为准。变化总是在发生，唯有变化是永恒，让我们适应变化、享受变化，并努力去追踪变化。

盖地

于天津财经大学

2019 年 1 月

目 录 Contents

第一章

税务会计概述

学习目标

1. 了解税务会计的产生及其发展；
2. 理解税务会计的目标和基本前提；
3. 掌握税务会计原则、要素及其关系。

本章导言

在学习财务会计时，总会出现"税金"这个"干扰项"。根据会计准则能够确认计量税金负债（应交税金）吗？当然不能。税金负债的确认计量必须依据国家现行税收法规制度，但会计记录一般是"一套账"，这就要正确处理财务会计与税务会计的关系——是两者分离，还是两者合一？哪些税种分离？哪些税种合一？财务会计不能取代税务会计，同样，税务会计也不能代替财务会计，两者和合为美。

第一节 税务会计的产生与发展

一、税务会计的产生

税务会计的产生及概念

从国家开始征税后，税款的缴纳者像关心自己的生产耗费那样，也必然会关心自己的税收负担，自然会产生纳税计量和记录的要求。但在一个相当长的历史阶段里，各国的税制远未走向法制化。在这种纳税环境下，纳税计量和记录不可能形成规范的体系。随着 19 世纪末 20 世纪初现代所得税的产生，各国税收逐步走上法制化的轨道，社会也从自给自足的自然经济（农业经济）逐步走向工业经济，税务会计（纳税会计）的产生也就逐步具备了经济、法律等基础。美国著名会计学家 E.S.亨德里克森在其《会计理论》一书中写道，很多小型企业会计人员的主要工作是填制所得税申报表，他们在报税以前都不记账。甚至在大公司，收益的纳税也是会计师们的一个主要工作。因此，所得税法规对建立会计的通用程序具有一定的影响也就不足为奇了。这些程序同样也会有助于会计理论的形成。

在税务会计的产生和发展过程中，现代所得税法的诞生和不断完善对其影响最大，因为企业所得税涉及企业经营、投资和筹资等各环节、各方面，涉及收入、收益、成本、费用等会计核算的全过程。增值税的产生和不断完善，也对税务会计的发展起到了重要的促进作用，因为它对企业会计提出了更高的要求，迫使企业在会计凭证、会计账簿的设置、记载上分别反映收入的形成、物化劳动的转移价值及转移价值中所包含的已纳税金，这样才能正确核算其增值额，进而正确计算企业应纳增值税额。为了适应纳税人的需要，或者说，纳税人为了适应纳税的需要，税务会计有必要从财务会计中独立出来，以充分发挥现代会计的多重功能。现在，越来越多的人认为，税务会计、财务会计、管理会计为会计学科的三大分支。

二、税务会计的概念

税务会计亦称纳税会计，它是以所涉税境的现行税收法规为准绳，运用会计学的理论、方法和程序，对企业经营过程中的纳税事项进行计算、调整和税款缴纳、退补等，即对企业纳税事项进行确认、计量、记录和申报（报告），以实现企业最大税收利益的一门专业会计。税务会计是社会经济发展到一定阶段（社会成熟到能够把征税、纳税作为社会自我施加的约束，财务会计已不能满足税务会计信息使用者的要求等）后，从财务会计中分离出来的。它是介于税收学与会计学之间的一门新兴的边缘学科，是集国家税收法规和会计记录为一体的一种特种专业会计，可以说是税务中的会计、会计中的税务。

税务会计一般并不要求企业在财务会计的凭证、账簿、报表之外再设一套会计账表（纳税报表及其附表除外）。各企业均应设置专职税务会计人员（办税员），大企业还应设置专门的税务管理部门及税务总监或税务经理等职位。

三、税务会计与财务会计的联系和区别

（一）税务会计与财务会计的联系

会计法规制度对会计工作的影响是方向性的。税收对会计的影响往往与法律对会计的影响分不开，税收通过法律发挥作用，法律保障税收的执行，但它们对会计产生影响的着重点不同。法律规定会计"能做什么"和"不能做什么"，税收则引导企业及其会计"怎样做"，从而影响企业及其会计的具体行为。例如，当税务会计与财务会计在实务中允许存在合理差异时，会计计量模式的选择必须遵循分别反映的原则，否则，两者之间量的差异将无法揭示出来。因此，税收对

税务会计与财务会计的区别

会计的影响是调节性的。企业决策者则被要求在国家法律、制度许可的范围内进行某些会计政策选择，如选择会计原则、会计程序、会计方法等。但会计的规范、计量方法、处理方法等也会反作用于法律、税收和企业决策者。

税务会计与财务会计具有互调性。对财务会计根据会计准则确认、计量、记录和报告的事项及其结果，只要与税法规定不悖，税务会计就可以直接采用。只有对与税法规定有差异或者不符合税法规定的事项，才进行纳税调整，即进行税务会计处理，使之符合税法的要求。根据成本效益原则，对小税种的会计处理，财务会计一般都是直接接受税务会计的处理结果，"没有差异"也就不必进行纳税调整。由此可见，两者互相依赖、互相借鉴，共同承担企业会计的重任，税务会计向政府提供纳税申报表，财务会计向投资人、债务人提供财务报表（报告）。与管理会计相比，税务会计与财务会计的关系更为密切。

（二）税务会计与财务会计的区别

两者除了对象不同、目标不同外，主要还有以下区别。

1. 核算基础、处理依据不同

税收制度是收付实现制与权责发生制的结合，因为计算应税所得是要确定纳税人立即支付货币资金的能力、管理上的方便性和征收当期收入的必要性，这与财务会计所依据的持续经营假定（假设）是相矛盾的，这便是纳税年度自身存在独立性的倾向。财务会计只是遵循财务会计准则、制度处理各种经济业务，会计人员对某些相同的经济业务可能会有不同的表述、得出不同的会计结果，这应该认为是正常情况。税务会计要遵循税务会计的一般原则，也要遵循与税收法规不相矛盾的那些财务会计的一般原则（质量要求）。

2. 计算损益的程序不同

税务会计坚持历史成本，不考虑货币时间价值的变动，更重视可以预见的事项，而财务会计却可以有某些不同。各国都在力图缩小财务会计与税务会计间的差异，但两者间的差异不可能消失，

因为两者目标不同。此外，承认税务会计与财务会计的区别，实际上是承认政府有权对纳税人的非营业收益等进行确认和征税。抹杀两者的区别，可能对征纳双方都是无益的。因此，既不必要求对方适应自己，又不必削足适履去适应对方。应该各自遵循其本身的规律和规范，在理论上不断发展自己，在方法上不断完善自己，更好地体现各自的具体目标，共同服务于企业的整体目标。

第二节 税务会计的对象、任务与目标

一、税务会计对象

在企业中，涉税事项都是税务会计对象。因此，纳税人因纳税而引起的税款的形成、计算、缴纳、补退、罚款等经济活动就是税务会计对象。

（一）计税基础、计税依据

1. 流转额（金额、数额）

流转额是企业在经营过程中的销售（购进）量、销售（购进）额等，是各种流转税的计税依据，也是所得税的计税基础和前提。

2. 成本、费用额

成本、费用额是企业在生产经营过程中的耗费和支出。它包括生产过程中的生产费用和流通过程中的流通费用。成本、费用主要反映企业资金的垫支和耗费，是企业资金补偿的尺度。一定会计期间的成本、费用总额与同期经营收入总额相比，可以反映出企业的生产经营成果。财务会计记录的成本、费用额中，按税法规定允许在税前扣除的部分是计算应纳税所得额的基础。

3. 利润额与收益额

财务会计核算的经营利润、投资收益都需要按税法的规定调整、确认为应税利润、应税收益，这是正确计税的基础。

4. 财产额（金额、数额）

对各种财产税，如房产税、车船税、契税等，需要在财务会计对各类资产进行确认、计量、记录的基础上，按税法规定的税种，正确确认应税财产金额或数额。

5. 行为计税额

对行为税（如印花税、车辆购置税等），应以财务会计确认、记录的应税行为交易额或应税标准为课税依据。

（二）税款的计算与核算

按税法规定的应缴税种，在正确确认计税依据的基础上，正确计算各种应缴税金，并做相应的会计记录。

（三）税款的缴纳、退补与减免

由于各种税的计税依据和征收方法不同，对于同一种税，不同行业、不同纳税人的会计记录也有所不同，因此，反映各种税款的缴纳方法也不尽一致。企业应按税法规定，根据企业会计准则、制度，正确进行税款缴纳的会计记录。对企业多缴税款、按规定应该退回的税款或应该补缴的税款，要进行相应的会计记录。减税、免税可体现税收政策的灵活性和税收杠杆的调节作用，因此对减、免税款，企业应正确进行会计记录。

（四）税收滞纳金与罚款、罚金

企业因逾期缴纳税款或违反税法规定而支付的各项税收滞纳金、罚款、罚金，也属税务会计对象，应该如实记录和反映。

二、税务会计的任务

税务会计作为会计的一个重要分支，既要以国家税法为准绳，认真履行纳税义务，又要在国家税法的允许范围内寻求企业税收利益。税务会计的任务主要包括如下几方面。

（1）反映和监督企业对国家税收法规制度的贯彻执行情况，使其认真履行纳税义务，正确处理企业与国家的关系。

（2）按照国家现行税法所规定的税种、计税依据、纳税环节、税目、税率等，正确计算企业在纳税期内的各种应缴税款，并进行相应的会计记录。

（3）根据税务机关的规定，及时、足额地缴纳各种税金，并进行相应的会计记录。

（4）正确编制、及时报送税务会计报表（纳税申报表），认真执行税务机关的审查意见。

（5）及时进行税务分析，提高涉税核算和税务管理水平，控制税务风险，降低纳税成本。

（6）充分利用税收法规制度赋予企业的权利，积极进行税务筹划，努力降低企业税收负担，争取企业税收利益。

三、税务会计的目标

税务会计的基本目标是税法遵从，即合法和不违法，以最大限度地降低税务风险；具体目标是向税务会计信息使用者提供有助于其进行税务决策的会计信息。

税务会计信息的使用者首先是各级税务机关，使用者可以凭税务会计信息进行税款征收、监督、检查，并将其作为税收立法的主要依据；其次是企业经营者、投资人、债权人等，可以从中了解企业纳税义务的履行情况和税收负担，并为其进行经营决策、投融资决策等提供涉税因素的会计信息，以最大限度地争取企业的税收利益。对纳税主体来说，税务会计的目标就是实现企业税收利益最大化或税后收益最大化。

第三节
税务会计基本前提

企业错综复杂的经济业务导致企业会计实务中存在种种不确定因素。要正确进行确认计量，就必须明确税务会计的基本前提（假设）。由于税务会计以财务会计为基础，故财务会计中的基本前提（假设）有些也适用于税务会计，如会计分期、货币计量等，但因税务会计具有法定性等特点，因此税务会计的基本前提也有其特殊性。

一、税务会计主体（实体）

税务会计主体亦称税务会计实体，即税法规定的直接负有纳税义务并享有纳税人权利的实体，包括单位和个人（法人和自然人）。正确界定税务会计主体，要求每个税务会计主体与其他税务会计主体分开，保持符合税法要求的会计记录并填报纳税申报表。一般情况下，纳税主体就是税务会计主体；但在特定情况下，纳税主体不一定就是税务会计主体。例如，对工资薪金、劳务报酬征纳个人所得税时，纳税人是纳税主体，但并非税务会计主体，作为扣缴义务人的企业单位才是这一纳税事项的会计主体即税务会计主体。

财务会计主体是财务会计为其服务的特定单位或组织，会计处理的数据和提供的财务信息被严格限制在一个特定独立的或相对独立的经营单位内，典型的财务会计主体是企业。在一般情况下，财务会计主体也是税务会计主体；但在特殊或特定情况下，财务会计主体不一定就是税务会计主体。

二、持续经营

持续经营意味着该企业个体将继续存在足够长的时间以实现其现在的承诺，如预期所得税在将来被继续课征。这是所得税款递延、亏损前溯或后转以及暂时性差异能够存在并且能够使用纳税影响会计法进行所得税跨期摊配的理论依据。以折旧为例，它意味着在缺乏相反证据的时候，人们总是假定该企业将在足够长的时间内为转回暂时性的纳税利益而经营并获得收益。

三、货币时间价值

货币（资金）在其运行过程中具有增值能力。即使不考虑通货膨胀因素，今天的 1 元钱也比若干年后收到（或付出）的 1 元钱的价值要大得多。即同样一笔资金在不同时间具有不同的价值。随着时间的推移，投入周转使用的资金价值将会发生增值，这种增值的能力或数额就是货币的时间价值。这一基本前提已成为税收立法、税收征管的基点，因此，各个税种都明确规定了纳税义务的确认原则、纳税期限、税金缴纳期等。它深刻地揭示了纳税人进行税务筹划的目标之一——纳税最晚，也说明了所得税会计中采用纳税影响会计法进行纳税调整的必要性。

四、税务会计期间

税务会计期间是指纳税人按照税法的规定选定的纳税年度期间。因此，税务会计期间亦称纳税年度。应税实体必须以年度为基础报告其经营成果，确定其纳税年度，即所有应税实体都必须选择一个年度会计期间，向政府报告其经营成果。我国的税务会计期间统一规定为日历年度，并非由纳税人自己选择。虽然也可将税务会计期间划分为月、季，但强调的是年度应税收益，尤其是所得税。税务会计期间不等同于纳税期限，如增值税、消费税的纳税期限是日、月或季。如果纳税人在一个纳税年度的中间开业，或者由于改组、合并、破产、清算等原因，使该纳税年度的实际经营期限不足 12 个月，则应当以其实际经营期限为一个纳税年度。进行纳税人清算时，应当以清算期间为一个纳税年度。

五、年度会计核算

年度会计核算是税务会计最基本的前提，各国税制都是建立在年度会计核算基础上的，而不是建立在某一特定业务基础上的。课税时只针对某一特定纳税期间发生的全部事项的净结果，而不考虑当期事项在后续年度中的可能结果，后续事项将在其发生的年度内予以考虑。例如，在"所得税跨期摊配"中应用递延法时，由于强调原始差异对税额的影响，而不强调转回差异对税额的影响，因此，它与未来税率没有关联性。当暂时性差异转回时，按暂时性差异产生时递延的同一数额调整所得税费用，从而使税务会计数据具有更强的可稽核性，以揭示税款分配的影响金额。

第四节 税务会计原则

为了切实有效地对纳税人稽征税款，在税收原则指导下，通过税法逐步形成了税收核算原则。如果站在纳税人的角度，税收核算（税款稽征）原则就是税务会计原则。税务会计虽然要遵循财务会计的一般程序和方法，但它必须以税法为导向。本书认为，包括我国在内的世界各国，其税务会计原则都隐含在税法中。它在明确性、公认性[①]方面，虽然远不如财务会计原则，但其刚性却明显高于财务会计原则，纳税人一旦违反，就会受到税法等相关法律的惩处。

在《企业会计准则——基本准则》第二章"会计信息质量要求"中，提出了真实性原则、相关性原则、清晰性原则、可比性原则、实质重于形式原则、重要性原则、谨慎性原则、及时性原则八项原则。对于财务会计的会计信息质量要求原则（特征）、会计要素的确认与计量原则、确认与计量的修正原则，其基本精神大多也适用于税务会计，但因税务会计与税法间的特定联系，税收原则理论和税收立法原则会非常明显地影响甚至主导税务会计原则。此外，还应体现税务会计主体的税收利益，逐步形成税务会计原则。本书认为，税务会计原则主要包括以下几个。

税务会计原则

一、税法导向原则

税法导向原则亦称税法遵从原则。税务会计应以税法为准绳，在财务会计确认、计量的基础上，以税法为判断标准（或以税务筹划为目标）进行重新确认和计量，在遵从或不违反税法的前提下，履行纳税义务，寻求税收利益。该原则体现"税法至上"，税法优先于会计法规等其他普通法规。

二、以财务会计核算为基础原则

此项原则适用于税务会计与财务会计混合的会计模式。某一交易事项按会计准则、制度在财务会计报告日确认以后，才能确认该交易事项按税法规定确认的应课税款；依据会计准则、制度在财务报告日尚未确认的交易事项可能会影响当日已确认的其他交易事项的最终应课税款，但只有在根据会计准则、制度确认导致征税效应的交易事项之后，才能确认这些征税效应。其基本含义是：①已在财务会计报表中确认的全部交易事项的当期或递延税款，应确认为当期或递延所得税负债或资产；②根据现行税法的规定计量某一交易事项的当期或递延应纳税款，以确定当期或未来年份应付或应退还的所得税金额；③为确认和计量递延所得税负债或资产，不预期未来年份赚取的收益或发生的费用的应纳税款或已颁布税法、税率变更的未来执行情况。

三、应计制原则与实现制原则

收付实现制不符合财务会计要素的确认、计量原则，不能用于财务会计报告目的[②]。为了更多地

借助于财务会计记录，降低税收征管成本，目前大多数国家的税法都原则上接受应计制原则。但在将其用于税务会计时，与财务会计的应计制还是存在明显差异的。第一，应该考虑税款支付能力原则，使得纳税人在最有能力支付时支付税款。第二，确定性的需要，要求收入和费用的实际实现具有确定性。例如，在收入的确认上，应计制的税务会计由于在一定程度上被支付能力原则所覆盖而包含着一定的收付实现制的方法；在费用的扣除上，财务会计依据稳健原则列入的某些估计、预计费用，在税务会计中是不能够接受的，后者强调"该经济行为已经发生"（在费用发生时而不是实际支付时确认扣除）的限制条件，从而可达到保护政府税收收入的目的。第三，保护政府税收收入。由此可见，税务会计（实质上是税法）是有条件地接受应计制原则，体现的是税收实用主义。

各国早期的税法都按收付实现原则计税，因为它体现了现金流动原则（具体化为公平负税和支付能力原则）。该原则是确保纳税人有能力支付应纳税款而使政府获取财政收入的基础。目前，实现制原则一般只适用于小企业、非营利组织和个人的纳税申报。如果税法明确规定某些涉税事项采用收付实现制原则，则税务会计应以实际收付现金为标准确认、计量应税收入与可扣除成本、费用。

四、历史（实际）成本计价原则

按历史（实际）成本计价原则进行会计记录，既有利于对资产、负债、所有者权益的存量计量，又有利于对收入、费用、利润的流量计量，因而能够客观、真实地反映企业的财务状况和财务成果。在财务会计中，该原则有一定的局限性。为弥补其不足，可以根据判断标准对资产计提减值准备等，从而对历史（实际）成本计价原则进行修正。但在税务会计中，除税法另有规定者外，纳税人必须遵循历史（实际）成本计价原则，因为它具有确定性与可验证性。正如诺贝尔经济学奖获得者萨缪尔森所言："会计人员之所以使用历史成本，是因为它反映的是客观的评价，并且容易证实。"

五、相关性原则

与财务会计中的相关性原则的含义不同，税务会计中的相关性原则体现在所得税负债的计算上，是指纳税人当期可扣除的费用从性质和根源上必须与其取得的收入、收益相关。

六、配比原则

配比原则是财务会计中对某一会计期间的收入与其相关的费用进行配比，以正确计算当期损益并据以进行收益分配。税务会计中的配比原则是指在进行所得税负债计算时，应按税法确定收入（法定收入）并界定同期可扣除费用，即纳税人发生的费用应在费用应配比或应分配的当期申报扣除。

七、确定性原则

确定性原则是指在所得税会计记录过程中，按所得税税法的规定，在应税收入与可扣除费用的实际实现上应具有确定性，即纳税人可扣除的费用不论何时支付，其金额必须是确定的。该原则适用于所得税的税前扣除，凡税前扣除的费用，如财产损失等，必须是真实发生的，且其金额必须是可确定的。

八、税款支付能力原则

税款支付能力与纳税能力有所不同。纳税能力是指纳税人应以合理的标准确定计税基数（税基），同等计税基数的纳税人应负担同一税种的同等税款。因此，纳税能力体现的是合理负税原则。与企业的其他费用支出有所不同，税款支出必须全部是现金支出，因此，在考虑纳税能力的同时，也应考虑税款的支付能力。税务会计在确认、计量、记录收入、收益、成本、费用时，应尽可能选择保证税款支付能力的会计记录方法（包括销售方式、结算方式、结算工具的选择等）。

九、合理性原则

合理性原则是指纳税人可扣除费用的计算与分配方法应符合一般的经营常规和会计惯例。该原则属于定性原则，而非定量原则，具有较大的弹性空间。对同一交易事项的认定和会计记录，征纳双方角度不同、利益不同，对"合理"会有不同的解释。税务会计信息应该具有"合理性"的充分说服力。

第五节

税务会计要素

税务会计要素是对税务会计对象的进一步分类。其分类既要服从于税务会计目标，又要受税务会计环境影响。税务会计环境决定了税务会计主体的具体涉税事项及其特点，按涉税事项的特点和税务会计信息使用者的要求进行分类，即形成税务会计要素。它同时也是税务会计报表（纳税申报表）要素。税务会计要素主要包括以下几个。

税务会计要素

一、计税依据

计税依据是税法中规定的计算应纳税额的根据，在税收理论中称为税基。纳税人的各种应缴税款是根据各税种的计税依据与其适用税率相乘之积。不同税种的计税依据不同，有收入额、销售额（量）、增值额（率）、所得额等。

二、应税收入

应税收入是企业销售商品、提供劳务等应税行为所取得的收入，即税法所认定的收入。因此，也可称之为法定收入。应税收入与财务会计收入（简称"会计收入"）密切联系，但不一定等同。确认应税收入的原则如下。一是与应税行为相联系，即发生应税行为才能产生应税收入；换言之，如果纳税人发生非应税行为或免税行为，其所取得的收入就不是应税收入，而只是会计收入。二是与某一具体税种相关。纳税人取得的一项收入如果是应税收入，那必然与某一具体税种相关，即是某一特定税种的应税收入，而非其他税种的应税收入。

对应税收入的确认和计量，一般也按财务会计的原则和标准。但在具体掌握上，税法又有例外，如对权责发生制的修正，税法对某些应税行为按收付实现制确认应税收入。

三、扣除费用

扣除费用是指企业因发生应税收入而必须支付的相关成本、费用、税金、损失，即税法认可的允许在计税时扣除项目的金额，亦称法定扣除项目金额。属于扣除项目的成本、费用、税金、损失在财务会计确认、计量、记录的基础上，分不同情况确认：一是按其与应税收入的发生是否为因果关系，如为因果关系，则可按比例扣除；二是在受益期内，按税法允许的会计方法进行折旧、摊销；三是对财务会计中已经确认、计量、记录的某些项目，凡超过税法规定扣除标准的，一律将税法规定的限额作为"扣除费用"。由此可见，财务会计确认、计量、记录的成本、费用、支出与法定扣除项目金额间虽然有密切关系，但两者并不等同。

四、应税所得

在经济学、财务会计学与税务会计学中，"所得"的含义有所不同。财务会计学中的"所得"是指账面利润或会计利润。税务会计学中的"所得"是指应税所得，或称应纳税所得额，它是应税收入与法定扣除项目金额（扣除费用）的差额，是所得税的计税依据[①]。在税务会计实务中，企业是在财务会计提供的账面利润的基础上，按现行税法与财务会计的差异及其选定的所得税会计方法（详见本书第七章）确认应税所得，进而计算应纳税额。如果"应税所得"是负数，则为"应税亏损"。

五、应纳税额

应纳税额亦称应缴税款，是计税依据与其适用税率或（和）单位税额相乘之积。应纳税额是税务会计中特有的一个会计要素，其他会计中没有这个要素。影响应纳税额的因素有计税依据、税率、单位税额和减免税规定。计税依据体现征税的广度，每个税种都要明确规定其计税依据。除附加税外，各个税种均有独立的计税依据。税率体现征税的深度，各个税种一般都有其特定的税率。如果对税基进行减免，则减免税体现在计税依据中；如果对应纳税额进行减免，则减免税是一个单独的因素。

六、税务会计等式

在我国财务会计的六项会计要素中，资产、负债和所有者权益构成资产负债表，收入、费用和利润构成利润表。这两张主要报表，分别体现了静态、动态会计要素之间的关系。在混合模式下，当财务会计要素的确认与税务会计一致时，按财务会计记录；当两者不一致时，按税法要求进行调整，调整后再融入财务会计中。税务会计要素是税制构成要素在税务会计中的具体体现，它们之间的关系可通过以下两个会计等式体现：

应税收入−扣除费用=应税所得

计税依据×适用税率（或单位税额）=应纳税额

前者仅适用于所得税，后者适用于包括所得税在内的所有税种。

---

① 应税所得是计税依据，但计税依据并非都是应税所得。

本章重点与难点

税务会计的一般原则（信息质量特征）、税务会计要素、税务会计的基本前提，与财务会计基本假设（前提）的区别与联系。

思考题

1. 试述税务会计的产生及其概念。
2. 税务会计与财务会计有何联系与区别？
3. 简述税务会计的目标和任务。
4. 简述税务会计的基本前提。
5. 简述税务会计的一般原则（质量特征）。
6. 简述税务会计要素及其关系。

第二章

纳税基础

学习目标

1. 了解税收的特点和作用；
2. 理解纳税申报与税款缴纳的程序和方法；
3. 掌握税收实体法的基本要素。

本章导言

美国独立战争领袖、美国宪法的起草人本杰明·富兰克林曾经说过："在这个世界上，任何人都逃脱不掉死亡和纳税。"既然纳税无法避免，为何不去主动了解和掌握税法呢？正确计税、报税是企业的财务与会计人员的基本职责。为此，必须要掌握纳税的基础知识。

第一节 税收概述

一、税收的产生

税收的故事神秘古老，税收的设计智慧精巧；税收是国之血脉，税收是公共需要。古今中外，税收都是遵循"无商无税、无税无国"的运行轨迹而变化和发展的，它深刻地揭示了税收同经济、税收同国家的内在辩证关系。归根结底，税收是为了适应人类社会经济发展的需要，特别是国家的需要而存在和发展的，同时，它又被作为执行国家职能必不可少的重要经济杠杆。随着经济全球化和贸易一体化的发展，税收也由一国一制趋向国际协调。

税收的产生必须具备两个前提条件：一是国家的产生和存在；二是私有财产制度的存在和发展。只有同时具备了这两个条件，税收才会产生。因此，税收是国家和私有财产制度并存这样一种特定历史条件下的产物。

二、税收的特征

税收自产生以来，一直是国家取得财政收入的主要形式。与其他财政收入形式相比，税收具有以下基本特征。

（一）强制性

税法是国家法律的重要组成部分，任何纳税人都必须依法纳税，否则就会受到法律的制裁。因此，税收具有强制性，是国家取得财政收入最普遍和最可靠的形式。

（二）无偿性①

税收是国家对纳税人的无偿征收。征收的税款作为国家的财政收入，不给付任何报酬，也不再直接偿还给纳税人。正如列宁在 1921 年所说的："所谓赋税，就是国家不付任何报酬而向居民取得

---

① 有人对此持异议，认为应是整体补偿性或不对应补偿性。

东西"。①税收的这种无偿性，与债权收入存在着根本的区别。

（三）固定性

税收是以法律形式存在的。在征税以前，税法预先对纳税人、纳税对象、税目、税率、应纳税额、纳税期限等做了具体规定。税收有一个比较稳定的适用期间，是一种固定的连续性收入。税收的这种固定性，使征纳双方都有法可依。但税收也并非一成不变，国家依据政治、经济环境的变化，可以修改现行税法，调整税收的有关规定。

税收的上述特征是相互联系、不可分离的，使其与利润、信贷、利息、折旧、罚没、规费、摊派等分配形式有明显的区别，成为一种特殊的分配范畴。税收的三个特征也是区别税与非税的根本标志。

第二节 税收实体法及其构成要素

税收实体法②是关于税收法律关系主体实体权利和义务的法律规范总称。税收实体法直接关系到征纳双方权力和责任（权利和义务）的界定，是税法的核心内容。如果没有税收实体法，政府就没有权力向纳税人征税，纳税人就没有纳税义务，也就没有税法体系。由于国家设置各税种的特定目的不同，因此，一般按照每个税种立法，即一个税种一部税收实体法（一税一法）。但各税种的构成要素（基本要素）具有统一性，一般包括纳税人、课税对象（纳税对象）、税目、税率、计税依据等。

一、纳税权利义务人

纳税权利义务人简称纳税人，纳税人可以是自然人，也可以是法人。

自然人是依法享有民事权利，并承担民事义务的公民。在税收上，自然人依法对国家负有纳税义务并享有纳税人权利。法人是依法成立，能够独立支配财产并能以其名义享受民事权利、承担民事义务的社会组织。法人负有依法向国家纳税的义务和相应的权利。在纳税实务中，与纳税人相关的概念如下。

纳税人与负税人

1. 负税人

负税人是最终承担税收负担的人。某种税的纳税人可能同时是其负税人，但也可能不承担税负或承担部分税负。因此，两者可能是统一的，也可能是完全分离或部分分离的，关键要看税负能否转嫁，而税负能否转嫁取决于市场环境和供求关系。一般情况下，间接的税负是可以分离的，即供求双方都会承担一定的税收负担。

2. 代扣（收）代缴义务人

代扣（收）代缴义务人亦称扣缴义务人，是税收法律、行政法规明确规定负有扣缴义务的单位和个人。扣缴义务人在支付或收取款项时，代税务机关向负有纳税义务的单位和个人扣留或收取并解缴（缴纳）税款。

---

① 列宁.《列宁全集》. 北京：人民出版社，1959.
② 相对于税收实体法的是税收程序法，即规范税务机关和税务行政相对人在行政程序中权力和责任的法规总称。它可以保障税收实体法的有效实施，弥补其不足；维护纳税人的权益，规范和制约行政权的行使，提高执法水平和执法效率。

二、纳税对象

纳税对象亦称征税（课税）对象。它是征税的目的物，也是缴纳税款的客体。纳税对象的计量标准是计税依据，即课税依据。以纳税对象的价值单位进行计算时，其计税依据为从价计税；以纳税对象的数量单位进行计算时，其计税依据为从量计税。既以价值又以数量为计税依据时，为复合计税。税法中规定的计算应纳税额的依据在理论上称为税基，纳税人的应交税款就是根据计税依据乘以税率（或单位税额）计算出来的。各税种的计税依据不同，有的是以收入额为计税依据，有的是以所得额为计税依据，有的是以销售量为计税依据……如果计税依据是价值形态，则纳税对象与计税依据一致；如果计税依据是实物形态，以纳税对象的数量、重量等为计税依据，则纳税对象与计税依据一般不一致。如车船税的纳税对象是各种车辆、船舶，其计税依据则是车船的辆数、吨数、米数等。

三、税目

税目是纳税对象的具体化，反映具体的征税范围，体现每个税种的征收广度。不是所有的税种都规定税目，对于那些纳税对象简单明确的税种，如增值税、房产税等，不必另行规定税目。对于纳税对象比较复杂的税种，在税种内部需要对不同纳税对象采取不同的税率档次进行调节时，就需要对该税种的纳税对象做进一步划分，其划分类别就是税目。

四、税率

税率是应纳税额与计税依据之间的关系或比例，是计算应纳税额的尺度，体现课税的深度。税率高低直接关系到国家财政收入的多少和纳税人税收负担的轻重。因此，税率是体现税收政策的重要指标，是构成税制的基本要素。税率可以从不同的角度进行分类。

（一）按照税率的经济意义划分

按照经济意义划分，税率可以分为名义税率和实际税率两种。名义税率就是税法上规定的税率，实际税率就是纳税人实际缴纳的税额与其全部收益额的比例（比重）。在一般情况下，同一种税的实际税率可能低于其名义税率。

（二）按照税率的表现形式划分

按照表现形式划分，税率可以分为以绝对数表示的税率和以百分比表示的税率。我国目前主要有以下几种税率。

1. 定额税率

定额税率是指按纳税对象的一定计量单位规定固定的税额，而不是规定纳税比例，因此又称之为固定税额。它是税率的一种特殊形式，一般适用于从量征收的某些税种、税目。在具体运用上，定额税率又分为地区差别定额税率、幅度定额税率、分类分级定额税率等不同形式。

2. 比例税率

使用比例税率时，对同一纳税对象，不论金额大小，都按同一比例纳税，税额与纳税对象之间的比例是固定的。比例税率在具体运用上又可分为产品比例税率、行业比例税率、地区差别比例税率、幅度比例税率等多种形式。

比例税率的优点是：同一纳税对象的不同纳税人税收负担相同，有利于企业在大体相同的条件下展开竞争，促进企业加强管理，提高经济效益；计算方便，便于税收稽征管理。其主要缺点是：不分纳税人的环境、条件差异及收入多少等，都按同一税率征税，这与纳税人的实际负担能力不完全相符，在调节企业利润水平方面有一定的局限性。

3. 累进税率

使用累进税率时，按照纳税对象数额的大小，实行等级递增的税率，即把纳税对象按一定的标准划分为若干等级，从低到高分别规定逐级递增的税率。这种税率制度既可适应纳税人的负担能力，又便于充分发挥调节纳税人收入水平的作用，适应性强，灵活度大，一般适用于对所得和财产的征税。按结构的不同，累进税率又可分为以下几种。

（1）全额累进税率。使用全额累进税率时，对纳税对象的全部数额，均按与之相适应的等级的累进税率计算纳税。当纳税对象提高到一个新的等级时，对其全额使用一级新的与之相适应的税率计算纳税。它的累进幅度较大，对纳税人的应税所得具有较强的调节作用，计算方法简单，但存在税负不尽合理的弊端。

（2）超额累进税率。使用超额累进税率时，把纳税对象按数额大小划分为若干等级，从低到高对各等级分别规定相应的税率。一定数额的纳税对象可以同时适用几个等级的税率，每超过一级，超过部分按提高一级的税率计税，这样分别计算税额，各等级应纳税额之和就是纳税人的应纳税额。它的累进程度比较缓和，纳税人的税负比全额累进税率要轻一些，但在计算上比较复杂。

（3）超率累进税率。它与超额累进税率在原理上是相同的，但税率累进的依据不是绝对数，而是相对数，如我国现行的土地增值税就采用的是超率累进税率。

五、纳税环节

纳税环节是指处于不断运动中的纳税对象应该缴纳税款的环节。税法对每一种税都确定了纳税环节，有的税种纳税环节单一，有的税种则需要在许多流转环节中选择和确定纳税环节。从对流转额的纳税来看，由于产品从生产到消费中间要经过工业生产、商业批发、商业零售等环节，故可以选择在产品的生产环节或第一次批发环节纳税，对其他环节不纳税，即实行一次课征制，如资源税；也可以在产品出厂销售时缴纳一次工业环节的税，在商业零售环节再缴纳一次税，而在商业批发等中间环节不纳税，即实行两次课征制；还可以在工业品的产制、批发和零售环节都纳税，即实行多次课征制（如增值税）。

六、税额计算

税额计算是指根据纳税人的生产经营或其他具体情况，对其应税事项，按照国家规定的税率，采取一定的计算方法，计算出纳税人的应纳税额。每种税都明确规定了应纳税额的具体计算公式，其基本计算方法相同，即：

应纳税额=计税依据×适用税率（单位税额）

公式中的"计税依据"在具体运用时，涉及以下两个概念。

一是计税单位，亦称计税标准、课税单位。它是课税对象的计量单位和缴纳标准，是课税对象的量化。计税单位分为从价计税、从量计税和混合计税三种。

二是计税价格。对于从价计征的税种，税率一经确定，应纳税额的多少就只取决于计税价格。

按计税价格是否包含税款，计税价格又分为含税计税价格和不含税计税价格两种。

七、税负调整

纳税人税负的轻重可通过一定措施来调整。税率主要体现税负的统一性，而税负调整则体现税负的灵活性。税负调整分为减轻税负（税收减免）和加重税负（税收加征）两种情况。

（一）税收减免

1．税收减免的概念及其要求

税收减免是减税与免税的合称。税收减免是国家对特定纳税人或征税对象给予减轻或者免除税收负担的一种税收优惠措施，包括税基式减免、税率式减免和税额式减免，但不包括出口退税和财政部门办理的减免税。税收减免体现出了税收在原则性基础上的灵活性，但也存在扭曲资源配置的可能性。

纳税人同时从事减税、免税项目与税收非减免项目的，应分别确认计量。纳税人依法可以享受减免税待遇，但因故未享受而多缴税款的，可以在税收征管法规定期限内申请减免税，要求退还多缴税款。

税务机关应当遵循依法、公开、公正、高效、便利原则，规范减免税管理，及时受理和核准纳税人申请的减免税事项。税务机关应当结合税收风险管理，将享受减免税的纳税人履行纳税义务的情况纳入风险管理，加强监督检查。

2．税收减免的类型

（1）核准类减免税。纳税人应在规定期限内，向税务机关提出书面申请，并按要求提交相应材料，经税务机关核准确认后执行。未按规定申请或虽申请但未经税务机关核准确认的，纳税人不得享受减免税。

（2）备案类减免税。纳税人享受备案类减免税时，应向税务机关提请备案，经税务机关登记备案后，自登记备案之日起执行。

（3）自行判别、申报享受、相关资料留存备查方式。企业应根据经营情况以及相关税收规定自行判断是否符合优惠事项规定的条件，符合条件的，应按规定时间自行计算减免税额，并填报纳税申报表主表和附表。

3．税收减免的形式

除减税（对纳税人涉税事项的税基、税率或应纳税额打一定折扣或予以降低而少征部分税款）、免税（对纳税人的应税行为免予征税）基本形式外，税收减免的形式还有以下几种。

起征点与免征额

（1）起征点。它是税法规定的对纳税对象开始征税的临界点。纳税对象未达到起征点的不征税；达到或超过起征点的，就其全部金额征税，而不是仅就超过部分征税。当起征点较高时，容易诱发纳税人避税。

（2）免征额。它是税法规定的对课税对象中免予征税的临界点。它是按税法规定的数额从计税依据总额中预先减除的部分。免征额部分不纳税，只对超过免征额的部分征税。免征额是一种普惠制，有利于保证纳税人的基本所得，尤其是对于低收入者而言。

（二）税收加征

（1）地方附加，简称附加，是指地方政府按照国家规定的比例，随同正税一起征收的作为地方财政收入的款项。附加是对税种的附加，适用于该税种的所有纳税人。

（2）加成征收，是指在按法定税率计算出应纳税额后，再加征一定成数的税额。一成是税额的10%，依次类推，一般最高为十成。加成实际上是税率的延伸，是对税率的补充规定。

（3）加倍征收，是指在按法定税率计算出税额后，再加征一定倍数的税额。加倍征税是累进税率的一种特别补充，其延伸程度远远大于加成征税。因为加成征税并未超过税率自身的规定范围，最大的加成幅度才是一倍，而加倍征税则最少是一倍，因此，其调控幅度大。加成与加倍征收是针对特定纳税人的，是对累进税率的一种特别补充。因此，其仅适用于直接税。

第三节 纳税申报与税款缴纳

一、纳税申报制度

纳税申报制度是纳税人在发生纳税义务后，按国家有关法律、行政法规的规定和税务机关的具体要求，向主管税务机关如实申报有关纳税事项及应缴税款时，应履行法定手续的制度。纳税申报不仅是征纳双方核定应纳税额、开具纳税凭证的主要依据，也是税务机关研究经济信息，加强税源管理的重要手段。实行纳税申报制度，可以促使纳税人增强纳税意识，提高税款计算的正确性，有利于税务机关依法征收税款，查处税务违法事件，保证税款及时、足额入库。

（一）纳税申报方式

目前，我国采用的纳税申报方式主要有两种。

1. 直接申报

纳税人、扣缴义务人直接到主管税务机关办理纳税申报或扣缴税款的报告。

2. 数据电文申报

纳税人、扣缴义务人经税务机关批准，可采用电子、光学或其他类似手段生成、储存或传递纳税申报或扣缴税款的报告。这些手段包括电子数据交换、电子邮件、电报、电传、传真等。

（二）纳税申报的范围

凡是有纳税义务的单位和个人，不论当期是否有应纳税款，都应办理纳税申报。此外，下列单位和个人，也应办理纳税申报。

（1）经税务机关批准，实行"自行核税、自行开票、自行缴库"的纳税人，应定期向税务机关提交纳税申报，接受税务机关的监督。

（2）定期定额缴纳税款的纳税人，按评估核定的销售额、营业额、所得额等分月计算缴纳税款，并定期办理纳税申报，以反映其实际经营情况，以便税务机关检查原先核定的税款定额是否合理。

（3）经税务机关批准减免税的纳税人，须定期申报减免税款的发生结果，以真实地反映减免税的成效。

（4）扣缴义务人须定期办理纳税申报，以防止不扣或少扣等情况发生。

（三）纳税义务的发生时间与纳税期限

（1）纳税义务发生时间即纳税人应税行为的发生时间，是纳税期限的起始点。在各税收实体法中，都明确规定了纳税义务发生时间。与会计准则有所不同，其确认有的基于权责发生制，有的基于收付实现制。

（2）纳税期限。纳税期限是纳税人依法向国家缴纳税款的期限。纳税义务发生后不可能立即缴纳税款，因此，在各税收实体法中都规定了具体的间隔时间，即纳税期限。纳税期限有按日、按月、按季之分，其中按日又有不同日期之别；不能按固定期限纳税的，应按次纳税。

（3）缴税（缴库）期限。其为纳税期满后，应缴税款实际缴纳的期限，即应于纳税期满之日起，多少天内申报纳税，超过期限即为欠税。此外，有的税种还规定了预缴税款期限和结清（清缴）期限。

（4）延期申报。纳税申报在两种情况下可以延期。

一是法定延期。纳税期限的最后一天为法定节假日的，可顺延至节假日后的第 1 个工作日；纳税申报期若遇 3 日（含）以上法定节假日的，可按节假日天数顺延。假设某企业某税种的纳税期限为每月 1 至 10 日，1 月 1 日至 1 月 3 日为法定节假日，1 月 10 日是星期六，则其纳税期限的最后 1 天应是 1 月 15 日。

二是核准延期。纳税人、扣缴义务人不能按期办理纳税申报时，经税务机关核准，可以延期申报。但应按上期实际缴纳的税款或税务机关核定的税款预缴，并在核准的延期内办理税款结算。

（四）纳税申报表的填报及附报资料

纳税人、扣缴义务人在填写纳税申报表时，应将税种、税目、计税依据、适用税率或单位税额、应纳税额、代扣（收）代缴税额、税款所属期限、计算机代码、单位名称等填写清楚，并加盖有关印章。

纳税人无论有无应税收入、所得和其他应税项目，也无论是否在减免税期间，都必须依照《中华人民共和国税收征管法》的规定，向主管税务机关报送同期财务会计报表及其他附列资料。

为了进一步深化税务系统"放管服"改革，简化企业纳税申报资料报送，减轻企业办税负担，国家税务总局颁布了"相关事项"公告：纳税人向税务机关申报扣除资产损失时不再报送相关资料，而由企业留存备查。这虽然降低了相关企业的办税负担和向税务机关申报资料的难度，但从另一个角度看，对企业的税务合规与内控制度提出了更高的要求。不再报送的相关资料并不意味着不重要，企业应完整保存资产损失相关资料，保证资料的真实性、合法性，否则要承担相应的法律、行政法规规定的法律责任。

二、税款缴纳制度

税款缴纳制度是指纳税人根据国家有关法律、行政法规的规定按一定程序缴纳税款的制度。税务机关不得违反法律、法规的规定开征、停征、多征、少征、提前征收、延缓征收或摊派税款。

（一）税款缴纳方式

纳税人在进行纳税申报后，应按主管税务机关认定的如下税款缴纳方式，在规定期限内将应交税款解缴入库。

1. 自核自缴（查账征收）

其适用于财务制度健全，会计核算正确，能够主动、自觉依法纳税的企业。经主管税务机关批准，企业自行计算应纳税款，自行填写纳税申报表并按规定办理纳税申报（包括附报资料），自行填写税收缴款书并及时缴纳税款。

2. 核实缴纳（查定征收）

其适用于财务制度基本健全，会计核算比较正确，能够依法计算应纳税款的企业。纳税人自行填写纳税申报表，并按规定办理纳税申报（包括附报资料），经主管税务机关审核并填开税收缴款书后，在规定期限内缴纳税款。

3. 查定缴纳（查验征收）

其适用于财务制度不够健全，凭证账簿不大完备的企业。纳税人应如实向主管税务机关办理纳税申报，并提供其生产经营情况等资料，经税务机关审查测定或实地查验后，填开税收缴款书或完税凭证，纳税人据以在规定期限内缴纳税款。

4. 定额（核定）缴纳

对生产经营规模较小，无力建账或账证不全，不能提供准确纳税资料的企业，按照税务机关核定的销售额（收入额）和税率、征收率计算应交税款，并应在规定期限内申报缴纳。当纳税人每期的实际销售额与税务机关核定的定额间的差异幅度超过 20% 时，经税务机关核实，可对定额予以调整。适用核定应税所得率缴纳企业所得税的纳税人，其应纳税所得额按税法规定的公式计算，详见本书第七章第二节。

5. 代扣代缴、代收代缴方式

其适用于税源零星分散、不易控管的纳税人。前者指持有纳税人收入的单位和个人，从持有的纳税人收入中扣缴其应纳税款并向税务机关解缴的方式；后者指与纳税人有经济往来关系的单位和个人，借助经济往来关系向纳税人收取其应纳税款并向税务机关解缴的方式。

（二）税款缴纳凭证——税收票证

1. 税收票证的含义

税收票证是指税务机关、扣缴义务人依照规定，代征人、代售人按照委托协议，在征收税款、基金、费、滞纳金、罚没款等（以下统称税款）的过程中开具的收款、退款和缴库凭证。税收票证是纳税人实际缴纳税款或者收取退还税款的法定证明。

税收票证有纸质和数据电文两种形式。数据电文税收票证是指通过横向联网电子缴税系统办理税款的征收缴库、退库时，向银行、国库发送的电子缴款、退款信息。

税收票证的基本要素包括税收票证号码、征收单位名称、开具日期、纳税人名称、纳税人识别号、税种（费、基金、罚没款）、金额、所属时期等。

2. 税收票证的种类

税收票证包括税收缴款书、税收收入退还书、出口货物劳务专用税收票证、印花税专用税收票证、税收完税证明以及国家税务总局规定的其他税收票证。

（1）税收缴款书。

税收缴款书是纳税人据以缴纳税款，税务机关、扣缴义务人及代征、代售人据以征收、汇总税款的税收票证，具体包括以下几项。

① 税收缴款书（银行经收专用）。其为纳税人，税务机关，扣缴义务人，代征、代售人向银行传递，通过银行划缴税款（出口货物劳务增值税、消费税除外）到国库时使用的纸质税收票证。其适用范围是：纳税人自行填开或税务机关开具，纳税人据以在银行柜面办理缴税（转账或现金），由银行将税款缴入国库；税务机关收取现金税款，扣缴义务人扣缴税款，代征、代售人代征税款后开具，据以在银行柜面办理税款汇总缴入国库；税务机关开具，据以办理"待缴库税款"账户款项缴入国库。

② 税收缴款书（税务收现专用）。其为纳税人通过现金、刷卡（未通过横向联网电子缴税系统）方式向税务机关缴纳税款时，由税务机关开具并交付纳税人的纸质税收票证。代征人代征税款时，也应开具本缴款书并交付纳税人。

③ 税收缴款书（代扣代收专用）。其为扣缴义务人依法履行税款代扣代缴、代收代缴义务时开

具并交付纳税人的纸质税收票证。扣缴义务人代扣代收税款后，已经向纳税人开具了税法规定或国家税务总局认可的记载完税情况其他凭证的，可不再开具本缴款书。

④ 税收电子缴款书。其为税务机关将纳税人，扣缴义务人，代征、代售人的电子缴款信息通过横向联网电子缴税系统发送给银行，银行据以划缴税款到国库时，由税收征管系统生成的数据电文形式的税收票证。

（2）税收收入退还书。

税收收入退还书是税务机关依法为纳税人从国库办理退税时使用的税收票证，具体如下。

① 税收收入退还书。其为税务机关向国库传递，依法为纳税人从国库办理退税时使用的纸质税收票证。

② 税收收入电子退还书。其为税务机关通过横向联网电子缴税系统依法为纳税人从国库办理退税时，由税收征管系统生成的数据电文形式的税收票证。

税收收入退还书应当由县以上税务机关税收会计开具并向国库传递或发送。

（3）出口货物劳务专用税收票证。

出口货物劳务专用税收票证是由税务机关开具的，专门用于纳税人缴纳出口货物劳务增值税、消费税或者证明该纳税人再销售给其他出口企业的货物已缴纳增值税、消费税的纸质税收票证。

（4）印花税专用税收票证。

印花税专用税收票证是税务机关或印花税票代售人在征收印花税时向纳税人交付、开具的纸质税收票证。

（5）税收完税证明。

税收完税证明是税务机关为证明纳税人已经缴纳税款或者已经退还纳税人税款而开具的纸质税收票证。

第四节 诚信纳税与纳税信用

一、诚信纳税及其意义

（一）诚信及诚信纳税

诚信即诚实守信，一诺千金，言而有信。日裔美籍学者法兰西斯·福山（Francis Fukuyama）在分析诚信的经济效益时指出，当代社会分信任社会和低信任社会。在信任社会，人与人之间相互信任，有良好的合作意识和公益精神，信用度高，社会交往成本较低；在低信任社会，人与人之间关系紧张，相互提防，相互间在培养信任关系方面有较大的难度和风险，社会交往的成本很高。由此可见，诚信是最根本的社会关系，是整个社会赖以生存和发展的基础，不讲诚信，正常的社会关系就难以维系，市场经济也难以发展和完善。

诚信原则是现代民法的基本原则。诚信原则既具备一般条款的强制性效力，又蕴含伦理道德标准，将道德规范的自律性提升至强制性规范的他律性，实现了道德诚信的法律化。诚信原则的基本内涵是民事主体在民商事活动中应当恪守承诺，不仅应承担契约规定义务，还应当承担诚实、善意的一般义务，即在追求各自利益的同时，不损害他人及社会利益。诚信原则包含市场经济的基本道德要求，体现公平、正义等价值取向。

将诚信原则应用于税法关系中，是对税收法定原则的有益和必要的补充。诚信原则施于征税人是诚信征税，施于纳税人则是诚信纳税。

税收诚信原则蕴含高度道德价值。在税法中，其内在的"诚实善意"对征纳双方都有要求：①征税方在履行职责时，要明确纳税人的合法权益，坚持诚信推定、无过错推定；保护纳税人的善意期待，保证已做出的行政行为的效力稳定；及时行使征税权，超出合理期限则可能是违法行政或丧失追诉权；坚持"取之有度，用之有效"的税收伦理等。②纳税人应诚信纳税，及时足额缴纳税款，积极主动地配合征税机关履行职责。

诚信纳税是在现代市场经济条件下，社会普遍存在的相互信任关系在税务领域的具体体现。纳税人将诚信规范体现在履行纳税义务上。诚信纳税是指按照法律规定自觉、准确、及时地履行税收给付义务与各种作为义务，是表现和反映征纳双方相互之间信任程度的标准，是由规矩、诚实的征纳行为所形成的税收道德规范。

法不可违，信不可失。我们只有守信用、讲品德、重责任，才能树立企业的良好形象，在现代法治社会才会有长久立足之地。

（二）诚信纳税的意义

1. 诚信纳税有利于促进市场经济健康发展

市场经济是竞争经济，这种竞争是一种公平有序的竞争；市场经济也是一种法制经济，它通过将一切市场行为纳入法律体系以确保市场经济秩序有法可依与有法必依。可见，健全的法制和公平的竞争环境是保障市场经济健康发展的要件。实施诚信纳税，以财力保障政府行使其职能，为市场经济的健康发展提供了保证；诚信纳税还可以促使纳税人公平地参与市场竞争，可以营造良好的税收法制与公平的纳税环境，这是市场经济健康发展所不可或缺的条件。

2. 诚信纳税利国利民

诚信纳税可以保证政府有稳定、充足的财政收入，增强国家实力，如此政府就可以为社会提供更多更好的公共物品和服务，满足人民对日益增长的美好生活需要。诚信纳税与国家和人民的利益息息相关，诚信纳税利国利民。国家富强，民族振兴，人民幸福才有坚实的基础。

3. 诚信纳税可以降低征收成本

纳税人讲诚信，纳税遵从度高，税务部门就可以给依法纳税人以较高的自由度，取消或简化一些不必要的管理程序和要求，提高征管效率，降低征收成本。

4. 诚信纳税有利于维护企业的商誉

在市场经济条件下，纳税人的商誉不仅包括其在生产经营活动及商业交易中的诚信度，还包括其诚信纳税情况——纳税信用等级。

（三）涉税服务人员个人信用记录

为加快个人诚信记录建设，我国对从事涉税服务人员（会计从业人员、注册会计师、注册税务师、律师等）实行个人信用记录，及时归集有关人员在相关活动中形成的诚信信息，以实现"守信激励、失信惩戒"。根据《从事涉税服务人员个人信用积分指标体系及积分记录规则》，"个人信用指标"包括基本信息、执业记录、不良记录、纳税记录四类一级指标。其中，执业记录部分采取累加计分规则，从事涉税服务人员为多个委托人提供同项涉税业务都会获得累加计分；不良记录部分采取累计扣分规则，从事涉税服务人员每发生一次违法违规情形都会被扣去相应分值，情节较重或情节严重的，则被纳入涉税服务失信名录。从事涉税服务人员只有通过电子税务局，办理"纳税申报代理"和"其他税务事项代理"业务方能加分。因此，应尽可能在线上办理，提高办理效率，降低征纳成本。

二、纳税信用管理与评价

纳税信用是指纳税人依法履行纳税义务，并被社会所普遍认可的一种信用，是社会信用体系建设的重要内容。

纳税信用管理是指税务机关对纳税人的纳税信用信息开展的采集、评价、确定、发布和应用等活动，纳税信用管理遵循"客观公正""标准统一""分类分级""动态调整"的原则。国家税务总局推行纳税信用管理工作信息化，规范统一纳税信用管理。税务机关积极参与社会信用体系建设，与相关部门建立信用信息共建共享机制，推动纳税信用与其他社会信用联动管理。

纳税信用评价采取年度评价指标得分和直接判级方式。评价指标包括税务内部信息和外部评价信息。年度评价指标得分采取扣分方式。在评价年度内，纳税人经常性指标和非经常性指标信息齐全的，从100分起评；非经常性指标缺失的，从90分起评。直接判级适用于有严重失信行为的纳税人。

纳税信用级别设A、B、M、C、D五级，未发生上述失信行为的下列企业适用M级纳税信用。

（1）新设立的企业。

（2）评价年度内无生产经营业务收入且年度评价指标得分70分以上的企业。

对纳税信用等级为M级的企业，税务机关实行下列激励措施。

（1）取消增值税专用发票认证。

（2）税务机关适时进行税收政策和管理规定的辅导。

A级纳税信用为年度评价指标得分90分以上的；B级纳税信用为年度评价指标得分70分以上不满90分的；C级纳税信用为年度评价指标得分40分以上不满70分的；D级纳税信用为年度评价指标得分不满40分或者直接判级确定的。

税务机关按照"守信激励""失信惩戒"的原则，对不同信用级别的纳税人实施分类服务和管理。对税收违法失信行为当事人，实行"一处失信""处处受限"的联合惩戒措施，将被惩戒当事人分为向社会公布和不向社会公布的两类当事人。对不向社会公布的当事人，实施纳税信用级别降为D级的惩戒措施。对D级纳税信用企业，严格限制发票领用量，严控每次领取数，并要预缴3%的税额，必须到办税服务厅排队验票、比对认证等，鼓励纳税人主动纠正税收违法失信行为，建立信用修复制度。对纳税信用等级为A级的纳税人，税务机关予以下列激励措施。

（1）主动向社会公告年度A级纳税人名单。

（2）一般纳税人可单次领取3个月的增值税发票，需要调整增值税发票用量时即时办理。

（3）普通发票按需领用。

（4）连续3年被评为A级信用级别的纳税人，除享受以上措施外，还可以享受税务机关提供的绿色通道或专门人员帮助办理涉税事项。

（5）税务机关与相关部门实施的联合激励措施。企业不仅可以在发票领用、认证、出口退税和日常办税多方面享受便利，而且在不动产登记、申请贷款和政府招投标等方面享受审批优先待遇。

三、纳税信用的溢出效应及其等级提高

（一）纳税信用的溢出效应

溢出效应（Spillover Effect）是指一个组织在进行某项活动时，不仅会产生活动所预期的效果，而且会对组织之外的人或社会产生影响，即某项活动具有外部收益。

纳税信用数据（信息）有较高的客观性、真实性和准确性，是优质的"第三方数据"。"税银（银税）互动"可以产生三方共赢的溢出效应。随着社会信用体系建设不断深入，纳税信用应用逐步拓展。在银行信贷、政府招投标、企业上市和评优争先等方面，纳税信用情况已成为重要的考量因素。

对银行贷款授信审批部门来说，与企业的财务报表数据相比，税务机关提供的纳税信用信息具有更强的真实性、权威性、可量化性，是难得的高质量参考依据，可以在很大程度上消除银行与企业之间的信息不对称问题，消除银行的信息搜集盲区。银行可以借此综合分析企业的应税收入、进项税额抵扣、入库税款和税款缴纳速度等关键性指标来为企业"画像"，由大数据自动确定是否放款、放多少款。原先烦琐的贷款审批流程可以大幅简化，甚至可以实现全流程网上审批，加速审批速度，降低审批成本和不良贷款率，银行还能获得优质客户资源。

（二）努力提高纳税信用等级

A 级纳税信用企业不仅可以在发票领用、认证、出口退税和日常办税多方面享受便利，而且在不动产登记、申请贷款和政府招投标等方面享受审批优先待遇。对企业来说，提高纳税信用等级，除可以直接降低纳税成本外，还可以降低融资成本，扩大融资规模。企业的纳税信用等级越高，得到的贷款就越多，贷款期限就越长。

纳税人应重视自身的纳税信用，提高税务会计核算水平，加强税务会计管理，日常积累纳税信用，努力提高纳税信用等级。具体而言，主要应做到如下六个方面。

（1）按规定正确进行纳税申报，及时进行抄报税等。

（2）按规定要求报送企业会计制度和会计处理方法。

（3）归集并留存享受税收优惠政策的相关备查资料。

（4）如实向税务机关提供与关联企业业务往来中的价格、费用标准等信息。

（5）及时响应税务机关的风险提醒，按规定及时解除非正常户。

（6）及时、如实向税务机关备案银行账户。

依法纳税，诚信纳税，争做纳税信用 A 级纳税人、心安快乐纳税人。

本章重点与难点

我国税收实体法的基本构成要素，纳税申报与税款缴纳的程序与方法。

思考题

1. 简述税收的特点和作用。
2. 简述税目与税率的关系。我国现行税率有哪些形式？
3. 纳税人与负税人有何联系与区别？
4. 税负调整有哪些形式？它与税收优惠是什么关系？
5. 简述纳税申报制度与税款缴纳制度的内容。
6. 简述诚信纳税的意义？如何提高企业纳税信用等级？
7. 为什么要对从事涉税服务人员实行个人信用记录？如何保持个人信用的优良记录？

第三章

增值税会计

学习目标

1. 了解增值税的特点及其要素；
2. 理解增值税会计的确认与计量；
3. 掌握增值税的会计处理与申报。

本章导言

自1954年法国正式开征增值税以来，短短几十年间，世界上就有170多个国家和地区开始征收增值税。这不能不说是世界税收史上的一个奇迹。增值税怎么会有这么大的魅力呢？国际货币基金组织（IMF）的文件中称"增值税是20世纪下半叶世界税制改革中的最重大事件之一"。实行税款抵扣机制的增值税会计也是税务会计中最为复杂的内容。

第一节 增值税的税制要素

一、增值税的基本含义

（一）增值税的概念

从计税原理上说，增值税（Value Added Tax）是对商品生产流通、劳务服务中各个环节的新增价值或商品的附加值征收的一种流转税。但因商品新增价值或商品附加值在商品生产和流通过程中难以准确确认计量，征纳双方容易产生分歧，因此，世界各国一般采用税额抵扣的办法，即根据货物或应税劳务服务的销售额，按规定税率计算出销项税额，再从中扣除上一环节已纳增值税款，其差额即为纳税人应缴纳的增值税额。这体现了按增值额计税的基本原理。

根据我国现行增值税税法，增值税是指在我国境内销售、进口货物以及提供应税劳务、服务的单位和个人，就其取得的货物销售额、进口货物金额、应税劳务服务额计算税款，并实行税款抵扣制的一种流转税。

（二）增值税的特点

（1）税款抵扣机制。增值税的魅力源于增值税的抵扣机制（层层抵扣、环环征税）。税款抵扣机制是增值税区别于其他流转税的本质特征，是增值税的灵魂和内核。一个抵扣不完全的增值税税制不是真正的增值税，或者说不是一个完全符合增值税理论的规范的增值税制。只有实现了完全抵扣，才能真正体现以增值额为计税依据，才能做到既环环征税，又不重复征税。

但因各国采用的增值税类型不同以及增值税制中还存在多档税率和征收率等因素，因此，在实务中不能实现完全抵扣，因而也就不能完全消除重复征税的问题，难以体现税收中性原则。

（2）若同种产品最终售价相同，则其总体税负相同。在增值税条件下，对于同一种产品（商品），不论其经过多少流转环节，只要其最终售价相同，其总体税负就相同。

二、增值税的纳税人及其分类

（一）增值税的纳税人

在我国境内销售和进口货物、提供应税劳务服务、转让无形资产和不动产的单位和个人为增值税纳税人。境内销售货物、提供应税劳务服务是指销售货物的起运地、所在地在境内，提供的应税劳务服务发生在境内。

（二）增值税纳税人的分类

为了便于增值税的征收管理并简化计税，我国将增值税纳税人划分为小规模纳税人和一般纳税人。

1. 小规模纳税人

小规模纳税人是指年应税销售额在规定标准以下，不能按规定报送有关纳税资料的纳税人。年应税销售额是纳税人在连续不超过 12 个月或四个季度的经营期内累计应征增值税销售额，包括纳税申报销售额[①]、稽查查补销售额、纳税评估调整销售额。

增值税小规模纳税人的标准为年应税销售额[②]在 500 万元及以下。已登记为增值税一般纳税人的单位和个人，在当年 12 月 31 日前，可转登记为小规模纳税人，其未抵扣的进项税额做转出处理。

2. 一般纳税人

年应税销售额超过小规模纳税人规定标准的，应向主管税务机关办理一般纳税人登记（选择按小规模纳税人纳税的和其他个人除外）。纳税人应根据《增值税一般纳税人登记管理办法》，填报"增值税一般纳税人登记表"。纳税人兼有应税货物及劳务、应税行为（销售服务、无形资产、不动产）的，应税货物及劳务销售额与应税行为销售额分别计算，分别适用增值税一般纳税人登记标准，其中有一项销售额超过了规定标准，就应按规定办理增值税一般纳税人登记相关手续。

年应税销售额未超过规定标准以及新开业的纳税人，若符合规定条件（有固定经营场所，能够准确提供税务核算资料），小规模纳税人会计核算健全（按照国家统一会计制度的规定设置账簿，根据合法、有效的会计凭证进行会计核算），也可到主管税务机关办理一般纳税人资格登记。

三、增值税的纳税范围

（一）纳税范围的一般规定

在我国境内销售和进口货物，提供劳务，销售服务[③]、无形资产和不动产，均属增值税的纳税范围。货物是指有形动产，包括电力、热力、气体。销售货物是指有偿转让货物的所有权[④]，有偿是指从购买方取得货币、货物或其他经济利益。下列非经营活动不属于增值税的纳税范围。

（1）非保本投资收益。如果合同中没有明确承诺到期后本金可全部收回，则持有这种金融商品（理财产品、股票、基金等）期间取得的收益属于非保本投资收益，不属于利息或利息性质的收入。纳税人购入非保本型基金、信托、理财产品等各类资产管理产品，持有至到期，不属于金融商品转

---

① 纳税人自行申报的全部应征增值税销售额，其中包括免税销售额和税务机关代开发票销售额。
② 小规模纳税人偶然发生的转让不动产的销售额，不计入应征行为年应税销售额。
③ 销售服务包括提供交通运输服务、邮政服务、电信服务、建筑服务、金融服务、现代服务和生活服务。
④ 还包括以不动产、无形资产等非货币性资产对外投资的行为。

让，不缴纳增值税。如果购入的是保本型资产管理产品，则其兑付收益按贷款服务缴纳增值税。

（2）企业销售预付卡（开具增值税普通发票）时，不缴纳增值税；待持卡人实际消费（不得向持卡人开具发票）时，缴纳增值税。

（3）行政单位收取的同时满足以下条件的政府性基金或行政事业性收费：由国务院或财政部批准设立的政府性基金，由国务院或省级人民政府及其财政、价格主管部门批准设立的行政事业性收费；收取时开具省级以上（含省级）财政部门监（印）制的财政票据；所收款项全额缴纳财政。

（4）单位和个体工商户为聘用的员工提供服务、聘用的员工为本单位或雇主提供取得工资的服务。

（5）财政部、国家税务总局规定的其他情形。

（二）纳税范围的特别规定

1. 视同销售

（1）视同销售及其意义。视同销售行为是指在财务会计中一般不确认销售收入[①]，但按税法规定属于应税行为，应确认收入并计算缴纳税款的转移行为。站在税制设计和税收征管的角度，将无偿赠送和有偿销售货物，无偿和有偿提供服务，无偿和有偿转让无形资产、不动产同等对待，均纳入征税范围，既可体现税收的公平原则，又可堵塞漏洞，防止纳税人逃避缴纳税款。同时，又将以公益活动为目的或以社会公众为对象的无偿赠送（转让）货物、无偿提供服务排除在视同销售之外，有利于促进社会公益事业的发展。

（2）视同销售货物。下列行为视同销售货物：①将货物交付给其他单位或者个人代销；②销售代销货物；③设有两个以上机构并实行统一核算的纳税人，将货物从一个机构移送至其他机构用于销售，但相关机构设在同一县（市）的除外；④将自产、委托加工的货物用于免征增值税项目，用于集体福利或个人消费；⑤将自产、委托加工或购进的货物作为投资、分配给股东或投资者、无偿赠送给他人；⑥企业将资产用于市场推广、交际应酬[②]、职工奖励、对外捐赠[③]以及其他改变资产所有权权属用途的情况。

（3）视同销售服务、无形资产、不动产：单位、个体工商户向其他单位或个人无偿提供服务，无偿转让无形资产、不动产；财政部和国家税务总局规定的其他情形。

2. 兼营

一般纳税人兼营销售货物、加工修理修配劳务、服务、无形资产、不动产适用不同税率或者征收率的，应当分别核算适用不同税率或征收率的销售额，未分别核算销售额的，从高适用税率、征收率。

兼营与混合销售

一般纳税人兼营免税、减税项目的，应当分别核算免税、减税项目的销售额；未分别核算的，不得免税、减税。

一般纳税人销售自产机器设备，同时提供安装服务的，应分别核算机器设备和安装服务销售额，一般纳税人销售外购机器设备的同时提供安装服务，如果已按兼营的有关规定，分别核算机器设备和安装服务的销售额，安装服务可按甲供工程选择适用简易计税方法计税。

3. 混合销售

一项销售行为如果既涉及货物又涉及服务，则为混合销售。从事货物生产、批发或零售的单位和个体工商户的混合销售行为，则按照销售货物缴纳增值税；其他单位和个体工商户的混合销售行

---

① 不符合会计准则规定的收入确认条件。
② 仅指交际应酬中的赠送行为，即交际应酬费。如果在交际应酬中消费掉，则属于交际应酬消费，其进项税额不得抵扣，见本章第二节。
③ 用于公益事业、社会公众的对象除外。

为，按照销售服务缴纳增值税。

4. 不征收增值税项目

不征收增值税项目指不属于增值税征收范围的项目，包括：①根据国家指令无偿提供的铁路运输服务、航空运输服务，属于公益事业的服务；②存款利息；③被保险人获得的保险赔付；④房地产主管部门或其指定机构、公积金管理中心、开发企业以及物业管理单位代收的住宅专项维修资金；⑤在资产重组过程中，通过合并、分立、出售、置换等方式，将全部或部分实物资产以及与其相关联的债权、负债和劳动力一并转让给其他单位和个人，其中涉及的不动产、土地使用权转让行为。

四、增值税的税率、征收率、预征率

（一）增值税税率

1. 基本税率 13%

一般纳税人销售货物、进口货物以及提供应税劳务，有形动产租赁服务。

2. 低税率

（1）9%。一般纳税人销售、进口农产品（含粮食）、食用植物油、食用盐、自来水、石油液化气、天然气、煤气、农机、化肥农药、饲料、书报杂志、音像制品、电子出版物等，提供交通运输服务、邮政服务、基础电信服务和建筑服务，转让土地使用权，销售不动产和提供不动产租赁服务。购进农产品时，扣除率为9%。

（2）6%。销售（转让）土地使用权之外的其他无形资产，提供增值电信服务、金融服务、生活服务[①]以及除租赁服务之外的各项现代服务。

3. 零税率

（1）出口货物税率为零（国务院另有规定的除外）。出口货物税率为零不等于出口货物免税。出口货物免税仅指在出口环节不征收增值税，而零税率是指对出口货物除了在出口环节免征增值税外，还要对产品在出口前已经缴纳的增值税退税或抵扣，以使出口产品在出口时完全不含增值税税款，以无税产品进入国际市场[②]。

（2）跨境应税行为税率为零。境内单位和个人提供的国际运输服务、航天运输，向境外单位提供的研发服务和设计服务，以及境内单位和个人提供的往返香港、澳门、台湾的交通运输服务与在香港、澳门、台湾提供的交通运输服务，适用增值税零税率；国际服务外包，实行增值税零税率或免税。境内单位和个人提供期租、程租和湿租服务时，如果租赁的交通运输工具用于国际运输服务和港澳台运输服务，则不适用增值税零税率，由承租方按规定申请适用零税率。

（3）境内单位和个人提供适用零税率的应税服务时，若属于适用增值税一般计税方法的，则实行免抵退税办法，退税率为其按照规定适用的增值税税率；如果属于适用简易计税方法的，则实行免征增值税办法。外贸企业兼营适用零税率应税服务的，统一实行免退税办法。

（4）纳税人提供的应税服务同时适用免税和零税率的，可选择适用零税率或者免税。

（二）增值税征收率和预征率

（1）3%的征收率。

小规模纳税人以及选择简易计税方法的一般纳税人销售货物、无形资产，提供劳务、服务、建

---

① 其中的餐饮服务包括外卖收入和现场消费收入。
② 但在实务中，并非全部出口产品都完全实行零税率。政府基于宏观经济调控政策规定出口产品的不同出口退税率，大部分出口产品实行零税率，小部分出口产品未实行零税率。

筑服务、公交运输服务，有形动产租赁，资管产品运营收益等。

（2）5%的征收率。

小规模纳税人以及选择简易计税方法的一般纳税人销售不动产（不含自建）、不动产租赁、转让土地使用权、提供劳务派遣服务等。

（3）2%、3%、5%的预征率。

纳税人提供建筑服务取得预收款，适用一般计税方法计税的项目，预征率为2%；适用简易计税方法计税的项目，预征率为3%。

房地产开发企业采取预收款方式销售所开发的房地产项目，收到预收款时按3%的预征率预缴增值税。

房地产开发企业中的一般纳税人销售老项目，适用一般计税方法的，以取得的全部价款和价外费用为依据，在不动产所在地按3%的预征率计算预缴税款。

房地产开发企业中的一般纳税人，出租其"营改增"后自行开发的与机构所在地不在同一县（市）的房地产项目时，应按3%的预征率在所在地预缴税款。

一般纳税人销售不动产时，选择一般计税方法计税的，预征率为5%。

五、增值税的减免

（一）增值税的免税

增值税免税是指对货物，应税劳务、服务在本环节的应纳税额予以免征，但对以前各环节缴纳的增值税不得抵扣（不予退还）。因此，纳税人仍然要承担一定的增值税税负。对学历教育、医疗服务、养老服务①、图书销售等社会基本服务免征增值税。此外，具体项目还有以下几个。

（1）从事农业（种植业、养殖业、林业、牧业、水产业）生产的单位和个人销售的自产初级农产品，有机肥产品。

（2）批发、零售环节销售蔬菜（包括经过挑选、清洗、切分、晾晒、包装、脱水、冷藏、冷冻等工序加工的蔬菜，但不包括各种蔬菜类罐头），销售鲜活肉蛋产品。

（3）纳税人采取转包、出租、互换、转让、入股等方式将承包地流转给农业生产者用于农业生产。

（4）提供技术转让、技术开发和与之相关的技术咨询、技术服务。

（5）直接用于科学研究、科学试验和教学的进口仪器、设备。

（6）从2018年9月1日至2020年年底，对符合条件的小微企业和个体工商户向金融机构贷款（单户授信额度上限由此前的500万元提高到1 000万元）的收入免征增值税。

（7）金融机构同业往来利息收入。同业往来利息收入包括金融机构与央行发生的资金往来业务，银行联行往来业务，金融机构之间的资金往来业务，金融机构之间开展的同业存款、同业借款、同业代付、买断式买入返售金融商品、持有金融债券、同业存单等。免税范围的扩大，意味着不得抵扣进项税额或进项税额转出的增加，纳税人应该权衡其中的得与失。

（8）保险公司一年期以上人身保险产品取得的保费收入。

（9）向社会收购的古书和旧书。

（10）外国政府、国际组织无偿援助的进口物资和设备。

---

① 为老年人提供集中居住和照料服务的各类养老机构，免缴增值税。

（11）跨境应税行为。国际运输、港澳台运输、出口服务和无形资产，以及财政部和国家税务总局规定的其他服务；境内保险公司向境外保险公司提供的完全在境外消费的再保险服务。

境内单位和个人销售适用增值税零税率的服务或无形资产的，可以放弃适用增值税零税率，选择增值税免税；适用简易计税方法的，实行免征增值税。

（12）对境外机构投资中国国债和地方政府债，所获利息和转让价差，免征增值税和所得税。

（二）增值税的即征即退、先征后退

（1）销售软件产品。增值税一般纳税人销售其自行开发生产的软件产品（含电子出版物）[①]，或将进口软件进行转换等本地化改造（重新设计、改进、转换等，不含单纯进行汉化处理）后对外销售时，按 13% 的税率缴纳增值税后，对其增值税实际税负[②]超过 3% 的部分，实行增值税即征即退。即征即退税额的计算公式如下：

即征即退税额 = 当期软件产品增值税应纳税额 − 当期软件产品销售额 × 3%

（2）一般纳税人提供管道运输服务时，对其增值税实际税负超过 3% 的部分，实行增值税即征即退。

（3）经中国人民银行、银监会或商务部批准，从事融资租赁业务的试点纳税人中的一般纳税人，提供有形动产融资租赁服务和有形动产融资性售后回租服务时，对其增值税实际税负超过 3% 的部分，实行增值税即征即退。

（4）属于增值税一般纳税人的动漫企业销售其自主开发生产的动漫软件，对其增值税实际税负超过 3% 的部分，实行增值税即征即退。

（5）资源综合利用产品和劳务。增值税一般纳税人销售自产的资源综合利用产品和提供资源综合利用劳务，符合"资源综合利用产品和劳务增值税优惠目录"的相关规定时，可享受增值税即征即退政策。

（6）安置残疾人的单位和个体工商户。由税务机关按纳税人安置残疾人人数[③]，实行限额即征即退增值税办法。安置一位残疾人每月可退还增值税的具体限额，由县级以上税务机关根据纳税人所在区县适用的经省级政府批准的月最低工资标准的 4 倍确定。

纳税人本期已缴增值税额小于本期应退税额不足退还的，可在本年度内以前纳税期已缴增值税额扣除已退增值税额的余额中退还，仍不足退还的，可结转本年度内以后纳税期退还。年度已缴增值税额小于或等于年度应退税额的，退税额为年度已缴增值税额；年度已缴增值税额大于年度应退税额的，退税额为年度应退税额。年度已缴增值税额不足退还的，不得结转以后年度退还。

符合增值税即征即退规定的纳税人，可以先行申请退税，再进行纳税评估。享受即征即退政策的纳税人，如果认为会出现转出进项税额大于应退回的即征即退金额的情况，可以放弃该项免税，但在放弃后的 36 个月内不得再申请。

（7）符合相关法规规定的特定图书、报纸和期刊，增值税先征后退 50% 或 100%。

（三）增值税的减征

（1）纳税人（一般指旧货经营单位）销售旧货。依 3% 征收率减按 2% 征收增值税，且只能开具

[①] 是指同时符合以下两个条件的软件产品：一是取得省级软件产业主管部门认可的软件检测机构出具的检测证明材料；二是取得软件产业主管部门颁发的"软件产品登记证书"或著作权行政管理部门颁发的"计算机软件著作权登记证书"。

[②] 增值税实际税负是指纳税人当期提供应税服务实际缴纳的增值税额占纳税人当期提供应税服务取得的全部价款和价外费用的比例（下同）。

[③] 盲人按摩机构月平均安置的残疾人占在职职工人数的比例不低于 25%（含 25%），且安置的残疾人人数不少于 5 人（含 5 人）；其他纳税人月平均安置的残疾人占在职职工人数的比例不低于 25%（含 25%），且安置的残疾人人数不少于 10 人（含 10 人）。安置是指依法与安置的每位残疾人签订了 1 年以上（含 1 年）的劳动合同或服务协议。

普通发票，不得自行开具或由税务机关代开增值税专用发票。旧货是指进入二次流通的具有部分使用价值的货物（含旧汽车、旧摩托车和旧游艇），但不包括自己使用过的物品。

（2）一般纳税人销售自己使用过的特定固定资产（在财务会计中已经计提折旧）时，按简易计税方法依 3% 征收率减按 2% 计缴增值税。

① 购进或自制固定资产时为小规模纳税人，认定为一般纳税人后，销售该固定资产。

② 适用一般计税方法的增值税一般纳税人，销售其按规定不得抵扣且未抵扣进项税额的固定资产。

③ 一般纳税人发生按简易计税方法计缴增值税的应税行为，销售其按规定不得抵扣且未抵扣进项税额的固定资产。

（四）增值税减免的放弃

纳税人销售货物，提供应税劳务、应税服务，适用免税、减税规定的，可以放弃免税或减税。要求放弃减免税权时，应当以书面形式提交放弃减免税权声明，报主管税务机关备案。一旦放弃减免税权，其生产销售、提供的全部增值税应税货物、劳务、服务均应按照适用税率缴税，不得选择某一减免税项目放弃减免税权，也不得根据不同的销售对象选择部分货物、劳务、服务放弃减免税权，而且在 36 个月内不得再申请减免税。

纳税人也可以放弃适用零税率，选择减免税或按规定缴纳增值税。放弃适用零税率后，36 个月内不得再申请适用零税率。

（五）增值税的起征点

小微企业、个体工商户和其他个人的小规模纳税人，合计月销售额未超过 10 万元或季度销售额未超过 30 万元的，免缴增值税。

小规模纳税人发生增值税应税销售行为，合计月销售额超过 10 万元，但扣除本期发生的销售不动产的销售额后未超过 10 万元的，其销售货物、劳务、服务、无形资产取得的销售额免缴增值税。

六、增值税发票管理

（一）增值税发票

增值税发票是增值税纳税人销售货物，提供应税服务、劳务而给受票方开具的发票。增值税发票有增值税专用发票、增值税普通发票、增值税电子普通发票和机动车销售统一发票。

增值税专用发票不仅具有商事凭证的作用，还具有完税凭证的作用，是兼具销货方纳税义务和购货方进项税额抵扣权利的证明。增值税专用发票由基本联次或基本联次附加其他联次构成，基本联次有发票联、抵扣联和记账联三联。发票联为购买方核算采购成本和增值税进项税额的记账凭证，抵扣联为购买方报送主管税务机关认证和留存备查的凭证，记账联为销售方核算销售收入和增值税销项税额的记账凭证。其他联次的用途由一般纳税人自行确定。

增值税专用发票像链条一样，把各个环节的纳税人连接在一起，形成了增值税自身的制约机制，即购销双方利用发票进行交叉审计的机制。由于增值税专用发票具有这一特殊作用，许多征收增值税的国家把这种发票称为税务发票。

增值税防伪普通发票由不同颜色的五联构成（但没有抵扣联），主要适用于生活服务业纳税人的普通发票（卷票）则为单联票。增值税专用发票上不仅包括增值税普通发票所记载的内容，而且要记录购销双方的税务登记号、地址、电话、银行账户和税额等；增值税普通发票上的价款是含税价，增值税专用发票上是税款与价格分开填列。

增值税电子普通发票（简称"电子发票"）是指在购销商品、提供或接受服务以及从事其他经营活动中，开具或取得的以电子方式存储的收付款凭证。电子发票不需要纸质载体，没有印制、打印、存储和邮寄等成本，企业可以节约相关费用。需要纸质发票的，可以自行打印电子发票的版式文件，其法律效力、基本用途、基本使用规定等与税务机关监制的增值税普通发票相同。

（二）增值税发票的领取

纳税人凭发票领取簿、经办人身份证明等领取增值税发票。纳税人有下列情形之一的，不得领取、开具专用发票。

（1）会计核算不健全，不能向税务机关准确提供增值税销项税额、进项税额、应纳税额数据及其他有关增值税税务资料的。

（2）有《中华人民共和国税收征管法》规定的税收违法行为，拒不接受税务机关处理的。

（三）增值税普通发票的开具

销售方为被视为企业的购买方开具增值税普通发票时，应在"购买方纳税人识别号"栏填写购买方的纳税人识别号或统一社会信用代码。不符合规定的发票不得作为税收凭证用于办理涉税业务，如计税、退税、抵免等。开具发票时，应如实开具与实际经营业务相符的发票。购买方索取发票时，不得要求变更品名和金额。

金融机构开展贴现、转贴现业务需要就贴现利息开具发票的，由贴现机构按照票据贴现利息全额向贴现人开具增值税普通发票，转贴现机构按照转贴现利息全额向贴现机构开具增值税普通发票。

（四）增值税专用发票的开具

1. 开具主体

一般纳税人可以使用同一套增值税防伪税控系统开具增值税专用发票、增值税普通发票等。一般纳税人销售货物，提供应税劳务、服务时，应向付款方开具专用发票。特殊情况下，由付款方向收款方开具发票。特殊情况是指：①收购单位和扣缴义务人支付个人款项时；②国家税务总局认为其他需要由付款方向收款方开具发票的情况。

从事以下经营业务的小规模纳税人（试点纳税人）发生增值税应税行为，需要开具增值税专用发票的，可以选择使用增值税发票管理系统自行开具（不受月销售额标准的限制）：住宿业，鉴证咨询业，建筑业，工业，信息传输、软件和信息技术服务业，租赁和商务服务业，科学研究和技术服务业，居民服务、修理和其他服务业。小规模纳税人也可以自行开具增值税普通发票。

试点纳税人销售其取得的不动产，需要开具增值税专用发票的，应按有关规定向税务机关申请代开。

2. 开具要求

（1）一般纳税人销售货物、提供劳务和应税服务时，可汇总开具增值税专用发票，并须同时使用增值税发票管理新系统开具"销售货物或者提供应税劳务、服务清单"。

（2）按照现行规定适用差额征税办法缴纳增值税，且不得全额开具增值税发票的（另有规定的除外），纳税人自行开具或税务机关代开增值税发票时，通过新系统中的差额征税开票功能，录入含税销售额（或含税评估额）和扣除额，系统自动计算税额和不含税金额，备注栏自动打印"差额征税"字样，发票开具时不应与其他应税行为混开。

（3）提供建筑服务。纳税人自行开具或者税务机关代开增值税发票时，应在发票的备注栏中注明建筑服务发生地县（市、区）名称及项目名称。

（4）销售不动产。纳税人自行开具或税务机关代开增值税发票时，应在发票"货物或应税劳务、服务名称"栏中填写不动产名称及房屋产权证书号码（无房屋产权证书的可不填写），"单位"栏中填写面积单位，备注栏中注明不动产的详细地址。

（5）出租不动产。纳税人自行开具或者税务机关代开增值税发票时，应在备注栏中注明不动产的详细地址。

3. 不得开具专用发票的情况

不得开具专用发票的情况有：①向消费者个人销售应税项目；②一般纳税人零售烟酒、服装、鞋帽（不含劳保专用品）、化妆品等最终消费品；③销售货物，提供应税劳务、应税服务，适用免税规定的；④接受方是本单位的视同销售货物；⑤销售旧货。

（五）增值税专用发票的确认

增值税专用发票的认证是指通过增值税发票税控系统对增值税发票所包含的数据进行识别、确认。一般情况下，采用一般计税方法的增值税一般纳税人取得增值税专用发票后，需进行认证，并在认证通过后按照增值税有关规定据以抵扣进项税额。

增值税小规模纳税人没有进项抵扣的问题，不需要取得增值税专用发票和进行发票认证。红字增值税专用发票不需要认证。纳税人初次购买增值税税控设备时，按规定可以全额抵减应纳税额，不需要进行认证。

不得抵扣进项税额的增值税专用发票，经认证后做进项税额转出处理。

（六）增值税专用发票的认证方式

一般纳税人取得增值税发票（包括增值税专用发票、机动车销售统一发票、收费公路通行费增值税电子普通发票，下同）后，可以自愿使用增值税发票选择确认平台查询、选择用于申报抵扣、出口退税或者代办退税的增值税发票信息。

增值税发票选择确认平台的登录地址由国家税务总局各省、自治区、直辖市和计划单列市税务局确定并公布。

增值税小规模纳税人没有进项抵扣的问题，不需要取得增值税专用发票和进行发票认证。红字增值税专用发票不需要认证。纳税人初次购买增值税税控设备，按规定可以全额抵减应纳税额，不需要进行认证。

第二节
增值税纳税义务及应纳税额的确认计量

一、增值税纳税义务的确认

（一）纳税义务确认的基本原则

纳税义务确认的基本原则为：纳税人发生应税行为并收讫销售款项或者取得索取销售款项凭据

的当天；先开具发票的，为开具发票的当天。取得索取销售款项凭据的当天是指书面合同确定的付款日期；未签订书面合同或书面合同未确定付款日期的，为资产转让、提供服务完成当天或不动产权属变更当天。

（二）纳税义务确认的时点

实务中，还应根据销售服务内容、收款方式、发票开具等因素确认纳税义务。

（1）直接收款方式。一般采用"提货制"或"送货制"，即已将货物移送给对方，货款结算大多采用现金或支票结算方式，纳税义务确认时点为收款或开票的当天。

（2）托收承付和委托银行收款方式。销售方根据合同发货或提供服务后，委托银行向异地付款单位收取价款，付款单位根据合同核对单证后，向银行承认付款，或收款人委托银行向异地付款人收取款项。其纳税义务确认时点为发出货物或提供服务并办理托收或委托收款手续的当天。

（3）分期收款方式。纳税义务确认时点为书面合同约定的收款日期当天，无书面合同或者书面合同未约定收款日期的，为货物发出当天。

（4）预收款方式。确认收入主要看应税行为是否发生，一旦应税行为发生就要确认收入。具体分为：

① 先开具发票的，为开具发票当天。一旦开具了发票，取得发票的一方就可以抵扣进项税额，还可以在税前列支成本费用。因此，先开具发票的，开具方应确认应税收入。

② 先收款后开票的，为纳税人发生应税行为并收讫销售款的当天。在此情况下，应税行为与收讫销售款项同时发生。如提供租赁服务采取预收款方式的，其纳税义务发生时间为收到预收款的当天；而建筑服务在预收款时不确认纳税义务，无须开具发票，但应根据付款凭证及合同预缴税款①，其纳税义务是在项目完工结算、全额开具发票时确认。

③ 未收款也未开票的，为纳税人发生应税行为并取得索取销售款项凭据的当天。在发生销售行为但未收到销售款项时，应先确认应税行为，然后考虑是否签订了书面合同：签订了书面合同的，为合同确定的付款日期；未签订书面合同或书面合同未确定付款日期的，为销售完成当天或不动产权属变更当天。

（5）销售预付卡。售卡企业销售预付卡时，不得向购卡人、充值人开具增值税专用发票，可开具增值税普通发票，不确认增值税收入，在实际发出商品、提供服务时确认增值税收入。

（6）委托其他纳税人代销货物时，为收到代销单位的代销清单或者收到全部或者部分货款的当天。未收到代销清单及货款的，纳税义务确认时点为发出代销货物满规定期限当天。

（7）纳税人从事金融商品转让的，纳税义务确认时点为金融商品所有权转移当天。

（8）纳税人发生税法规定的视同销售货物的行为（不包括委托和受托代销行为）时，纳税义务确认时点为货物移送当天；其他视同销售行为，纳税义务确认时点为服务、无形资产转让完成当天或不动产权属变更当天。

（9）进口货物时为报关进口当天。

（10）扣缴义务发生时间为纳税人纳税义务发生当天。

（三）纳税义务确认的特殊原则

纳税义务确认的特殊原则为：以先发生者为准。对以下情况，哪一个发生在先，就以哪个时点确认纳税义务。

---

① 提供建筑服务的预收款与销售不动产的预收款明显不同：一是不普遍，且一般金额不大；二是与工程结算间隔期较短。建筑企业先不预缴增值税，待日后开具发票（确认纳税义务）时再缴。

（1）开具增值税发票的时间。

（2）实际收款（包括预收款）的时间。

（3）合同约定的收款时间。

特殊原则是为了保证销售方应纳增值税的确认早于购买方抵扣税款的认定，而不能相反。

二、增值税销项税额的确认计量

（一）销售额的确认计量

1. 一般销售额的确认计量

（1）应税销售额。应税销售额是纳税人发生应税行为时取得的全部价款和价外费用。价外费用是指销售方向购买方收取的手续费、补贴、基金、集资费、返还利润、奖励费、违约金、包装费、包装物租金、储备费、优质费、运输装卸费、代收款项、代垫款项和其他各种性质的价外收费，但不包括以下项目。

① 受托加工应征消费税的消费品所代收代缴的消费税。

② 销售货物的同时代办保险等而向购买方收取的保险费，以及向购买方收取的代购买方缴纳的车辆购置税、牌照费。

③ 代为收取并符合规定的政府性基金或行政事业性收费。

④ 以委托方的名义开具发票代委托方收取的款项。

（2）应税销售额以人民币计算。纳税人使用人民币以外的货币结算销售额的，应当折合成人民币，折合率可以选择销售额发生当天或者当月 1 日的人民币汇率中间价。纳税人应事先确定采用何种折合率，确定后 12 个月内不得变更。

（3）纳税人发生的应税行为价格明显偏低或者偏高且不具有合理商业目的的，或者发生视同销售行为而无销售额的，主管税务机关有权按下列顺序确定销售额。

① 按照纳税人最近时期销售同类货物、服务、无形资产或者不动产的平均价格确定。

② 按照其他纳税人最近时期销售同类货物、服务、无形资产或者不动产的平均价格确定。

③ 按组成计税价格确定。组成计税价格的公式如下：

组成计税价格=成本×（1+成本利润率）

若同时属于应征消费税的货物，其组成计税价格中应加计消费税税额。公式中的成本，属销售自产货物的，应为实际生产成本；属销售外购货物的，应为实际采购成本。成本利润率由国家税务总局确定，如果同时属于从价定率征收消费税的货物，其成本利润率应为消费税中规定的成本利润率。

（4）纳税人采取折扣方式销售货物时，如果销售额和折扣额是在同一张发票的"金额"栏中分别注明的，可按折扣后的销售额计缴增值税；如果仅在发票的"备注"栏中注明折扣额，或者将折扣额另开发票，则不论其在财务会计上如何处理，均不得从销售额中减去折扣额。

2. 特定销售额的确认计量

① 贷款服务，以提供贷款服务取得的全部利息及利息性质的收入为销售额。金融机构开展贴现、转贴现业务时，以其实际持有票据期间取得的利息收入为贷款服务销售额计缴纳增值税。

② 直接收费金融服务，以提供直接收费金融服务收取的手续费、佣金、酬金、管理费、服务费、经手费、开户费、过户费、结算费、转托管费等各类费用为销售额。

③ 金融商品转让，以卖出价扣除买入价后的余额为销售额。转让金融商品出现的正负差，以盈亏相抵后的余额为销售额。若相抵后出现负差，可结转下一纳税期与下期转让金融商品销售额相抵；

若年末仍为负差，则不得转入下一个会计年度。

金融商品的买入价，可以选择按加权平均法或移动加权平均法进行核算，选择后 36 个月内不得变更。金融商品转让不得开具增值税专用发票。

④ 经纪代理服务，以取得的全部价款和价外费用，扣除向委托方收取并代为支付的政府性基金或者行政事业性收费后的余额为销售额。向委托方收取的政府性基金或者行政事业性收费，不得开具增值税专用发票。

⑤ 融资租赁和融资性售后回租业务。

经中国人民银行、银监会或商务部批准从事融资租赁业务的纳税人，提供的融资租赁服务，以取得的全部价款和价外费用，扣除支付的借款利息（含外汇借款和人民币借款利息，下同）、发行债券利息和车辆购置税后的余额为销售额；提供的融资性售后回租服务，以取得的全部价款和价外费用（不含本金），扣除对外支付的借款利息、发行债券利息后的余额为销售额。

⑥ 航空运输企业的销售额，不包括代收的机场建设费和代售其他航空运输企业客票而代收转付的价款。

⑦ 一般纳税人提供客运场站服务，以其取得的全部价款和价外费用，扣除支付给承运方运费后的余额为销售额。

⑧ 提供旅游服务，可以选择以取得的全部价款和价外费用，扣除向旅游服务购买方收取并支付给其他单位或者个人的住宿费、餐饮费、交通费、签证费、门票费和支付给其他接团旅游企业的旅游费用（不得开具专用发票）后的余额为销售额。

⑨ 提供建筑服务适用简易计税方法的，以取得的全部价款和价外费用扣除支付的分包款后的余额为销售额。

⑩ 房地产开发企业中的一般纳税人销售其开发的房地产项目（选择简易计税方法的房地产老项目除外），以取得的全部价款和价外费用，扣除受让土地时向政府部门支付的土地价款后的余额为销售额。

⑪ 纳税人按上述规定从全部价款和价外费用中扣除的价款，应当取得符合法律、行政法规和国家税务总局规定的有效凭证（属于增值税扣税凭证的，其进项税额不得从销项税额中抵扣）；否则，不得扣除。

（二）含税销售额的换算

增值税是以不含增值税税款的销售额为计税销售额，即实行价外计税。小规模纳税人销售货物、应税劳务、服务时一般采用销售额和应纳税额合并定价的方法，一般纳税人也有可能采用合并定价的方法。如果不将含税销售额换算为不含税销售额而直接计税，会造成计税环节上的重复纳税现象。因此，应将含税销售额换算为不含税销售额后再计算增值税税额。换算公式如下：

$$不含税销售额 = \frac{含税销售额}{1+增值税税率或征收率}$$

房地产开发企业中的一般纳税人销售自行开发的房地产项目适用一般计税方法计税，其销售额的计算公式如下：

$$销售额 = （全部价款和价外费用 - 当期允许扣除的土地价款）÷（1+9\%）$$

$$当期允许扣除的土地价款 = \frac{当期销售房地产项目建筑面积}{房地产项目可供销售建筑面积} × 支付的土地价款$$

当期销售房地产项目建筑面积是指当期进行纳税申报销售额对应的建筑面积；房地产项目可供销售建筑面积是指房地产项目可出售的总建筑面积，不包括销售房地产项目时未单独作价结算的配套公共设施的建筑面积；支付的土地价款是指向政府、土地管理部门或受政府委托收取土地价款的单位直接支付的土地价款。

（三）销项税额及其计算

销项税额

销项税额是指纳税人发生应税行为后，按销售额和增值税税率计算并收取的增值税税额。销项税额的计算公式如下：

销项税额＝销售额×税率

【例3-1】某运输企业系增值税一般纳税人，除提供运输服务外，还提供装卸搬运服务。装卸搬运服务可以选择简易计税方法按照3%的征收率计算缴纳增值税。某月与客户签订了运输合同，运费与装卸搬运费合并计价，合同金额2万元。

增值税销项税额=20 000÷（1+9%）×9%=1 651.38（元）

如果合同分别计价、分别开票，合同总金额不变，假定运费占70%，装卸搬运费占30%，则增值税计算如下：

运费销项税额=20 000×70%÷（1+9%）×9%=1 155.96（元）

装卸搬运费应交增值税=20 000×30%÷（1+3%）×3%=174.76（元）

增值税合计1 330.72元，比合并计价节税320.66元，同时还会相应减少应交城市维护建设税和教育费附加。

三、增值税进项税额的确认计量

（一）进项税额的含义

进项税额

进项税额是指增值税一般纳税人购进货物，接受应税劳务、服务所支付或者所负担的增值税额。进项税额实际上是购货方通过供货方向政府支付的税额；对销货方来说，则是在价外收取的应交增值税。

（二）准予抵扣进项税额的确认

（1）一般纳税人在取得增值税扣税凭证后应在规定期限内进行认证，并在认证通过后向主管税务机关申报抵扣进项税额。增值税扣税凭证是指增值税专用发票、机动车销售统一发票、海关进口增值税专用缴款书、农产品收购（或销售）发票和完税凭证。

（2）从海关取得的增值税专用缴款书。一般纳税人真实进口货物，从海关取得进口增值税专用缴款书，可按规定抵扣增值税税款。专用缴款书实行"先比对后抵扣"办法。税务机关将进口货物取得的进口增值税专用缴款书信息与海关采集的缴款信息进行稽核比对。稽核比对结果相符的，专用缴款书上注明的增值税税额作为进项税额可以抵扣。若不相符，所列税额不得抵扣，待核查确认海关进口增值税专用缴款书票面信息与纳税人实际进口业务一致后，方可作为进项税额在销项税额中抵扣。

（3）购进农产品。进项税额扣除有凭票扣除和核定扣除两种方式。凭票扣除是纳税人凭增值税扣税凭证，计算抵扣进项税额；核定扣除是特定行业纳税人购进农产品时，根据主管税务机关核定的当期农产品单耗数量或农产品耗用率，根据实际销售的产成品，倒推计算可抵扣进项税额。

① 凭票扣除。按规定取得专用发票、专用缴款书、农产品销售或收购发票的，应区分不同情况抵扣进项税额。

a. 购进农产品用于生产销售或委托受托加工适用 13%税率的货物。取得专用发票的，按票面税额认证抵扣；取得农产品销售或收购发票的，或按简易计税方法计税的纳税人开具的专用发票，按

10%的扣除率计算税额，并在申报时按 2%的比例计算加计扣除税额。

b. 若用于①以外的货物，则不能享受 2%的加计扣除进项税额。

c. 既用于①的货物，又用于②的货物。企业应分别核算。未分别核算的，按简易计税方法计税的小规模纳税人开具专用发票时，直接按票面注明的 3%进项税额抵扣，不能按 10%扣除率计算抵扣；其余情况，按专用发票或专用缴款书上注明的税额抵扣；或按农产品销售或收购发票金额 10%的扣除率计算抵扣进项税额。

纳税人从批发、零售环节购进适用免征增值税政策的蔬菜、部分鲜活肉蛋而取得的普通发票，不得作为计算抵扣进项税额的凭证。

② 核定扣除。

a. 纳税人以购进农产品为原料生产货物。可按投入产出法、成本法及参照法计算当期可抵扣的进项税额。扣除率为销售货物的适用税率（13%或 9%）。

b. 用于生产经营且不构成货物实体，如包装物、辅助材料、低值易耗品等。其适用扣除率要视购进农产品的实际用途而定：用来生产销售或委托受托加工 13%的货物，扣除率为 11%；用来生产销售低税率的货物，扣除率为 9%。

c. 购进农产品直接销售。按直接销售农产品的增值税税率，根据公式计算可抵扣进项税额。

（4）纳税人支付的道路通行费，按照收费公路通行费增值税电子普通发票上注明的增值税额抵扣进项税额；纳税人支付的桥、闸通行费，暂凭取得的通行费发票上注明的收费金额，按下式计算可抵扣进项税额：

桥、闸通行费可抵扣进项税额=通行费发票上注明的金额÷（1+5%）×5%

（5）纳税人取得固定资产的进项税额，可一次性全额抵扣。

（6）纳税人购进国内旅客运输服务，其进项税额允许从销项税额中抵扣。未取得增值税专用发票的，暂按以下规定确定进项税额。

① 纳税人未取得增值税专用发票的，已取得增值税电子普通发票的，为发票上注明的税额；

② 取得注明旅客身份信息的航空运输电子客票行程单的，按下式计算进项税额：

航空旅客运输进项税额=（票价+燃油附加费）÷（1+9%）×9%

③ 取得注明旅客身份信息的铁路车票的，按下式计算的进项税额：

铁路旅客运输进项税额=票面金额÷（1+9%）×9%

④ 取得注明旅客身份信息的公路、水路等其他客票的，按下式计算进项税额：

公路、水路等其他旅客运输进项税额=票面金额÷（1+3%）×3%

（7）自 2019 年 4 月 1 日至 2021 年 12 月 31 日，允许生产、生活性服务业纳税人①按照当期可抵扣进项税额加计 10%抵减应纳税额（以下称加计抵减政策）。

① 纳税人应按当期可抵扣进项税额的 10%计提当期加计抵减额。按规定不得从销项税额中抵扣的进项税额，不得计提加计抵减额；已计提加计抵减额的进项税额，按规定做进项税额转出的，应在进项税额转出当期，相应调减加计抵减额。计算公式如下：

当期计提加计抵减额=当期可抵扣进项税额×10%

当期可抵减加计抵减额=上期期末加计抵减额余额+当期计提加计抵减额
－当期调减加计抵减额

② 纳税人在按规定计算一般计税方法下的应纳税额后，区分以下情形加计抵减：

a. 抵减前的应纳税额等于零的，当期可抵减加计抵减额全部结转下期抵减。

---

① 是指提供邮政服务、电信服务、现代服务、生活服务（即"四项服务"）取得的销售额占全部销售额的比重超过 50%的纳税人。

b. 抵减前的应纳税额大于零，且大于当期可抵减加计抵减额的，当期可抵减加计抵减额全额从抵减前的应纳税额中抵减。

c. 抵减前的应纳税额大于零，且小于或等于当期可抵减加计抵减额的，以当期可抵减加计抵减额抵减应纳税额至零。未抵减完的当期可抵减加计抵减额，结转下期继续抵减。

③ 纳税人出口货物劳务、发生跨境应税行为不适用加计抵减政策，其对应的进项税额不得计提加计抵减额。纳税人兼营出口货物劳务、发生跨境应税行为且无法划分不得计提加计抵减额的进项税额，按下式计算：

$$不得计提加计抵减额的进项税额 = 当期无法划分的全部进项税额 \times 当期出口货物劳务和发生跨境应税行为的销售额 \div 当期全部销售额$$

④ 纳税人应单独核算加计抵减额的计提、抵减、调减、结余等变动情况。

⑤ 纳税人租入固定资产、不动产，既用于一般计税方法计税项目，又用于简易计税方法计税项目、免征增值税项目、集体福利或者个人消费的，其进项税额准予从销项税额中全额抵扣。

（三）准予抵扣进项税额的申报

（1）增值税一般纳税人在取得增值税抵扣凭证后，应自开具之日起 360 日内认证或登录增值税发票选择确认平台进行确认，并在规定的纳税申报期内向主管税务机关申报抵扣进项税额。

（2）增值税一般纳税人在取得海关进口增值税专用缴款书后，应自开具之日起 360 日内向主管税务机关报送"海关完税凭证抵扣清单"，申请稽核比对。

（3）一般纳税人接受应税劳务、服务时，必须在劳务费、服务费支付后才能申报抵扣进项税额；对接受应税劳务但尚未支付款项的，其进项税额不得作为当期进项税额抵扣。

（4）对企业接受投资、捐赠和分配的货物，以收到增值税专用发票的时间为申报抵扣进项税额的时限。

（5）一般纳税人发生真实交易但由于客观原因造成增值税扣税凭证逾期的，经主管税务机关审核、逐级上报，由国家税务总局认证、稽核比对后，对比对相符的增值税扣税凭证，允许纳税人继续抵扣其进项税额。

客观原因主要包括如下几个。

① 因自然灾害、社会突发事件等不可抗力因素造成增值税扣税凭证逾期。

② 增值税扣税凭证被盗、抢，或者因邮寄丢失、误递导致逾期。

③ 有关司法、行政机关在办理业务或者检查中，扣押增值税扣税凭证，纳税人不能正常履行申报义务，或者由于税务机关信息系统、网络故障，未能及时处理纳税人网上认证数据等导致增值税扣税凭证逾期。

④ 买卖双方因经济纠纷未能及时传递增值税扣税凭证，或者纳税人变更纳税地点，注销旧户和重新办理税务登记的时间过长，导致增值税扣税凭证逾期。

⑤ 由于企业办税人员伤亡、突发危重疾病或者擅自离职，未能办理交接手续，导致增值税扣税凭证逾期。

⑥ 国家税务总局规定的其他情形。

（四）不得抵扣的进项税额

纳税人凭完税凭证抵扣进项税额的，应当具备书面合同、付款证明和境外单位的对账单或者发票。纳税人取得的增值税扣税凭证不符合有关规定或资料不全的，其进项税额不得从销项税额中抵扣。下列项目的进项税额不得从销项税额中抵扣。

（1）用简易计税方法计税项目、免征增值税项目、集体福利及个人消费的购进货物、服务、无形资产和不动产，其中涉及的固定资产①、无形资产、不动产，仅指专用于上述项目的固定资产、无形资产（不包括其他权益性无形资产）、不动产。交际应酬消费也是一种个人消费（业务招待中消费的各类物品），属于生活性消费活动，不是生产经营中的投入和支出。

（2）非正常损失②的购进货物，以及相关的加工修理修配劳务和交通运输服务。

（3）非正常损失的在产品、产成品耗用的购进货物（不含固定资产）、加工修理修配劳务和交通运输服务。

（4）非正常损失的不动产，以及该不动产所耗用的购进货物、设计服务和建筑服务。

（5）非正常损失的不动产在建工程③所耗用的购进货物、设计服务和建筑服务。

（6）购进的贷款服务、餐饮服务、居民日常服务和娱乐服务。

（五）不得抵扣进项税额的分类

不得从销项税额中抵扣的进项税额可分为以下两种类型。

一类是进项税额直接计入相关成本费用，包括：①采用简易计税方法的纳税人；②采用一般计税方法的纳税人，在涉税行为发生时就能明确是用于免税项目、集体福利、个人消费，即使取得的是专用发票，其进项税额也应计入相关成本费用。

另一类是进项税额抵扣后用于不得抵扣项目，或计税方法改为简易计税方法，原已抵扣的进项税额应予转出。

【例3-2】某企业系增值税一般纳税人，主要从事采砂业务；同时购进散装水泥，部分包装外销，部分用于生产掺兑煤矸石比例不低于30%的水泥砖。出售采砂时选择简易计税方法缴纳增值税，生产的水泥砖符合规定免缴增值税。该企业1月不含税销售收入70万元，其中水泥销售收入24.5万元，砂销售收入19.5万元，水泥砖销售收入26万元。当月无法划分的进项税额为1.2万元。

当月不得抵扣的进项税额=1.2×（19.5+26）÷（24.5+19.5+26）=0.78（万元）

如果企业全年销售收入650万元，其中水泥销售收入220万元，砂销售收入185万元，水泥砖销售收入245万元，全年无法划分的进项税额共计22万元，则根据年度数据计算的当年应转出进项税额=22×（185+245）÷650=14.52（万元）。

假定企业按月计算的全年不得抵扣的进项税额共计11.22万元，在主管税务机关对增值税进行清算时，其差额3.3万元（14.52万元-11.22万元）应补缴增值税；如果按年度数据计算的不得抵扣的进项税额小于按月计算的，应将差额调整到进项税额中，在清算月份可少缴增值税。

（六）不得抵扣进项税额的转出

（1）已抵扣进项税额的不动产，发生非正常损失，或者改变用途，专用于简易计税方法计税项目、免征增值税项目、集体福利或者个人消费的，按照下列公式计算不得抵扣的进项税额，并从当期进项税额中扣减：

不得抵扣的进项税额=已抵扣进项税额×不动产净值率

不动产净值率=（不动产净值÷不动产原值）×100%

（2）一般纳税人销售自行开发的房地产项目，兼有一般计税方法计税、简易计税方法计税、免征增值税的房地产项目而无法划分不得抵扣进项税额的，应以"建筑工程施工许可证"中注明的"建

---

① 增值税中的固定资产仅指有形动产，属于货物范畴；而财务会计中的固定资产是指有形资产，除有形动产外，还包括房屋、建筑物（即增值税中的不动产）。

② 是指因管理不善造成被盗、丢失、霉烂变质，以及因违反法律法规造成货物或不动产被依法没收、销毁、拆除的情形。

③ 纳税人新建、改建、扩建、修缮、装饰不动产，均属于不动产在建工程。

设规模"为依据进行划分。

$$不得抵扣的进项税额 = 当期无法划分的全部进项税额 \times \frac{简易计税方法计税、免征增值税房地产项目建设规模}{房地产项目总建设规模}$$

适用一般计税方法的纳税人，兼营简易计税方法计税项目、免征增值税项目而无法划分进项税额的，不得抵扣进项税额按以下方法计算：

$$不得抵扣的进项税额 = 当期无法划分的全部进项税额 \times \frac{\left(\begin{array}{c}当期简易计税\\方法计税销售额\end{array} + \begin{array}{c}免征增值税\\项目销售额\end{array}\right)}{当期全部销售额}$$

【例3-3】某建筑企业当月有A、B、C三个施工项目，其中A项目采用简易计税方法，B、C项目采用一般计税方法。当月购进原材料900万元（不含税），其中B项目专用350万元，A、C项目原材料无法准确划分；当月A项目收入400万元，B项目收入450万元，C项目收入500万元（均含税）。计算当月不得抵扣进项税额。

不含税收入的换算：

A项目不含税收入=400÷（1+3%）=388.35（万元）

B项目不含税收入=450÷（1+9%）=412.84（万元）

C项目不含税收入=500÷（1+9%）=458.72（万元）

不得抵扣进项税额的计算：

不得抵扣进项税额=（900-350）×13%×388.35÷（388.35+458.72）

=550×13%×388.35÷847.07=32.78（万元）

（七）允许抵扣进项税额的转入

根据规定不得抵扣进项税额的不动产，发生用途改变，用于允许抵扣进项税额项目的，按下列公式在改变用途的次月计算可抵扣进项税额：

可抵扣进项税额=增值税扣税凭证注明或计算的进项税额×不动产净值率

四、增值税应纳税额的计算

增值税应纳税额的计算方法有一般计税方法和简易计税方法两种基本方法。一般纳税人选择简易计税方法的，选择后36个月内不得变更。

（一）一般计税方法应纳税额的计算

在一般计税方法下，当期销项税额减去同期准予抵扣进项税额后的余额即为应纳税额，这是其基本表述。但在持续经营情况下，应纳税额的计算公式如下：

应抵扣税额=进项税额+上期留抵税额-进项税额转出-免抵退应退税额

+纳税检查应补缴税额

应纳税额=销项税额-实际抵扣税额

如果销项税额大于应抵扣税额，实际抵扣税额就是应抵扣税额；如果销项税额小于应抵扣税额，实际抵扣税额就是销项税额，当期销项税额与同期应抵扣税额的差额为本期留抵税额，留抵税额可以结转下期继续抵扣，直至抵扣完（无时间限制）。企业若有增值税欠税，则以期末留抵税额抵减。

应纳税额合计=应纳税额+简易计税方法应纳税额-减免税额

【例3-4】某电信集团某分公司系一般纳税人。8月利用固网、移动网、卫星、互联网提供语音通话服务，取得价税合计收入3 330万元；出租带宽、波长等网络元素取得价税合计服务收入832.5万元；

出售带宽、波长等网络元素取得价税合计服务收入1 332万元。分公司在提供以上电信业服务时，还附带赠送用户识别卡、电信终端等货物或者电信业服务，给客户提供基础电信服务价税合计499.5万元。当月认证增值税专用发票进项税额300万元，符合进项税额抵扣规定。该分公司8月应交增值税计算如下。

应交增值税=（3 330+832.5+1 332+499.5）÷1.1×9%-300=190.42（万元）

【例3-5】某建筑公司为在某市设立的建筑集团有限公司，系增值税一般纳税人。4月发生如下业务：购进办公楼1幢，取得增值税专用发票，注明价款1 210万元，增值税税额108.9万元；购进钢材等商品取得增值税专用发票，注明价款8 500万元，增值税税额1 105万元；从个体户张某处购得砂石料50万元，取得税务机关代开的增值税专用发票；支付银行贷款利息100万元；支付私募债券利息200万元；支付来客用餐费用10万元。

销售"营改增"前在本市开工的建筑服务，开具专用发票，注明价款1 200万元；销售当月在本市开工的建筑服务，开具专用发票，注明价款17 000万元、增值税税额1 530万元；为本市某敬老院无偿建造一幢老年公寓，价值460万元；公司异地工程项目部在南京提供建筑服务，开具增值税专用发票，注明价款1 550万元、增值税税额139.5万元；在缅甸提供建筑服务，取得的收入折合人民币240万元。

公司当月增值税计算如下。

1. 进项税额的计算

（1）购进办公楼当月可抵扣进项税额为108.9万元。

自2019年4月1日起，纳税人取得不动产或者不动产在建工程的进项税额不再分两年抵扣。此前按照上述规定尚未抵扣完毕的待抵扣进项税额，可自2019年4月税款所属期起从销项税额中抵扣。

（2）购进钢材等商品的进项税额为1 105万元。

（3）购进砂石料的进项税额=50÷（1+3%）×3%=1.456 3（万元）。

（4）支付银行贷款利息和私募债券利息属于贷款服务，不得从销项税额中抵扣进项税额。

（5）支付来客用餐费用属于餐饮服务，不得从销项税额中抵扣进项税额。

可抵扣进项税额合计=108.9+1 105+1.456 3=1 215.356 3（万元）

2. 销项税额的计算

（1）"营改增"前开工的建筑服务销项税额=1 200×3%=36（万元）。

（2）当月开工的建筑服务的销项税额=17 000×9%=1 530（万元）。

（3）无偿建造一幢老年公寓属公益事业，不缴纳增值税。

（4）异地工程项目部销售建筑服务，按2%的预征率在建筑服务发生地预缴增值税31万元（1 550万元×2%），在公司所在地应交增值税=155-31=124（万元）。

（5）在缅甸销售建筑服务，取得的收入折合人民币240万元，属于工程项目在境外的建筑服务，免征增值税。

当月销项税额合计=36+1 530+124=1 690（万元）

3. 应纳税额的计算

应纳税额=1 690-1 215.356 3=474.643 7（万元）

（二）简易计税方法应纳税额的计算

（1）小规模纳税人采用简易计税方法。

（2）符合条件的一般纳税人也可选择适用简易计税方法，如公共交通运输服务①、销售或出租不

---

① 即使年销售额超过500万元，也可选择按简易计税方法纳税。

动产等。使用简易计税方法时的应纳税额是按销售额和征收率计算的增值税额，不得抵扣进项税额。应纳税额计算公式如下。

应纳税额=销售额×征收率

（3）建筑工程总承包单位为房屋建筑的地基与基础、主体结构提供工程服务，建设单位自行采购全部或部分钢材、混凝土、砌体材料、预制构件的，适用简易计税方法计税。

（4）资管产品管理人在运营资管产品过程中发生的增值税应税行为，暂适用简易计税方法。管理人应分别核算资管产品运营业务和其他业务的销售额、增值税应纳税额；未分别核算的，资管产品运营业务不得适用简易计税方法。

【例3-6】天通公司系增值税一般纳税人，8月8日销售其"营改增"前购进的办公楼，销售额为5 120万元，当初购买价为2 600万元，采用简易计税方法计税。应交增值税计算如下。

销售额=（5 120-2 600）÷（1+5%）=2 400（万元）
应交增值税=2 400×5%=120（万元）

（三）预缴增值税的计算

1. 增值税的预缴

（1）房地产开发企业采用预收款方式销售其自行开发的房地产项目时，对预收款应预缴增值税。但按规定，其纳税义务在交房或办理产权转移时方予确认。由于预缴时点早于纳税义务发生时点，故预缴时尚未形成销项税额，其留抵税额不能抵扣预缴增值税。因此，企业在预收房款时，原则上不能开具发票。如果开具发票，则应按适用税率或征收率缴纳增值税。

（2）提供建筑服务。根据建筑施工合同约定，在开工前收到发包方预先支付的工程款（预付备料款）——预收款后，虽未发生纳税义务（未开具发票），但有预缴税款义务。纳税人应以取得的预收款扣除支付的分包款后的余额，按预征率计算预缴增值税。

在按合同约定的预收款抵扣工程进度款（建筑项目结算）时，确认预收款纳税义务的发生，按项目全额开具发票。

（3）其他企业异地转让不动产、异地提供不动产租赁服务、异地提供建筑服务，应在异地纳税义务发生时预缴增值税。

（4）建立预缴税款台账。为了加强对异地预缴税款的管理，企业应按事项发生地和服务项目，逐笔登记与预缴税款有关的内容，留存备查。

（5）填报"增值税预缴税款表"，提供发包方与总包方合同复印件（加盖公章）等资料。

2. 预缴增值税的计算方法

（1）房地产开发企业（一般纳税人）预缴增值税的计算。

预缴税额（一般计税）=销售额÷（1+9%）×3%
预缴税额（简易计税）=销售额÷（1+5%）×3%

销售额是指实际收取或税务机关确认的全部预收价款和价外费用。

（2）异地出租不动产预缴增值税的计算。

预缴税额（一般计税）=含税销售额÷（1+9%）×3%
预缴税额（简易计税）=含税销售额÷（1+5%）×5%

（3）异地转让自建不动产预缴增值税的计算。

预缴税额=全部价款和价外费用÷（1+5%）×5%

（4）建筑服务预缴增值税的计算。

预缴税额（一般计税）=（预收款-支付的分包款）÷（1+9%）×2%

$$预缴税额（简易计税）=（预收款-支付的分包款）÷（1+3\%）×3\%$$

3. 预缴增值税的申报抵减

异地预缴增值税应在机构所在地进行纳税申报。企业预缴的增值税可从本期应纳税额中抵减；本期抵减不完的，可结转下期继续抵减，直至抵完。抵减时不需要区分计税方法，可直接抵减应纳税额。

$$本期应补（退）税额=应纳税额合计-预缴税额-出口开具专用缴款书预缴税额$$

【例3-7】9月，天海房地产开发公司简易计税方法计税项目预收房款4 000万元，定金400万元；一般计税方法计税项目收取预收款9 000万元；当月公司有留抵税额90万元。

（1）9月预缴增值税计算如下。

简易计税方法计税项目预缴税款=（4 000+400）÷（1+5%）×3%=125.71（万元）

一般计税方法计税项目预缴税款=9 000÷（1+9%）×3%=247.71（万元）

当月应预缴增值税合计=125.71+247.71=373.42（万元）

（2）一年后，简易计税方法计税房地产项目交付业主；两年后，一般计税方法计税房地产项目交付业主。交付当月公司可抵扣进项税额（含留抵税额）合计为280万元。简易计税方法计税项目和一般计税方法计税项目合计缴纳土地款5 000万元；合计可售建筑面积1.4万平方米，其中简易计税方法计税项目可售建筑面积4 000平方米，一般计税方法计税项目可售建筑面积1万平方米。

① 简易计税方法计税房地产项目交房后应纳增值税计算。

应纳税额=（4 000+400）÷（1+5%）×5%=209.52（万元）

该公司此前已预缴税款373.42万元，因此当月无须缴纳增值税，可抵减的预缴增值税还有163.9万元（373.42万元-209.52万元）。

② 一般计税方法计税房地产项目交房后应纳增值税计算。

当期销售房地产项目对应的土地价款=5 000×1÷1.4=3 571.43（万元）

销售额=（9 000-3 571.43）÷（1+9%）=4 980.34（万元）

销项税额=销售额×税率=4 980.34×9%=448.23（万元）

应纳税额=448.23-280=168.23（万元）

应补缴增值税=应纳税额-可抵减预缴增值税=168.23-163.9=4.33（万元）

第三节

增值税进项税额及其转出的会计处理

一、增值税会计账户的设置

（一）一般纳税人增值税会计账户的设置

1. "应交税费（或应交税金，下同）"下设二级账户

（1）应交增值税。

该账户的借方发生额为购进和进口货物、固定资产、无形资产以及接受应税劳务、服务支付的进项税额、缴纳的增值税等；贷方发生额为销售货物，转让无形资产、不动产，提供应税劳务、服务等应缴增值税、出口货物退税、进项税额转出等。期末贷方余额反映企业尚未缴纳的增值税额，

借方余额反映企业尚未抵扣的、多缴的增值税额。

（2）未交增值税。

月终，记录从"应交增值税""预交增值税"明细账户转入当月应交未交、多交或预缴的增值税额，以及当月交纳以前期间未交的增值税额。其借方发生额反映上交以前月份未交增值税和期末转入多交增值税，贷方发生额记录转入当月未交增值税；期末借方余额为企业多交增值税，贷方余额为未交增值税。

（3）预缴增值税。

记录纳税人转让不动产、提供不动产租赁服务、提供建筑服务、采用预收款方式销售自行开发的房地产项目等按规定应预缴的增值税额。

（4）待认证进项税额。

记录纳税人因未经税务机关认证而不得从当期销项税额中抵扣的进项税额。其包括纳税人已取得增值税扣税凭证，按规定准予从销项税额中抵扣，但尚未认证的进项税额；纳税人取得的货物等已入账，但因尚未收到相关增值税扣税凭证而不得从当期销项税额中抵扣的进项税额。

（5）待抵扣进项税额。

记录纳税人已取得增值税扣税凭证并已经过认证，按规定准予从后期销项税额中抵扣的进项税额。其包括实行纳税辅导期管理的一般纳税人取得的尚未交叉稽核比对的增值税扣税凭证上注明或计算的进项税额；企业取得的海关进口增值税专用缴款书实行"先稽核比对，后抵扣"方式的进项税额；"营改增"后，当企业取得不动产分期抵扣进项税额时，留待下次（以后）抵扣的进项税额以及进项税额的转入额。对不同不动产和不动产在建工程，纳税人应分别核算其待抵扣进项税额。

（6）待转销项税额。

纳税人销售货物、无形资产及不动产，提供劳务、服务时，财务会计根据会计制度的规定先确认相关收入及相应增值税额，在期末填制资产负债表时，需要重分类至"其他流动负债"或"其他非流动负债"。税务会计根据税法的规定，对尚未发生增值税纳税义务的事项不予确认销项税额。

（7）转让金融商品应交增值税。

记录纳税人转让金融商品时，按盈亏相抵后的余额为销售额应计征的增值税额。月末，结转金融商品转让损失的应抵扣税额及实际缴纳增值税时，借记本账户；结转金融商品转让收益应纳税额时，贷记本账户。

（8）代扣代缴增值税。

记录纳税人购进在境内未设经营机构的境外单位或个人在境内的应税行为时代扣代缴的增值税。

（9）增值税留抵税额。

对纳税人而言，当本期可抵扣进项税额大于同期销项税额时，其差额（期末"应交增值税"为借方余额）为留抵税额，即留待后期抵扣的税额，不必单设会计账户处理。企业实际收到税务机关退还的留抵税额时，借记"银行存款"，贷记"应交税费——应交增值税（进项税额转出）"。

（10）增值税检查调整。

记录企业在增值税检查中查出的以前各期应补、应退增值税税额，借方记调减的销项税额和调增的进项税额，贷方记调增的销项税额、调减的进项税额、调增的进项税转出额。全部调整事项入账后，应结出本账户余额，并对余额进行账务处理。

（11）简易计税。

记录一般纳税人采用简易计税方法时增值税的计提、扣减、预缴、缴纳、抵减、减免等事项。其既核算纳税人适用简易计税方法应纳税额的计提，又核算差额计税的扣减、特定情形的预缴及申报后的缴纳。

2. "应交税费——应交增值税"下设三级明细账户

应交增值税

企业一般应设置进项税额、待抵扣进项税额、进项税额转出、销项税额、销项税额抵减、已交税金、减免税款、出口退税、出口退税抵减应纳税额、转出未交增值税、转出多交增值税等三级明细账户。

（1）进项税额。

记录企业购入和进口货物、固定资产、不动产、无形资产，接受应税劳务、服务而支付的、准予从销项税额中抵扣的增值税额；若发生购货退回或折让，应以红字记入，以示冲销进项税额。

（2）进项税额转出。

当企业已经抵扣的进项税额不再符合抵扣条件时，应将确认的已经抵扣的进项税额在会计上做转出处理，贷记该明细账户，表示对借记"进项税额"冲减。

（3）销项税额。

记录企业销售货物、固定资产、不动产，提供应税劳务、服务应收取的增值税税额。若发生销货退回或销售折让，应以红字记入，以示冲减销项税额。一般纳税人采用简易计税方法计算的应交增值税税额，也应在此明细账户中反映，但也可通过专设明细账户记录。

（4）销项税额抵减。

记录一般纳税人中适用全额开票、差额计税政策时（如房地产企业），因按规定抵减销售额而减少的销项税额。

（5）已交税金。

记录企业当月缴纳本月应交增值税税额；收到退回的多交增值税税额时，以红字记入。

（6）减免税款。

记录企业按规定直接减免、用于指定用途的或未规定专门用途的、准予从销项税额中抵扣的增值税税额。

（7）出口退税。

记录企业向海关办理报关出口手续后，凭出口报关单等有关单证，向主管出口退税的税务机关申报办理出口退税而确认的应予退回的税款及应免抵税款。若办理退税后又发生退货或退关而补缴已退增值税，则用红字记入。

（8）出口退税抵减应纳税额。

如果生产企业在发生出口业务的同期有内销业务发生，就会产生"内销产品应纳税额"，在办理免抵退时，可以从中抵减。但在一般贸易出口、进料加工复出口业务中，即使没有发生内销业务，也会产生"应纳税额"的问题，依照免抵退税办法，也可以从中抵减。因此，将"出口抵减内销产品应纳税额"改为"出口退税抵减应纳税额"更为贴切。企业货物出口后，按规定计算的应免抵税额，借记"出口退税抵减应纳税额"明细账户，贷记"应交税费——应交增值税（出口退税）"明细账户。

（9）转出未交增值税。

记录企业月（季）终当月发生的应交未交增值税转出额。转至"未交增值税"账户后，"应交增值税"的期末余额不包括当期应交未交税额。

（10）转出多交增值税。

记录企业月（季）终当月多交税额的转出额。转至"未交增值税"账户后，"应交增值税"的期末余额不含当期多交税额。

如果企业不设"未交增值税"二级账户，在"应交增值税"三级明细账户中也就没有必要设置

"转出未交增值税"和"转出多交增值税"明细账户。

(二)小规模纳税人增值税会计账户的设置

小规模纳税人应在"应交税费"账户下设置"应交增值税"二级账户,并可根据需要设置"转让金融商品应交增值税""代扣代缴增值税"明细账户,但一般无须再设其他明细账户。贷方记应交的增值税税额,借方记实际上交的增值税税额;期末贷方余额反映企业尚未上交或欠交的增值税税额,借方余额则反映多交的增值税税额。此外,根据需要,还可以设置"增值税检查调整"二级账户,其核算内容与一般纳税人相同。

二、增值税进项税额的会计处理

一般纳税人(采用一般计税方法,下同)购进货物、无形资产和不动产,接受劳务、服务时,按应计成本费用的金额,借记"在途物资""原材料""库存商品""生产成本""无形资产""固定资产""管理费用""应交税费——应交增值税(进项税额)""应交税费——待认证进项税额"等;按应付或实际支付金额,贷记"应付账款""应付票据""银行存款"等。认证后,借记"应交税费——应交增值税(进项税额)",贷记"应交税费——待认证进项税额"。

退货时,若原增值税专用发票未做认证,则应将专用发票退回并做冲账的会计分录;若原增值税专用发票已做认证,则根据红字增值税专用发票做冲账的会计分录。

一般纳税人在"营改增"后取得的并按固定资产核算的不动产、不动产在建工程,其进项税额按现行规定自取得之日起分2年从销项税额中抵扣的,应按取得成本借记"固定资产""在建工程"等,按当期可抵扣增值税税额借记"应交税费——应交增值税(进项税额)"。对后期可抵扣的增值税税额,借记"应交税费——待抵扣进项税额",贷记"应付账款""应付票据""银行存款"等。尚未抵扣的进项税额在后期允许抵扣时,按允许抵扣的金额借记"应交税费——应交增值税(进项税额)",贷记"应交税费——待抵扣进项税额"。

(一)购进货物进项税额的会计处理

企业外购应税货物时,应按货物的实际采购成本借记"材料采购""在途物资""原材料""库存商品"等,按应预交或垫支的增值税税额借记"应交税费——应交增值税(进项税额)",按货物的实际成本和增值税进项税额之和贷记"银行存款""应付票据""应付账款"等。

1. 购进原材料进项税额的会计处理

【例3-8】天华工厂于9月6日收到银行转来的购买光明工厂丙材料的"托收承付结算凭证"及发票,数量为5 000千克,价格为11元/千克,增值税进项税额为7 150元。

企业购进货物并取得增值税专用发票后,在未认证时,应通过"待认证进项税额"账户过渡,做会计分录如下。

借:在途物资(光明工厂) 55 000
　　应交税费——待认证进项税额 7 150
　　贷:银行存款 62 150

材料验收入库时,做如下会计分录。

借:原材料——丙材料 55 000
　　贷:在途物资(光明工厂) 55 000

企业在规定时间内进行比对认证并获得通过后,做如下会计分录。

借：应交税费——应交增值税（进项税额）　　　　　　　　　　　7 150
　　贷：应交税费——待认证进项税额　　　　　　　　　　　　　　　7 150

如果在规定时间内进行认证但未获通过，或超过规定时间未进行认证，则做如下会计分录。

借：原材料——丙材料　　　　　　　　　　　　　　　　　　　　7 150
　　贷：应交税费——待认证进项税额　　　　　　　　　　　　　　　7 150

2．购进商品进项税额的会计处理

从本地企业购进商品时，分提货制和送货制两种购货方式，一般采用支票、商业汇票、现金结算方式。从异地供货单位购进商品时，一般采用发货制方式，货款通常采用异地托收承付等结算方式。由于商品发运与货款结算完成时间不一致，故往往形成"货到单未到"或"单到货未到"的情况，一般分接收商品和结算货款两步进行会计处理。

【例3-9】某批发企业从本市服装厂购进女衬衣1 000件，价格为88元/件，增值税专用发票上注明价款88 000元、税额11 440元（88 000元×13%），该企业以转账支票付款。做会计分录如下。

借：库存商品——衬衣　　　　　　　　　　　　　　　　　　　88 000
　　应交税费——应交增值税（待认证进项税额）　　　　　　　　11 440
　　贷：银行存款　　　　　　　　　　　　　　　　　　　　　　99 440

零售企业在商品验收入库时，以商品售价（含税）金额借记"库存商品"账户，以商品进价（不含税）金额贷记"在途物资"，以商品含税售价大于不含税进价的差额贷记"商品进销差价"。"商品进销差价"账户是商品零售企业用来核算商品售价（含税）与进价（不含税）之间差额（毛利+销项税额）的专门账户。其借方反映取得商品进价大于零售价的差额，月终分摊商品进销差价和进行商品售价调整时调低售价的差额，贷方反映取得商品零售价大于进价的差额和库存商品售价调整时调高售价的差额；贷方余额反映库存商品进价小于售价的差额，借方余额则反映库存商品进价大于售价的差额，余额一般在贷方。

【例3-10】某零售商业企业向本市某无线电厂购入VCD150台，价格为1 000元/台，增值税专用发票上注明价款150 000元、税额19 500元（150 000元×13%）。

企业付款时，做如下会计分录。

借：在途物资——××无线电厂　　　　　　　　　　　　　　150 000
　　应交税费——应交增值税（待认证进项税额）　　　　　　　　19 500
　　贷：银行存款　　　　　　　　　　　　　　　　　　　　　169 500

商品验收入库（设每台VCD含税售价1 560元）时，做如下会计分录。

借：库存商品——××VCD　　　　　　　　　　　　　　　　234 000
　　贷：在途物资——××无线电厂　　　　　　　　　　　　　　150 000
　　　　商品进销差价　　　　　　　　　　　　　　　　　　　　84 000

3．购进农产品进项税额的会计处理

购进农产品时，增值税扣除率为9%；纳税人购进用于生产销售、委托加工13%税率货物的农产品，按10%的扣除率计算进项税额。

【例3-11】某企业为一般纳税人，4月15日自某农民专业合作社购入对方自产苗木一批，取得对方开具的增值税普通发票1张，金额30万元，税额为0，款项已支付，苗木已用于开发项目绿化工程。做如下会计分录。

借：开发成本　　　　　　　　　　　　　　　　　　　　　　272 727
　　应交税费——应交增值税（进项税额）　　　　　　　　　　27 273

　　贷：银行存款　　　　　　　　　　　　　　　　　　　　　　　300 000

　　【例3-12】某酒店为一般纳税人，9月5日从小规模纳税人处采购农产品一批，取得对方代开的专用发票1张，金额15万元，税额0.45万元，款项已经支付。

　　（1）支付货款并通过认证抵扣时，做如下会计分录。

　　借：原材料　　　　　　　　　　　　　　　　　　　　　　　150 000

　　　　应交税费——应交增值税（进项税额）　　　　　　　　　　　4 500

　　　　　贷：银行存款　　　　　　　　　　　　　　　　　　　　154 500

　　（2）转出进项税额时，做如下会计分录。

　　借：原材料　　　　　　　　　　　　　　　　　　　　　　　　4 500

　　　　贷：应交税费——应交增值税（进项税额转出）　　　　　　　　4 500

　　（3）计提进项税额（150 000元×9%=13 500元）时，做如下会计分录。

　　借：应交税费——应交增值税（进项税额）　　　　　　　　　　　13 500

　　　　贷：原材料　　　　　　　　　　　　　　　　　　　　　　13 500

　　4. 进口货物进项税额的会计处理

　　纳税人在取得海关进口增值税缴款书后，先借记"应交税费——待认证进项税额"，贷记相关对应账户；稽核比对相符允许抵扣时，借记"应交税费——应交增值税（进项税额）"，贷记"应交税费——待认证进项税额"。对不得抵扣的进项税额，借记相关对应账户，贷记"应交税费——待认证进项税额"。

　　【例3-13】天华厂从国外进口一批材料(材料已验收入库)，海关审定的关税完税价格为1 000 000元，应纳关税150 000元、消费税50 000元。

　　增值税计算如下。

　　进项税额=（1 000 000+150 000+50 000）×13%=156 000（元）

　　做如下会计分录。

　　借：原材料　　　　　　　　　　　　　　　　　　　　　　1 200 000

　　　　应交税费——待认证进项税额　　　　　　　　　　　　　　156 000

　　　　　贷：银行存款　　　　　　　　　　　　　　　　　　　1 356 000

　　（二）支付水电费进项税额的会计处理

　　企业支付水电费时，可以根据增值税专用发票上注明的增值税税额进行税款抵扣。

　　【例3-14】天华厂10月收到电力公司开来的电力增值税专用发票，因该厂生产经营用电和职工生活用电是一个电度表，所以增值税专用发票上的增值税税额中有属于职工个人消费的部分。10月该厂用电总计20 000元，其中：生产用电18 000元，职工生活用电2 000元。电力公司开来的增值税专用发票上显示电价20 000元，税额2 600元，价税合计22 600元。该厂对职工个人用电的价税计算到人，在发工资时扣回。做如下会计分录。

　　借：制造费用　　　　　　　　　　　　　　　　　　　　　　18 000

　　　　应交税费——应交增值税（进项税额）　　　　　　　　　　　2 340

　　　　应付职工薪酬　　　　　　　　　　　　　　　　　　　　　2 260

　　　　　贷：银行存款　　　　　　　　　　　　　　　　　　　　22 600

　　（三）接受应税劳务、服务进项税额的会计处理

　　企业接受应税劳务、服务时，根据取得的增值税专用发票，通过认证可以抵扣进项税额。如果

对方是非法人单位，接受方在根据合同或协议付款时，应代扣代缴增值税。

企业接受应税劳务、服务时，按照增值税专用发票上注明的增值税税额，借记"应交税费——应交增值税（进项税额）"账户；按增值税专用发票上记载的劳务、服务费用，借记"其他业务成本""制造费用""委托加工物资""管理费用"等；按应付或实际支付金额，贷记"应付账款""银行存款"等。

【例3-15】某生产企业与中介公司签订了委托销售合同，通过中介公司居间销售自产产品。9月份，中介公司销售生产企业自产产品100万元，企业按合同规定支付佣金6万元。中介公司向生产企业开具增值税专用发票，注明价款6万元，增值税税额3 600元，价税合计63 600元。生产企业所做会计处理如下。

```
借：销售费用——手续费及佣金                              60 000
    应交税费——应交增值税（待认证进项税额）                3 600
    贷：银行存款                                        63 600
```

【例3-16】天冀房地产公司聘请某国外著名建筑设计师为其开发的花园别墅进行整体规划设计，合同价款（含税）总计106万元。公司在支付服务费时做如下会计分录。

```
借：开发成本——××别墅                               1 000 000
    应交税费——应交增值税（待认证进项税额）               60 000
    贷：银行存款                                      1 060 000
```

（四）购入固定资产进项税额的会计处理

企业购买、自制固定资产时，取得增值税专用发票并支付进项税额，其会计处理方法与增加存货基本相同。外购时，借记"应交税费——应交增值税（进项税额）"，按专用发票上记载的应计入固定资产价值的金额借记"固定资产"等，按应付或实际支付的金额贷记"应付账款""应付票据""银行存款""长期应付款"等。

【例3-17】天利公司系增值税一般纳税人，8月购进仓库一栋，购入价为1 000万元（含税）。进项税额的计算如下。

进项税额=1 000÷（1+9%）×9%=82.568 8（万元）

做如下会计分录。

```
借：固定资产——××仓库                               9 174 312
    应交税费——应交增值税（进项税额）                     825 688
    贷：银行存款/应付账款                             10 000 000
```

《企业会计准则第16号——政府补助》对政府补助的会计处理，增加了确认营业收入、其他收益、冲减资产成本、费用等不同选项。企业从政府取得的与企业日常经营活动密切相关且构成企业商品或服务对价组成部分的经济资源，应按收入准则而不是政府补助准则进行会计处理。对与企业日常经营活动密切相关的政府补助，记入新增的损益类会计科目"其他收益"。该科目专门用于核算与企业日常活动相关但不宜确认收入或冲减成本费用的政府补助，并应在利润表中的"营业利润"项目之上单独列报（即作为"营业利润"的组成部分）。

企业收到的节能环保补贴、电价补贴、减免税金等，与企业日常经营活动密切相关。因此，财务会计作为营业利润一并记入"其他收益"，税务会计处理仍以税收法规规定为准。

企业收到的购置环保专用设备等政府专项补贴，应冲减相关资产的账面价值，并确认为"递延收益"。自相关资产达到预定使用状态时起，在其使用寿命内按照合理、系统的方法分期计入损益。资产在使用寿命结束前被出售、转让、报损的，其尚未分配的递延收益余额一次性转入当期处置损益。企业可以根据取得的补助对资产和利益影响的具体情况，在冲减资产账面价值（净额法）和确认递延收益（总额法）之间选择一种合理、恰当的处理方法。

【例3-18】天华公司6月购入节能环保设备一套并向政府申请了补助。当月月底，收到政府财政性资金210万元，款已到账。该设备不含税价款450万元，增值税税额58.5万元，款已支付。设备当月交付使用，财务会计折旧年限为10年，按直线法计提折旧，假定无残值。

（1）购入环保设备时，做如下会计分录。

借：固定资产——环保设备   4 500 000

  应交税费——应交增值税（进项税额）   585 000

  贷：银行存款   5 085 000

（2）收到政府补助时，做如下会计分录。

借：银行存款   2 100 000

  贷：递延收益——环保设备补助   2 100 000

（3）下半年计提折旧（4 500 000元÷10÷2）时，做如下会计分录。

借：制造费用——折旧费用   225 000

  贷：累计折旧   225 000

（4）分配同期递延收益（2 100 000元÷10÷2）时，做如下会计分录。

借：递延收益——环保设备补助   105 000

  贷：其他收益   105 000

（五）小规模纳税人购进货物的会计处理

小规模纳税人不实行税款抵扣制，因此，不论收到增值税普通发票还是专用发票，其所付税款均不应单独反映，可直接计入采购成本，按应付或实际支付的价款和进项税额，借记"材料采购或商品采购""原材料或库存商品""管理费用"等，贷记"应付账款""银行存款""库存现金"等。

【例3-19】天明厂系小规模纳税人，3月购入原材料一批，增值税专用发票上注明材料价款8 800元、税额1 408元；购入包装物一批，普通发票上所列价款为2 500元。已付款并验收入库。做如下会计分录。

借：原材料   10 208

  包装物   2 500

  贷：银行存款   12 708

三、增值税进项税额转出的会计处理

当企业购进货物用于免征增值税项目、集体福利、个人消费或者发生非正常损失时，应做进项税额转出或将其视同销项税额处理，从本期的进项税额中抵减，借记有关账户，贷记"应交税费——应交增值税（进项税额转出）"等。出口货物的进项税额与出口退税额的差额，也应做"进项税额转出"的会计处理（见本书第六章）。

进项税额转出

（一）直接用于或改用于集体福利、个人消费进项税额转出的会计处理

企业购进的货物、不动产，如果直接用于或者改用于集体福利、个人消费，对其已抵扣的进项税额，应做"进项税额转出"处理。

【例3-20】某企业系增值税一般纳税人，3月发生涉及进项税额转出的四笔业务，见表3-1。

表3-1   3月购进货物（部分）明细表

货物名称	数量	单位	单价	金额（不含税）	税额	价税合计	用途
大米	3 600	千克	4.5	13 965.52	1 815.52	15 781	职工食堂
食用油	1 500	千克	22.6	29 224.14	3 799.14	33 023.28	职工食堂
燃气灶具	套	2	14 100	24 310.34	3 160.34	27 470.68	职工食堂
应酬消费	—	—	—	31 034.48	4 034.48	35 068.96	业务
合计	—	—	—	98 534.48	12 809.48	111 343.92	—

相关会计处理如下。

（1）取得发票并支付货款时，做如下会计分录。

借：应付职工薪酬——职工福利费   43 189.66

      管理费用——业务费   31 034.48

      固定资产——燃气灶具   24 310.34

      应交税费——待认证进项税额   12 809.48

   贷：银行存款   111 343.92

（2）对上述发票进行认证后，做如下会计分录。

借：应交税费——应交增值税（进项税额）   12 809.48

   贷：应交税费——待认证进项税额   12 809.48

（3）因上述税额不得抵扣销项税额，故做进项税额转出处理。

借：应付职工薪酬——职工福利费   5 614.66

      管理费用——业务费   4 034.48

      固定资产——燃气灶具   3 160.34

   贷：应交税费——应交增值税（进项税额转出）   12 809.48

4月在填报上期增值税纳税申报表时，在附表二"本期认证相符且本期申报抵扣"栏填列本期认证相符的进项税额，同时将上述不得抵扣金额在该表第二部分"进项税额转出额"下的"集体福利、个人消费"明细项目填列其"税额"。

（二）用于免税项目进项税额转出的会计处理

企业购进的货物如果既用于应税项目又用于免税项目，而进项税额又不能单独核算时，月末应按免税项目销售额与应税免税项目销售额合计之比计算免税项目不予抵扣的进项税额，然后做"进项税额转出"的会计处理。如果企业生产的产品全部是免税项目，其购进货物的进项税额应计入采购成本，因而就不存在进项税额转出的问题了。

【例3-21】某超市为增值税一般纳税人，其中经营当地蔬菜、水果等农产品。在上年12月末增值税纳税申报表中，"期末留抵税额"中蔬菜、水果金额共计88 000元。按有关规定，从当年1月起，蔬菜、水果分别属于免税货物和应税货物。该超市当年1月销售蔬菜240 000元、水果160 000元，因销售上述业务共发生（分摊）电费8 000元、运输费6 000元，均取得符合规定的抵扣凭证，但无法在水果与蔬菜之间进行划分。

期初留抵税额中的转出数=88 000×240 000÷（240 000+160 000）=52 800（元）

当月电费和运输费用可抵扣进项税额=8 000×13%+6 000×9%=1 580（元）

当月免税项目进项税额转出数=1 580×240 000÷400 000=948（元）

进项税额转出合计=52 800+948=53 748（元）

做如下会计分录。

借：主营业务成本——蔬菜　　　　　　　　　　　　　　　　　53 748
　　贷：应交税金——应交增值税（进项税额转出）　　　　　　　　　53 748

（三）非正常损失货物进项税额转出的会计处理

一般纳税人在生产经营过程中，可能会因管理不善造成存货被盗、霉烂变质等损失。按照税法的规定，非正常损失购进货物的进项税额和非正常损失的在产品、产成品所耗用的购进货物或应税劳务的进项税额，不得从销项税额中抵扣。

购进货物发生非正常损失后，其税负不能再往后转嫁。因此，对发生损失的企业（视为应税货物的最终消费者）应征收该货物的增值税。当初进货时支付的增值税税额已作为"进项税额"进行了抵扣，发生损失后应将其转出，由该企业承担该项税负，即转作待处理财产损失的增值税应与遭受损失的存货成本一并处理。企业应根据税法规定，正确界定正常损失[①]与非正常损失。非正常损失存货有不含运费的原材料、含运费的原材料及产成品、半成品等情况，企业应分别情况，正确进行会计处理。

对非正常损失存货进行会计处理的关键是正确计算其涉及的不得从销项税额中抵扣的进项税额。由于非正常损失的购进货物与非正常损失的在产品、产成品所耗用的购进货物或者应税劳务的进项税额一般已在此前做了抵扣，发生损失后，一般很难核实所损失的货物是在何时购进的，其原始进价和进项税额也无法准确核定，因此，可按货物的实际成本计算不得抵扣的进项税额。损失的在产品、产成品中耗用外购货物或应税劳务的实际成本，还需要参照企业近期的成本资料加以计算。存货损失还涉及企业所得税，其税前扣除见第七章。

【例3-22】某酒厂为增值税一般纳税人，本月外购食用酒精150吨，每吨不含税价7 600元。取得的增值税专用发票上注明金额1 140 000元、税额182 400元，取得的增值税专用发票上注明的不含税运费金额45 000元，取得的增值税专用发票上注明的不含税装卸费金额25 000元。月末盘存时发现，因管理不善当月购进的酒精被盗5吨，经主管税务机关确认作为损失转营业外支出处理。

被盗食用酒精成本=5×7 600+45 000÷150×5+25 000÷150×5

　　　　　　　　　=38 000+1 500+833=40 333（元）

应转出进项税额=38 000×13%+1 500×9%+833×6%

　　　　　　　=4 940+135+50=5 125（元）

（1）反映被盗发生时。

借：待处理财产损溢——待处理流动资产损溢　　　　　　　　　45 458
　　贷：原材料——食用酒精　　　　　　　　　　　　　　　　　40 333
　　　　应交税费——应交增值税（进项税额转出）　　　　　　　　5 125

（2）报经批准后。

借：营业外支出——非正常损失　　　　　　　　　　　　　　　45 458
　　贷：待处理财产损溢——待处理流动资产损溢　　　　　　　　　45 458

（四）进项税额转入的会计处理

对允许抵扣的进项税额，应借记"应交税费——应交增值税（进项税额）"
"应交税费——待抵扣进项税额"，企业也可在"应交增值税"下增设"进项税额转入"明细账户。

进项税额转入

[①] 正常损失额确认后，可计入"管理费用"或"销售费用"，不做"进项税额转出"。

【例3-23】天科公司（一般纳税人）于今年6月购买了一栋房屋用作员工食堂，取得的增值税专用发票上注明税款为54万元，价款600万元，折旧年限20年，无残值，7月份勾选确认并做了进项税额转出处理。今年9月因经营需要将该房屋改作生产车间。

（1）可抵扣进项税额（进项税额转入额）计算如下。

不动产净值=600-[600÷（20×12）]×3=592.5（万元）

不动产净值率=592.5÷600×100%=98.75%

可抵扣进项税额=54×98.75%=53.325（万元）

（2）做会计分录如下。

改变用途当月转入进项税额时：

借：应交税费——应交增值税（进项税额）　　　　　　　　　　　　533 250

　　贷：固定资产　　　　　　　　　　　　　　　　　　　　　　　　　533 250

第四节
增值税销项税额的会计处理

企业销售货物、无形资产、不动产，提供劳务、服务时，借记"应收账款""银行存款"等，贷记"主营业务收入""固定资产清理""工程结算"等，贷记"应交税费——应交增值税（销项税额）"。

若按会计准则确认收入或利得的时点早于按照税法规定确认的增值税纳税义务发生时点，则应先将相关销项税额计入"应交税费——待转销项税额"，待实际发生纳税义务时再转入"应交税费——应交增值税（销项税额）"。如果前者确认的时点晚于后者确认的时点，则应按应纳增值税额借记"应收账款"，贷记"应交税费——应交增值税（销项税额）"，待按会计准则确认收入或利得时，按扣除增值税销项税额后的金额确认收入。

企业发生视同销售行为时，按计算的销项税额借记"应付职工薪酬""利润分配"等，贷记"应交税费——应交增值税（销项税额）"。

一、现销方式销售货物销项税额的会计处理

（一）产品销售销项税额的会计处理

现销方式销售货物即直接收款方式销售货物，按收入确认的原则和条件，不论货物是否发出，均应以收到货款或取得索取销货款凭据、销货发票交给购货方的当日，确认销售成立并发生纳税义务。即使为不完全符合收入确认条件的销售业务，只要已向对方开出专用发票，也应确认销项税额。企业应根据销售结算凭证和银行存款进账单等，借记"银行存款""应收账款"等；按专用发票上所列增值税额或普通发票上所列货款按征收率折算的增值税额，贷记"应交税费——应交增值税（销项税额）"；按销售额，贷记"主营业务收入"。

（1）采用支票、汇兑、银行本票、银行汇票结算方式（工具）销售产品的会计处理。

其属于直接收款方式销售货物，不论货物是否发出，均为收到货款或取得索取销货款的凭据，应于提货单交给购货方的当天，确认销售成立并发生纳税义务。企业应根据销售结算凭证和银行存款进账单，借记"银行存款""应收账款""应收票据"；按增值税专用发票上所列税额或按普通发票上所列货款乘以征收率所折算的增值税税额，贷记"应交税费——应交增值税（销项税额）"；按实际销货额，贷记"主营业务收入"。

【例3-24】天华厂采用汇兑结算方式向光明厂销售甲产品360件，价格为600元/件，计价款216 000元、税额28 080元（360件×600元/件×13%），开出转账支票代垫运杂费1 000元，货款尚未收到。

借：应收账款——光明厂 245 080
 贷：主营业务收入 216 000
  应交税费——应交增值税（销项税额） 28 080
  银行存款 1 000

（2）采用商业汇票结算方式销售产品的会计处理。

当收到购货方交来的商业汇票时，销售收入实现并发生纳税义务。

【例3-25】天华厂向永兴厂销售甲产品100件，价格为600元/件，计价款60 000元、税额7 800元（100件×600元/件×13%），已收到购货单位交来的承兑期为4个月的银行承兑汇票。做如下会计分录。

借：应收票据——银行承兑汇票 67 800
 贷：应交税费——应交增值税（销项税额） 7 800
  主营业务收入 60 000

（3）采用委托收款、托收承付结算方式销售产品的会计处理。

尽管委托收款与托收承付的结算程序不同，但按增值税法的规定，均应于发出商品并向银行办妥托收手续的当天确认销售实现并发生纳税义务。企业应根据委托收款或托收承付结算凭证和发票，借记"应收账款"，贷记"应交税费——应交增值税（销项税额）""主营业务收入"。对不完全符合收入确认条件的销售业务，只要开出并转交专用发票，也应确认纳税义务的发生。

【例3-26】天华厂向外地胜利厂发出乙产品200件，价格为460元/件，计价款92 000元、税额11 960元（200件×460元/件×13%），代垫运杂费2 000元。根据发货票和铁路运单等，已向银行办妥委托收款手续。做如下会计分录。

借：应收账款——胜利厂 105 960
 贷：应交税费——应交增值税（销项税额） 11 960
  主营业务收入 92 000
  银行存款 2 000

（二）商品销售销项税额的会计处理

一般采用提货制或送货制，货款结算大多采用现金或支票结算方式。批发企业根据增值税专用发票的记账联和银行结算凭证，借记"银行存款"，贷记"主营业务收入""应交税费——应交增值税（销项税额）"；零售企业应在每日营业终了时，由销售部门填制销货日报表，连同销货款一并送交财会部门，倒算出销售额，借记"银行存款"，贷记"主营业务收入""应交税费——应交增值税（销项税额）"。

【例3-27】某商业零售企业9月8日各营业柜组交来销货款现金8 775元，货款已由财会部门集中送存银行。

销售给消费者个人的商品，实行价税合并收取，因此应换算销售额。

销售额=含税销售额÷（1+税率）=8 775÷（1+13%）=7 765.49（元）

销项税额=销售额×适用税率=7 765.49×13%=1 009.51（元）

对于该项业务，财会部门根据各柜组的内部缴款单，填制销货日报表、进账单等凭证，并做如下会计分录。

借：银行存款 8 775
 贷：主营业务收入 7 765.49

　　　　应交税费——应交增值税（销项税额）　　　　　　　　　　　　　1 009.51

　　上述做法需要每天或每次计算销项税额，工作量大，也会出现误差。为此，对采用售价金额核算、实物负责制的企业，按实收销货款（含税），借记"银行存款"，贷记"主营业务收入"；同时按售价金额结转成本，借记"主营业务成本"，贷记"库存商品"。按月末差价表结转实际成本，借记"商品进销差价"（差价+销项税额），贷记"主营业务成本"（含税），调整"主营业务成本"账户为实际的商品销售成本。

　　仍以本例为例，每天收到销货款时，做如下会计分录。

　　借：银行存款　　　　　　　　　　　　　　　　　　　　　　　　　　8 775
　　　　贷：主营业务收入　　　　　　　　　　　　　　　　　　　　　　　8 775
　　借：主营业务成本　　　　　　　　　　　　　　　　　　　　　　　　8 775
　　　　贷：库存商品　　　　　　　　　　　　　　　　　　　　　　　　　8 775

　　假设本月全店的含税销售收入总额为50 000元，销项税额为5 752.21元[50 000÷（1+13%）×13%]，做如下会计分录。

　　借：主营业务收入　　　　　　　　　　　　　　　　　　　　　　　5 752.21
　　　　贷：应交税费——应交增值税（销项税额）　　　　　　　　　　　5 752.21

　　按月末商品进销差价表结转实际成本。假设商品进销差价表上所列商品进销差价总额为14 500元（含税），做如下会计分录。

　　借：商品进销差价　　　　　　　　　　　　　　　　　　　　　　　14 500
　　　　贷：主营业务成本　　　　　　　　　　　　　　　　　　　　　　14 500

　　月末实现的毛利=本期含税毛利-销项税额=14 500-5 752.21=8 747.79（元）

（三）租赁服务销项税额的会计处理

　　【例3-28】A企业向B企业出租生产用新购设备一台，合同约定租赁日期从当年4月1日起，租期1年，含税租赁价款总额为255.2万元。双方约定，B企业应于每季度开始的前10日向A企业按季预付租金。

　　3月20日，A企业收到B企业预付的第一个季度的租金63.8万元并开具了发票。

　　（1）收到B企业预付租金时。

　　采用预收款方式的租赁服务，纳税义务发生时间为收到预收款的当天。

　　应交增值税=638 000÷（1+13%）×13%=564 601.77×13%=73 398.23（元）

　　做如下会计分录。

　　借：银行存款　　　　　　　　　　　　　　　　　　　　　　　　638 000
　　　　贷：预收账款——B 企业　　　　　　　　　　　　　　　　　564 601.77
　　　　　　应交税费——应交增值税（销项税额）　　　　　　　　　　73 398.23

　　（2）确认该季度每月收入时。

　　每月收入额= 564 601.77÷3=188 200.59（元）

　　借：预收账款——B 企业　　　　　　　　　　　　　　　　　　188 200.59
　　　　贷：其他业务收入——租赁收入　　　　　　　　　　　　　　188 200.59

二、分期收款方式销售货物销项税额的会计处理

　　企业采用分期收款方式销售货物时，其纳税义务发生时间为合同约定的收款日期当天，即不

论在合同约定的收款日当天是否收到或如数收到货款，均应确认纳税义务发生，并在规定时间内缴纳增值税。发出商品时，借记"长期应收款"，贷记"主营业务收入"；同时，结转销售成本。按合同约定的收款日期开具发票，借记"银行存款""应收账款"等，贷记"长期应收款""应交税费——应交增值税（销项税额）"。而按会计准则的规定，如果收款期较短（通常在3年以下），以合同金额确认收入，其会计处理与税法的规定基本相同。如果收款期较长（通常在3年以上），实质上是具有融资性质的商品销售。此时，按应收合同或协议价款，借记"长期应收款"账户；按应收合同或协议价款的公允价值（未来现金流量现值），贷记"主营业务收入"；按专用发票上注明的增值税额，贷记"应交税费——应交增值税（销项税额）"；按其差额，贷记"未实现融资收益"。未实现融资收益在收款期内按实际利率法摊销，摊销结果与直线法相差不大时，也可以采用直线法摊销。

【例3-29】大华工厂按销售合同向N公司销售A产品300件，不含税售价1 000元/件，产品成本800元/件，税率为13%。按合同规定付款期限为18个月，货款分3次平均支付。4月30日为第1期产品销售实现月，开出增值税专用发票——价款100 000元、税额13 000元，价税已收到（假定不计息）。

（1）确认销售时，做如下会计分录。

借：长期应收款   339 000

  贷：主营业务收入   300 000

    应交税费——待转销项税额   39 000

借：主营业务成本   240 000

  贷：库存商品   240 000

（2）4月30日，在约定收款日收到款项时，做如下会计分录。

借：银行存款   113 000

  贷：长期应收款   113 000

借：应交税费——待转销项税额   13 000

  贷：应交税费——应交增值税（销项税额） 13 000

三、销货退回及折让、折扣销项税额的会计处理

一般纳税人销售货物，提供应税劳务、服务并开具增值税专用发票后，在发生销售货物退回、折让时，应按规定开具红字专用发票，退还给购买方的增值税额可从发生销货退回、折让当期的销项税额中扣减。未按规定开具红字专用发票的，不得冲减当期销项税额。

（一）销货退回销项税额的会计处理

（1）已开发票未入账退货的会计处理。当销货方收到退回发票时，可对原蓝字发票进行作废处理，一般不做账务处理。产品退回时发生的相关费用，借记"销售费用"，贷记"银行存款""其他应付款"（购货方代垫）等。

（2）无退货条件且已入账的会计处理。如未确认收入，则企业应按已计入"发出商品"账户的商品成本金额，借记"库存商品"等，贷记"发出商品"。采用计划成本或售价核算的，应按计划成本或售价计入"库存商品"，同时计算产品成本差异或商品进销差价。

（3）如已确认收入，则销货方在购货方提供"进货退出或索取折让通知单"后，开具红字专用发票。红字贷记"主营业务收入""应交税费——应交增值税（销项税额）"，红字借记（或蓝字贷记）"应收账款""银行存款""财务费用"等；同时，借记"库存商品"，贷记"主营业务成本"。

（4）根据新修订的《企业会计准则第 14 号——收入》，对于附有销售退回条款的销售，企业应当在客户取得相关商品控制权时，按照因向客户转让商品而预期有权收取的对价金额（不含预期因销售退回而可能退还的金额）确认收入，按照预期因销售退回而可能退还的金额确认负债；同时，按预期将退回商品转让时的账面价值扣除收回该商品预计发生的成本（包括退回商品的价值减损）后的余额，确认为一项资产；按商品转让时的账面价值，扣除上述资产成本的净额结转成本。在资产负债表日，应重新估计未来销售退回情况。如有变化，应当作为会计估计变更进行会计处理。

（5）税务会计应在销售时全部确认销项税额，实际发生退货时开具红字发票冲减当期的销项税额和销售收入等；财务会计只对有控制权的不会退回部分确认收入，由此产生的暂时性差异需要进行递延所得税的会计处理。

【例3-30】某公司系增值税一般纳税人，10月18日销售一批商品给乙公司，取得收入102万元（不含税，增值税税率13%）。发出商品后，该公司按正常情况已确认收入，并结转成本85万元。11月，该笔货款已经如数收到。12月19日，因产品质量问题，该批商品被退回。该公司执行《小企业会计准则》，企业已经确认销售商品收入的售出商品发生的销售退回，不论是否属于本年度，均应在发生时冲减当期销售收入。

对退回商品，做如下会计分录。

```
贷：主营业务收入                                    1 020 000①
    应交税费——应交增值税（销项税额）                 132 600
    贷：银行存款                                    1 152 600
借：库存商品                                         850 000
    贷：主营业务成本                                  850 000
```

（二）销售折让销项税额的会计处理

销售折让是指货物销售后，因品种、规格、质量等原因，购货方未予退货，而由销货方给予购货方的一种价格上的减让。对销售折让，可在实际发生时直接从当期实现的销售收入中抵减，即以折让后的货款为销售额来计算缴纳增值税。具体处理应分为以下不同情况。

（1）购货方尚未进行账务处理，也未付款。销货方应在收到购货方转来的原开增值税专用发票的发票联和抵扣联上注明"作废"字样。

如属当月销售，销货方尚未进行账务处理，则不需要进行冲销当月产品销售收入和销项税额的账务处理，只需根据双方协商的扣除折让后的价款和增值税税额重新开具增值税专用发票，并进行账务处理。

（2）购货方已进行账务处理，发票联和抵扣联已无法退还。这时，销货方一般也已进行了账务处理，应根据购货方转来的通知单，按折让金额（价款和税额）开具红字增值税专用发票，作为冲销当期主营业务收入和销项税额的凭证。

如销售发生在以前月份，销货方已进行账务处理，则应根据折让后的价款和增值税税额重新开具增值税专用发票，按原开增值税专用发票的发票联和抵扣联与新开的增值税专用发票的记账联的差额，冲销当月主营业务收入和当月销项税额，红字借记"应收账款"，红字贷记"主营业务收入""应交税费——应交增值税（销项税额）"。

【例3-31】天华厂上月销售给耀华厂丙产品40件，由于质量不符合要求，双方协商折让20%。耀

---

① 方框表示红字冲账。

华厂转来的证明单上列明：折让价款20 000元，折让税额2 600元。根据证明单开出红字增值税专用发票，并通过银行汇出款项。做如下会计分录。

借：主营业务收入——丙产品 20 000
　应交税费——应交增值税（销项税额） 2 600
　　贷：银行存款 22 600

实际入账时，"主营业务收入——丙产品""应交税费——应交增值税（销项税额）"账户应以红字记入贷方发生额。

（三）折扣销售销项税额的会计处理

在财务会计中，销售折扣分为商业折扣和现金折扣两种形式；而在税务会计（税法）中，折扣销售方式分为折扣销售和销售折扣两种方式。

1. 折扣销售销项税额的会计处理

折扣销售即财务会计中的商业折扣，是指销货方在销售货物时，因购货方购货数量较大或与销售方有特殊关系等原因而给予对方价格优惠（打折）。纳税人采取折扣方式销售货物时，如果销售额和折扣额在同一张发票上的"金额"栏中分别注明，则可按折扣后的销售额征收增值税；未在同一张发票上的"金额"栏中注明折扣额，仅在发票的"备注"栏中注明折扣额的，折扣额不得从销售额中

折扣销售与
销售折扣

扣除。如果将折扣额另开发票，则不论其在财务会计上如何处理，也不得从销售额中扣除折扣额，即要按折扣前的销售额全额作为计算销项税额的依据。

折扣销售仅限于货物价格的折扣，如果销售方将自产、委托加工和购买的货物用于实物折扣的，则该实物价款不能从货物销售额中减除，且该实物应按"视同销售货物"中的"将自产、委托加工或者购进的货物无偿赠送其他单位或个人"的行为计算缴纳增值税。

【例3-32】某企业9月8日销售给某商场一批货物，该货物的正常销售价格为220 000元（不含税）。鉴于商场购货额较大，该企业给予商场5%的价格折扣优惠。在货物发出时，该企业开具增值税专用发票，将销售额和折扣额在同一张发票上分别注明，货款于当月15日由当地银行转来。会计处理如下。

折扣后的销售额=220 000×（1-5%）=209 000（元）
销项税额=209 000×13%=27 170（元）

借：银行存款 236 170
　　贷：主营业务收入 209 000
　　　　应交税费——应交增值税（销项税额） 27 170

税法中强调销售额与折扣额必须在同一张发票上的"金额"栏中注明，主要是出于保证增值税征管的需要（征税、扣税相一致）。如果允许对销售额开一张销货发票，对折扣额再开一张退款的增值税负数（红字）发票，就可能产生销售方按减去折扣额后的销售额计算销项税额，而购货方按未减去折扣额的销售额及其进项税额进行抵扣的问题，导致增值税逃税现象的发生。

2. 销售折扣销项税额的会计处理

销售折扣即财务会计中的现金折扣，是指销货方在销售货物或应税劳务后，为了鼓励购货方早日偿还货款而协议许诺给予购货方的一种折扣优待，即对在折扣期内付款的客户，按销售货款给予一定比例的价款减让。销售折扣发生在销货之后，是企业的一种融资性质的理财费用。在纳税人销售货物发生纳税义务时，购货方能否获得此项折扣尚不可知。因此，销售折扣不得从销售额中减除，

要以折扣前的销售额全额为计算销项税额的依据。销售折扣的会计处理方法有全价（总价）法和净价法两种。

【例3-33】A公司9月9日销售产品400件给甲厂，价目表中标明不含税售价为560元/件，并规定凡购买量超过250件的，给予10%的折扣，该公司将折扣额与销售额在同一张发票上的"金额"栏中注明。同时，该公司给予甲厂的现金折扣条件为"2/10，1/20，n/30"（按总价法计算）。甲厂于9月22日付款。

1. A公司相关会计处理

提供的10%的折扣属于商业折扣。该折扣额和折扣后的实际销售额在同一张发票上的"金额"栏中注明，可以折扣后的余额为销售额计算增值税。

（1）9月9日实现销售时，应税销售额=560×（1-10%）×400=201 600（元）。

借：应收账款——甲厂 227 808
  贷：主营业务收入 201 600
    应交税费——应交增值税（销项税额） 26 208

（2）9月22日收款时，应当给予对方1%的价格折扣。

借：银行存款 225 529.92
  财务费用 2 278.08
  贷：应收账款——甲厂 227 808

如果该公司在10月29日以后收到货款，则不应给予对方价格折扣。

借：银行存款 227 808
  贷：应收账款——甲厂 227 808

2. 购货方（甲厂）的会计处理

（1）9月9日购入货物时，购货成本=560×（1-10%）×400=201 600（元）。

借：库存商品 201 600
  应交税费——应交增值税（进项税额） 26 208
  贷：应付账款——A公司 227 808

（2）上述货款在20日内付款时，可享受1%的折扣，折扣额为2 278.08元。应给销售方开具增值税普通发票，按"贷款服务"计缴6%的增值税，应交增值税=2 278.08÷（1+6%）×6%= 2 149.13×6%=128.95（元）。

借：应付账款 227 808
  贷：银行存款 225 529.92
    财务费用 2 149.13
    应交税费——应交增值税（销项税额） 128.95

如果该公司在10月29日以后支付货款，则不享受任何价格折扣。

借：应付账款——A公司 227 808
  贷：银行存款 227 808

3. 代金券消费的会计处理

售（发）卡企业销售单用途卡或接受单用途卡持卡人充值取得的预收款，不属于增值税征税范围，不需缴纳增值税，也不涉及企业所得税。售（发）卡方可按规定向购卡人、充值人开具增值税普通发票，不得开具增值税专用发票。销售方与售卡方不是同一个纳税人的，销售方在收到售卡方结算的销售款时，应向售卡方开具增值税普通发票，并在备注栏中注明"收到预付卡结算款"，不得开具增值税专用发票。售卡方从销售方处取得的增值税普通发票，作为其销售单用途卡或接受单用途卡充值取得预收资金不缴纳增值税的凭证，留存备查。

【例3-34】天乐超市为推动消费者下载使用其客户端，首次下载并安装其客户端的注册客户可以享受50元购入100元代金券的优惠。代金券的性质与预付卡相同，即以50元购入100元预付卡，购物结算时以代金券所注金额100元抵减部分价款（但不能退款）。超市销售代金券时，不能向客户开具增值税专用发票，可开具增值税普通发票，并需使用"未发生销售行为的不征税项目"编码中的601"预付卡销售和充值"开具，发票税率栏应填写"不征税"。虽然代金券金额为100元，但实际收款50元，故应按50元开具普通发票（不在增值税申报表中体现）。当月超市向某客户售卡两张，做如下会计分录。

借：银行存款   100
 贷：其他应付款——代金券（100抵200）   100

客户持代金券到超市购买商品时，代金券所注金额与当初销售代金券的差额系对客户的销售折扣，应按折扣后的金额确认收入，超市仅对客户补付价款部分开具发票。如果不需补付价款，则不应向客户开具发票。

假设客户到超市购买了一件价格为351元的衣服，使用了2张50元抵100元的代金券，实际支付现金151元。做如下会计分录。

借：银行存款   151
  其他应付款——代金券（100抵200）   100
 贷：主营业务收入（251÷1.13）   222.12
  应交税费——应交增值税（销项税额）（222.12×13%） 628.88

四、视同销售销项税额的会计处理

视同销售是指没有直接现金流入的"销售"。根据税法的要求，所有视同销售行为都应正常计税，但在财务会计中，视同销售一般不符合收入确认原则。对视同销售行为进行会计处理的关键，在于是否应通过收入账户进行核算。有两种观点（两种做法）：一种是与正常的、真正的销售核算相同，即按销售额贷记"主营业务收入"并相应计提销项税额，然后结转"主营业务成本"；另一种是不通过"主营业务收入"账户核算，直接按成本结转，同时按市价或公允价值计提销项税额，期末

视同销售

要进行所得税纳税调整。前者是财务会计与税务会计不分离的做法，即会计准则与税法规定保持一致（财税合一）；后者是两种会计分离的做法。对视同销售行为的会计处理，一般应遵循如下原则。

（1）视同销售行为是否会使企业获得收益。如果能获得收益，就应按销售收入处理；否则，按其成本进行结转。

（2）对视同销售行为计算的应交增值税，与一般的"进项税额转出"意义不同，税务会计应将其作为"销项税额"处理。

（3）视同销售行为的价格（计税依据）应按税法的规定确定（税务部门认定）。

（4）财务会计不作为收入的视同销售的会计处理。企业将自产货物用于业务招待、宣传、捐赠、赞助等，不属于两个会计主体之间的利益交换。这类会计事项不符合会计准则收入确认标准（条件），因为不产生经济利益流入，主要风险和报酬也没有转移到另一个会计主体上。因此，不作为收入处理，直接结转产品成本，但按税法规定，应按公允价值确认计量其销项税额。

（5）作为收入的视同销售的会计处理。企业将自产或外购货物用于债务重组、奖励、职工福利、利润分配等，税务会计与财务会计均视同销售处理，即企业应交增值税、所得税要视同销售进行处理，财务会计也同步确认收入。这类会计事项符合会计准则的收入确认条件。虽然没有产生直接的现金流入，但它减少了企业的负债或提升了企业形象，促进了商品销售，提高了潜在盈利能力。

【例3-35】某制造企业当年将一批自产产品用于市场推广，该批产品的账面成本为85万元，同类商品不含税市场售价为100万元。假设企业当年发生的广告和业务宣传费未超标，仅考虑增值税，不考虑其他税费和经营业务。其会计记录有以下两种方法。

（1）第一种方法：不确认收入。

借：销售费用　　　　　　　　　　　　　　　　　　　　　980 000
　　贷：库存商品　　　　　　　　　　　　　　　　　　　　　850 000
　　　　应交税费——应交增值税（销项税额）　　　　　　　130 000

（2）第二种方法：视同销售收入。

借：销售费用　　　　　　　　　　　　　　　　　　　　1 130 000
　　贷：主营业务收入　　　　　　　　　　　　　　　　　1 000 000
　　　　应交税费——应交增值税（销项税额）　　　　　　　130 000

同时，做如下会计分录。

借：主营业务成本　　　　　　　　　　　　　　　　　　　850 000
　　贷：库存商品　　　　　　　　　　　　　　　　　　　　850 000

【例3-36】天华公司系增值税一般纳税人，适用增值税税率为13%。10月将一批自产产品通过政府部门向灾区捐赠，成本为500万元，市场不含增值税价650万元；将一批外购产品通过政府部门向灾区捐赠，外购价格为400万元。会计处理（仅反映增值税，其他税费略）如下。

（1）自产产品对外捐赠。

视同销售收入：650万元；视同销售成本：500万元。

借：营业外支出——捐赠　　　　　　　　　　　　　　　5 845 000
　　贷：库存商品　　　　　　　　　　　　　　　　　　　5 000 000
　　　　应交税费——应交增值税（销项税额）　　　　　　　845 000

（2）外购产品对外捐赠。

视同销售收入：400万元；视同销售成本：400万元。

借：营业外支出——捐赠　　　　　　　　　　　　　　　4 520 000
　　贷：库存商品　　　　　　　　　　　　　　　　　　　4 000 000
　　　　应交税费——应交增值税（销项税额）　　　　　　　520 000

出于交际应酬、宣传等目的，餐饮企业在本企业招待客户就餐，旅游娱乐企业使用本企业资源招待客户旅游或娱乐，文化体育企业免费为用户办理健身卡、提供健身服务，美容美发企业免费为他人美容美发，广播影视企业免费为其他单位或个人提供播映服务，建筑企业无偿为其他单位或个人提供建筑服务等，均视同销售服务。它应具备两点：一是服务为"自产"，即提供者是纳税人自己；二是无偿，即企业提供服务后并不向服务接受方收取款项或获取其他形式的、直接的经济利益。

【例3-37】某宾馆在国庆节前赠送成本价为14 000元（相关进项税额已抵扣）、正常销售价格为26 500元的熟食给老客户。

（1）不含税销售额= 26 500÷（1+6%）=25 000（元）。

（2）销项税额=25 000×6%=1 500（元）。

（3）会计分录如下。

借：管理费用——赠送食品 15 500

　　贷：库存商品等 14 000

　　　　应交税费——应交增值税（销项税额） 1 500

五、销售固定资产（有形动产、不动产）和无形资产销项税额的会计处理

（一）销售有形动产应交增值税的会计处理

企业销售（转让）已使用过的、可抵扣增值税的固定资产时，因该项固定资产在原来取得时，其增值税进项税额已计入"应交税费——应交增值税（进项税额）"，故销售时按计算的增值税销项税额借记"固定资产清理"，贷记"应交税费——应交增值税（销项税额）"。如果是在增值税转型之前购入的机器设备，因当初购入时进项税额已计入资产成本，现在出售时应按简易计税方法，依3%征收率减按2%计算缴纳增值税；将固定资产转让损益计入"资产处置损益"。

【例3-38】某企业出售一台已经使用过的生产设备，含税价为113万元，已提折旧10万元，但未计提资产减值准备。该固定资产取得时，其进项税额13万元已计入"应交税费——应交增值税（进项税额）"，出售时收到价款80万元，不考虑城市维护建设税及附加税费。

（1）转入清理时。

借：固定资产清理 900 000

　　累计折旧 100 000

　　贷：固定资产 1 000 000

（2）出售时。

固定资产清理=800 000÷1.13=707 964.6

借：银行存款 800 000

　　贷：固定资产清理 707 964.6

　　　　应交税费——应交增值税（销项税额） 92 035.4

借：资产处置损益 192 035.4

　　贷：固定资产清理 192 035.4

如果该设备是在"营改增"前购入的，且采用简易计税方法进行会计处理，则应做如下会计分录。

（1）转入清理时。

借：固定资产清理 1 030 000

　　累计折旧 100 000

　　贷：固定资产 1 130 000

（2）取得处置收入时。

借：银行存款 800 000

　　贷：固定资产清理 800 000

（3）计算应交增值税。

应交增值税=800 000÷（1+3%）×2%=776 699×2%=15 534（元）

借：固定资产清理 15 534

　　贷：应交税费——简易计税 15 534

（4）转销固定资产转让损益时。

固定资产转让净收益=800 000-（1 030 000+15 534）=-245 534（元）

借：资产处置损益   245 534

    贷：固定资产清理   245 534

（二）销售不动产应交增值税的会计处理

房地产开发企业中的一般纳税人销售自行开发的房地产项目适用一般计税方法计税，按照取得的全部价款和价外费用，扣除当期销售房地产项目对应的土地价款后的余额计算销售额。当期允许扣除的土地价款=（当期销售房地产项目建筑面积÷房地产项目可供销售建筑面积）×支付的土地价款。采取预收款方式销售自行开发的房地产项目时，应在收到预收款时按照3%的预征率预缴增值税。以当期销售额和9%的适用税率计算当期应纳税额，抵减已预缴税款后，向主管税务机关申报纳税。

【例3-39】天星房地产公司系增值税一般纳税人，去年4月获得土地时支付价款1.1亿元，今年8月取得商品房销售收入（含税）5.5亿元。

（1）支付土地价款时。

增值税额=1.1÷（1+9%）×9%=0.090 825 688（亿元）

做如下会计分录。

借：开发成本   100 917 431.2

    应交税费——应交增值税（销项税额抵减）   9 082 568.8

        贷：银行存款   110 000 000

（2）实现销售收入时。

增值税额=5.5÷（1+9%）×9%=0.45 412 844（亿元）

做如下会计分录。

借：银行存款   550 000 000

    贷：主营业务收入   504 587 156

        应交税费——应交增值税（销项税额）   45 412 844

（3）实际缴纳增值税时，做如下会计分录。

借：应交税费——应交增值税（销项税额）   36 330 275.2

    贷：银行存款   36 330 275.2

【例3-40】天缘房地产公司5月取得一块土地，支付土地出让金330万元，用于开发某小区商品房，适用一般计税法。建筑总规模12 000平方米，可供出售建筑面积10 000平方米。6月开始预售，当月预售4 500平方米，预收房款1 100万元。

预收款应交增值税=1 100÷（1+9%）×3%=30.275 23（万元）

借：应交税费——应交增值税（已交税金）   302 752.3

    贷：银行存款   302 752.3

11月，该房地产公司办理产权转移手续，给购房者开具增值税发票，将预售房款转入当月营业收入，计提销项税额。

借：预收账款   11 000 000

    贷：主营业务收入   10 691 743.12

        应交税费——应交增值税（销项税额）   908 256.88

冲减销项税额的土地价款=330×（4 500÷10 000）=148.5（万元）

可冲减的销项税额=148.5÷1.09×9%=12.261 468（万元）

借：应交税费——应交增值税（待抵扣进项税额）　　　　　122 614.68

　　贷：主营业务成本　　　　　　　　　　　　　　　　　122 614.68

因房地产企业土地价款可抵减销项税额的时间是在其纳税义务确认时点，不同于其他差额征税的购进服务是在购进当期抵减，因此，也可将上述会计分录合并处理。

借：预收账款　　　　　　　　　　　　　　　　　　　　11 000 000

　　贷：应交税费——应交增值税（销项税额）　　　　　　785 642.2

　　　　主营业务收入　　　　　　　　　　　　　　　　10 214 357.8

【例3-41】某公司系增值税一般纳税人，8月转让其"营改增"前购入的房屋一栋，房屋售价和价外费用共计1 200万元，当初购置价格为880万元。选择简易计税方法，按5%的征收率计算应交增值税。

应交增值税=（1 200-880）÷（1+5%）×5%=304.761 9×5%=15.238 1（万元）

借：银行存款　　　　　　　　　　　　　　　　　　　　12 000 000

　　贷：应交税费——应交增值税　　　　　　　　　　　152 381

　　　　其他业务收入（或主营业务收入）　　　　　　　1 047 619

如果纳税人转让的是其"营改增"前自建的房屋，选择简易计税方法，则应以房屋售价和价外费用为销售额计税，应交增值税60万元[1 200万元÷（1+5%）×5%]。

（三）转让无形资产应交增值税的会计处理

【例3-42】某企业8月将某产品的商标权以1 060 000元的价格（含税）转让给另一家企业，按6%的增值税税率计算应交增值税60 000元。该商标权的账面余额为700 000元，已计提减值准备80 000元。做如下会计分录。

借：银行存款　　　　　　　　　　　　　　　　　　　　1 060 000

　　无形资产减值准备　　　　　　　　　　　　　　　　80 000

　　贷：无形资产　　　　　　　　　　　　　　　　　　700 000

　　　　应交税费——应交增值税（销项税额）　　　　　　60 000

　　　　资产处置损益　　　　　　　　　　　　　　　　380 000

（四）出租不动产应交增值税的会计处理

【例3-43】天宇公司为从事货物生产销售的增值税一般纳税人。8月将"营改增"后购置的异地房产出租，按一般计税方法计税，年租金198万元，租赁期限为2年，租金按年收取。8月30日收到第1年租金，租期从9月1日开始计算。

应预缴增值税=198÷（1+9%）×3%=5.449 541（万元）

应缴增值税=198÷（1+10%）×9%=16.348 624（万元）

应申报缴纳增值税=16.348 624-5.449 541=10.899 083（万元）

（1）收到房屋租金时，做如下会计分录。

借：银行存款　　　　　　　　　　　　　　　　　　　　1 980 000

　　贷：预收账款　　　　　　　　　　　　　　　　　　1 816 513.76

　　　　应交税费——应交增值税（销项税额）　　　　　　163 486.24

（2）异地预交增值税时，做如下会计分录。

借：应交税费——预交增值税　　　　　　　　　　　　　54 495.41

　　贷：银行存款　　　　　　　　　　　　　　　　　　54 495.41

（3）期末结转预交增值税时，做如下会计分录。

借：应交税费——未交增值税 54 495.41

贷：应交税费——预交增值税 54 495.41

（4）在机构所在缴税时，做如下会计分录。

借：应交税费——未交增值税 108 990.83

贷：银行存款 108 990.83

（5）每月确认收入时，做如下会计分录。

借：预收账款 150 000

贷：其他业务收入（180万元÷12） 150 000

（五）从事生产、生活性服务纳税人缴纳增值税的会计处理

从事生产、生活性服务的纳税人在实际缴纳增值税时，按应纳税额借记"应交税费——未交增值税"等，按实际缴纳金额贷记"银行存款"，按加计抵免金额贷记"其他收益"。

第五节 增值税结转和缴纳的会计处理

一、增值税简易计税方法的会计处理

增值税简易计税方法适用于小规模纳税人和一般纳税人的特定货物、特定服务、特定项目。

增值税简易
计税方法

（一）小规模纳税人增值税的会计处理

小规模纳税人不实行税款抵扣办法，应以不含税销售额乘以征收率计算应缴增值税。因此，只需通过"应交税费——应交增值税"账户反映增值税的应交、上交和欠交情况。

【例3-44】某餐饮企业系小规模纳税人。当月与驻地某施工队签订了为期3个月的施工人员就餐协议。协议规定，每月餐费为5万元（含税），在协议签订时一次付清3个月的就餐费15万元，同时为施工队开具增值税专用发票。根据有关规定，先开具发票的，纳税义务发生时间为开具发票的当天。相关会计处理如下。

销售额=150 000÷（1+3%）=145 631（元）

应交增值税=145 631×3%=4 369（元）

每月销售额=145 631÷3=48 544（元）

（1）收到施工队支付的餐费时。

借：银行存款 150 000

贷：预收账款 145 631

应交税费——应交增值税 4 369

（2）每月确认营业收入时。

借：预收账款 48 544

贷：主营业务收入 48 544

如果该餐饮企业将一次性收取15万元餐费改为发行单用途预付卡，施工队一次性充值15万元，

餐馆开具15万元增值税普通发票，施工队每月划卡消费5万元，则按以下方法处理。若该餐馆月底售卡，施工队下月消费，则当月该餐馆不必就售卡缴纳增值税；若餐馆当月售卡，施工队当月消费，则餐馆当月应缴纳的增值税=50 000÷（1+3%）×3%=1 456（元）。[①]

（1）发售预付卡时。

借：银行存款　　　　　　　　　　　　　　150 000

　　贷：预收账款　　　　　　　　　　　150 000

（2）下个季度第一个月的月末，做如下会计分录。

借：预收账款　　　　　　　　　　　　　　　　　　　　50 000

　　贷：主营业务收入　　　　　　　　　　　　　　　　48 544

　　　　应交税费——应交增值税　　　　　　　　　　　1 456

第2、第3个月的会计处理与第1个月相同。

（二）一般纳税人采用简易计税方法的会计处理

一般纳税人采用简易计税方法的计税项目，其进项税额不得从销项税额中抵扣，应计入相关成本费用，不通过"应交税费——应交增值税（进项税额）"；在其销售货物、无形资产、不动产，提供劳务、服务时，借记"应收账款""银行存款"等，贷记"主营业务收入"等，贷记"应交税费——应交增值税（简易计税）"。

【例3-45】某公司系一般纳税人，主营钢材和商品混凝土业务。其中，自产商品混凝土使用简易计税方法。当月钢材销售额为700万元，钢材采购额为800万元；商品混凝土销售收入为159万元（含税）。做如下会计分录。

（1）销售钢材时。

借：应收账款——××客户　　　　　　　　　　　　　8 190 000

　　贷：主营业务收入——钢材　　　　　　　　　　　7 000 000

　　　　应交税费——应交增值税（销项税额）　　　　1 120 000

（2）采购钢材时。

借：库存商品　　　　　　　　　　　　　　　　　　　8 000 000

　　应交税费——应交增值税（进项税额）　　　　　　1 280 000

　　贷：应付账款——××供应商　　　　　　　　　　9 280 000

（3）销售混凝土时。

借：应收账款——××客户　　　　　　　　　　　　　1 590 000

　　贷：主营业务收入——商品混凝土　　　　　　　　1 543 690

　　　　应交税费——应交增值税（简易计税）　　　　　46 310

在实务中，对于简易计税方法减按2%征收的会计处理，因为纳税申报表中没有2%征收率一栏，故为了完整地体现税收优惠，可以将少纳的1%作为补贴收入，在主表第23行"应纳税额减征额"中填写。

二、减免增值税的会计处理

（一）直接减免增值税的会计处理

《企业会计准则第16号——政府补助》明确了政府补助准则的适用范围、政府补助和收入的划分

---

① 小规模纳税人按季申报，假设售卡是在季末月份。

原则：如果该交易与企业销售商品或提供服务等活动密切相关，且来源于政府的经济资源是企业商品或服务的对价组成部分，则应按收入准则的规定进行会计处理，不再适用政府补助准则。

小微企业免征的增值税与销售额的大小有密切关系，因此不应再按"政府补助"进行财务会计处理，应区分收到的政府补助是否与其日常活动相关，并据此判断是否纳入营业利润并记入"其他收益"。"其他收益"专门用于核算与企业日常活动相关但不宜确认为收入或冲减成本费用的政府补助。凡记入"其他收益"的政府补助，应在利润表的"营业利润"之上增列项目单独列报。税务会计处理则不受会计准则制定和修订的影响。

增值税免税收入的会计处理有价税分离记账法和价税合计记账法两种方法。在价税分离记账法下，销售免税项目时，借记"银行存款"等，贷记"主营业务收入""应交税费——应交增值税（销项税额）"；对直接减免的销项税额，借记"应交税费——应交增值税（减免税款）"。在价税合计记账法下，对法定免征的增值税无须做专门的会计处理，其进项税额计入相关项目的成本或费用中，并按收款全额贷记"主营业务收入"。

【例3-46】某供热公司为增值税一般纳税人，主要从事居民个人供热业务（免税），同时也向部分企业和商户供热（应税）。1月，公司购进天然气不含税价款2 000万元，取得的专用发票上注明税款180万元（无法区分居民和非居民供热耗用情况）。当月取得居民供热收入1 090万元（1 000万元+90万元）、非居民供热收入654万元（600万元+54万元）。

（1）购进天然气时。

借：库存商品	20 000 000	
应交税费——应交增值税（进项税额）	1 800 000	
贷：银行存款		21 800 000

（2）供热收费时。

供热收入应交增值税=（1 000+600）×9%=144（万元）

居民供热减免增值税=144-54=90（万元）

借：银行存款	17 440 000	
应交税费——应交增值税（减免税款）	900 000	
贷：主营业务收入——非居民		6 000 000
——居民		10 900 000
应交税费——应交增值税（销项税额 ）		1 440 000

（3）居民供热不得抵扣进项税额转出。

不得抵扣进项税额=180×1 000÷（1 000+600）=112.5（万元）

借：主营业务成本	21 125 000	
贷：库存商品		20 000 000
应交税费——应交增值税（进项税额转出）		1 125 000

【例3-47】某小微企业6月发生两笔货物销售业务，含税收入分别是20 600元、10 094元。如何进行会计处理？

一般情况下，小微企业的单笔销售额比较小，在月度中间一般不能确定本月销售额是否会超过3万元。因此，应按正常销售计提应纳税额。对于本例，每笔销售业务对应的会计分录如下。

借：银行存款等	20 600	
贷：主营业务收入		20 000
应交税费——应交增值税		600

借：银行存款等 10 094
　　贷：主营业务收入 9 800
　　　　应交税费——应交增值税 294

增值税属价外计税，3 万元免税起征点应是不含税销售额。该企业当月两笔销售额合计应为 29 800 元，而非 30 694 元，符合免税条件。月末，应将已计提的增值税转入当月"其他收益"，会计分录如下。

借：应交税费——应交增值税 894
　　贷：其他收益——减免税款 894

（二）即征即退增值税的会计处理

纳税人既有即征即退、先征后退项目，又有出口等其他应税项目的，即征即退、先征后退项目不参与出口项目免抵退计算。纳税人应分别核算，分别享受优惠政策，其进项税额也应分开核算，各自处理。

为了将上述项目单独核算，企业应设置"应交税费——应交增值税（一般项目）""应交税费——应交增值税（即征即退项目）""应交税费——未交增值税（即征即退项目）"等明细科目；对实际收到的退税款，应贷记"其他收益——减免税款"。

【例3-48】某软件开发企业8月购进生产材料，取得的增值税专用发票上注明价款8 500元、增值税税额1 105元；支付运费300元，取得的专用发票上注明的进项税额为27元；当月销售自行开发生产的软件产品，销售额为69 000元，增值税税额为8 970元，已开具增值税专用发票。假设上月无留抵税额，本月无其他与增值税有关的经济事项。

应交增值税=69 000×13%-1 105-27=7 838（元）

实际税负=7 838÷69 000×100%=11.36%

实际税负超过3%的部分实行即征即退。

实际应负担税额=69 000×3%=2 070（元）

应退税额=7 838-2 070=5 768（元）

相关会计处理如下。

（1）购进原材料。

借：原材料 8 500
　　应交税费——应交增值税（进项税额） 1 105
　　贷：银行存款等 9 605

（2）支付运费。

借：原材料 300
　　应交税费——应交增值税（进项税额） 27
　　贷：银行存款等 327

（3）销售软件。

借：应收账款等 77 970
　　贷：主营业务收入 69 000
　　　　应交税费——应交增值税（销项税额） 8 970

（4）应即征即退税额。

借：应交税费——应交增值税（减免税款） 5 768
　　贷：其他收益——政府补助 5 768

（5）结转本月应交税金。

借：应交税费——应交增值税（转出未交税金）　　　　　　　　2 070

　　贷：应交税费——未交增值税　　　　　　　　　　　　　　　　　2 070

三、缴纳增值税的会计处理

（一）按日申报缴纳增值税的会计处理

以日为一期纳税的，自期满之日起5日内通过"应交税费——应交增值税（已交税金）"预缴税款，于次月1日起15日内申报纳税并结清上月应纳税款。

（1）平时，企业在"应交税费——应交增值税"多栏式明细账户中核算增值税业务。其中，当月预缴当月增值税额时，会计分录如下。

借：应交税费——应交增值税（已交税金）

　　贷：银行存款

（2）月末，结出"应交税费——应交增值税"账户借贷方合计和余额。

若"应交税费——应交增值税"账户为贷方余额，则表示本月应交未交增值税额。

（3）若"应交税费——应交增值税"账户为借方余额，由于月中有预缴税款的情况，因此，该借方余额可能是尚未抵扣的进项税额，还可能包含多交的部分。具体界定，可分为以下三种情况。

① 当"应交税费——应交增值税"账户借方余额大于"应交税费——应交增值税"账户的"已交税金"专栏合计数时，表明当月已交税金全部为多交，两者差额为本月尚未抵扣的进项税额。

② 当"应交税费——应交增值税"账户借方余额等于"应交税费——应交增值税"账户的"已交税金"专栏合计数时，表明当月已交税金全部为多交，同时，本月无尚未抵扣的进项税额。

③ 当"应交税费——应交增值税"账户借方余额小于"应交税费——应交增值税"账户的"已交税金"专栏合计数时，表明当月已交税金部分为应交税额，部分为多交税额，借方余额即为多交税额。

（4）如果企业设置了"应交税费——未交增值税"账户，则其月末多交的增值税应转入该账户贷方，其月未交的增值税应转入该账户借方；结转后，"应交税费——应交增值税"账户的借方余额为"留抵税额"。

（二）按月申报缴纳增值税的会计处理

【例3-49】天海建筑公司系增值税一般纳税人。10月，其销项税额为110万元，当期认证抵扣的进项税额为155万元。11月，其销项税额为320万元，当期认证抵扣的进项税额为240万元；当月部分钢材被盗，应转出进项税额61万元。12月10日，申报缴纳11月增值税（相关附加税费略）。

10月应纳增值税额=1 100 000-1 550 000=-450 000（元）<0

当月应交增值税0元，留抵税额为450 000元。

11月，做如下增值税会计分录。

（1）进项税额转出。

借：营业外支出　　　　　　　　　　　　　　　　　　　　　　610 000

　　贷：应交税费——应交增值税（进项税额转出）　　　　　　　　610 000

（2）应纳增值税额。

当月可抵扣进项税额=450 000+2 400 000-610 000=2 240 000（元）

当月应纳税额=3 200 000-2 240 000=960 000（元）

借：应交税费——应交增值税（转出未交增值税）　　　　960 000
　　贷：应交税费——未交增值税　　　　　　　　　　　　　　　　　960 000
（3）12月10日，申报缴纳11月增值税。
借：应交税费——未交增值税　　　　　　　　　　　　960 000
　　贷：银行存款　　　　　　　　　　　　　　　　　　　　　　　960 000

金融商品转让时，以卖出价扣除买入价后的余额为销售额。转让金融商品产生的正负差，以盈亏相抵后的余额为销售额。相抵后出现的负差，可结转下一纳税期，与下期转让金融商品销售额相抵；年末仍出现负差的，不得转入下一个会计年度。金融商品的买入价，可按加权平均法或移动加权平均法核算。选择后，36个月内不得变更。

对转让当月产生的转让收益，按应纳税额，借记"投资收益"等，贷记"应交税费——转让金融商品应交增值税"；若当月产生转让损失，则按可结转下月的抵扣税额，借记"应交税费——转让金融商品应交增值税"，贷记"投资收益"等。缴纳增值税时，借记"应交税费——转让金融商品应交增值税"，贷记"银行存款"。年末，如果"应交税费——转让金融商品应交增值税"是借方余额，则应借记"投资收益"等，贷记"应交税费——转让金融商品应交增值税"。

【例3-50】天泰公司（一般纳税人）于6月1日从上交所购入A公司股票1万股，该股票在购买日的公允价值10万元；支付交易费用100元，进项税额6元，取得专用发票并通过认证。6月30日，"交易性金融资产——A公司（成本）"借方余额10万元，"交易性金融资产——A公司（公允价值变动）"借方余额1.5万元。8月10日，公司处置全部A公司股票，处置价款14.5万元。
（1）购入时。
借：交易性金融资产——A公司（成本）　　　　　　　100 000
　　贷：其他货币资金——存出投资款　　　　　　　　　　　　　　100 000
借：投资收益　　　　　　　　　　　　　　　　　　　　100
　　应交税费——应交增值税（进项税额）　　　　　　　　6
　　　　贷：其他货币资金——存出投资款　　　　　　　　　　　　　　106
（2）处置时。
应交增值税=（145 000-100 000）÷（1+6%）×6%=2 547.17（元）
借：其他货币资金——存出投资款　　　　　　　　　　145 000
　　贷：交易性金融资产——A公司（成本）　　　　　　　　　　　100 000
　　　　交易性金融资产——A公司（公允价值变动）　　　　　　　15 000
　　　　投资收益　　　　　　　　　　　　　　　　　　　　　　30 000
借：公允价值变动损益　　　　　　　　　　　　　　　15 000
　　贷：投资收益　　　　　　　　　　　　　　　　　　　　　　15 000
借：投资收益　　　　　　　　　　　　　　　　　　　2 547.17
　　贷：应交税费——转让金融商品应交增值税　　　　　　　　　2 547.17

（三）按季度申报缴纳增值税的会计处理

纳税人按季度申报缴纳增值税时，每月只做计提增值税的会计处理，不做缴纳或免征增值税的会计处理，季末合并计算销售额。如果符合免征增值税条件，季末再做免征增值税的会计处理；如果不符合免征增值税条件，按季度合计销售额全额计算缴纳增值税。

【例3-51】天鹤厂系制造企业，被认定为增值税小规模纳税人。当年7月的销售额为4万元（不含税，下同），8月的销售额为2万元，9月的销售额为1.5万元，第三季度销售额合计为7.5万元，按季度申报缴纳增值税。每月增值税（不考虑税费附加等）的会计处理如下。

（1）7月应交增值税。

借：应收账款等 41 200
贷：主营业务收入 40 000
应交税费——应交增值税 1 200

（2）8月应交增值税。

虽未达到起征点，应免于征税，但按季度申报缴纳增值税时当月无法确定是否免税。

借：应收账款 20 600
贷：主营业务收入 20 000
应交税费——应交增值税 600

（3）9月应交增值税。

借：应收账款 15 450
贷：主营业务收入 15 000
应交税费——应交增值税 450

（4）季度应交增值税。

第三季度收入合计7.5万元，低于9万元，免于缴税。

免缴税额=1 200+600+450=2 250（元）

借：应交税费——应交增值税 2 250
贷：其他收益——减免税款 2 250

按季度申报缴纳增值税时，本季度缴纳增值税为零，免征增值税合计2 250元；按月申报缴纳增值税时，本季度合计缴纳增值税1 200元，免征增值税合计1 050元。由此可见，对小规模纳税人来说，按季度申报缴纳比按月申报缴纳不仅程序更简便，税负也更轻。

（四）预缴和补缴增值税的会计处理

一般纳税人采用一般计税方法时，借记"应交税费——预交增值税"，贷记"银行存款"；月末，应将"预交增值税"明细账户余额转入"未交增值税"明细账户，借记"应交税费——未交增值税"，贷记"应交税费——预交增值税"。一般纳税人选择简易计税方法时，借记"应交税费——简易计税"，贷记"银行存款"；月末不必结转，无须进行专门的会计处理。

小规模纳税人预缴税款时，借记"应交税费——应交增值税"，贷记"银行存款"；月末不必结转，无须进行专门的会计处理。

【例3-52】天缘房地产开发公司开发N-2房地产项目，8月18日预售房屋一套，售价1 000万元，收到客户A交付的预售款800万元。该项目采用一般计税方法计税，相关会计处理如下。

（1）预收房款并预交增值税时。

借：银行存款 8 000 000
贷：预收账款——客户A 8 000 000

应预交增值税=8 000 000÷（1+9%）×3%=220 183.49（元）

借：应交税费——预交增值税 220 183.49
贷：银行存款 220 183.49

（2）销售房屋时。

应交增值税=10 000 000÷（1+9%）×9%=825 688.07（元）

借：银行存款　　　　　　　　　　　　　　　　　　　　　2 000 000

　　预收账款——客户A　　　　　　　　　　　　　　　　8 000 000

　　　贷：主营业务收入　　　　　　　　　　　　　　　　　9 174 311.93

　　　　　应交税费——应交增值税（销项税额）　　　　　　 825 688.07

同时结转预缴增值税，做如下会计分录。

借：应交税费——未交增值税　　　　　　　　　　　　　　220 183.49

　　　贷：应交税费——预交增值税　　　　　　　　　　　　220 183.49

（3）计算应缴增值税。

假设当月应抵扣进项税额为540 991元，则应纳增值税=825 688.07−540 991=284 697.07（元）。

借：应交税费——应交增值税（转出未交增值税）　　　　　284 697.07

　　　贷：应交税费——未交增值税　　　　　　　　　　　　284 697.07

（4）补缴增值税时。

应补缴增值税=284 697.07−220 183.49=64 513.58（元）

借：应交税费——未交增值税　　　　　　　　　　　　　　 64 513.58

　　　贷：银行存款　　　　　　　　　　　　　　　　　　　 64 513.58

第六节　出口货物退税的会计处理

一、出口货物免、退税类型和退税率

（一）出口货物免、退税类型

出口免、退税货物必须是属于增值税、消费税纳税范围的货物（含劳务、服务，下同）。目前，我国出口货物免、退税有三种类型。

出口退（免）税

1. 既免税，又退税

即原来征收的税予以退税，原来未征收的税予以免税。它适用于以下两种情况。

（1）企业出口和代理出口的货物（另有规定者除外），可以在货物报关出口并在财务会计上做销售实现后，凭有关凭证退还、免征增值税和消费税。

（2）特准退、免税。对符合规定条件的企业，不论有无出口经营权，均可在货物出口后退还或免征增值税和消费税。

2. 免税，但不退税

下列出口货物免缴增值税、消费税，但不办理退税。

（1）来料加工复出口的货物，即原材料进口免税，加工产品的货物出口不退税。

（2）古旧图书、避孕药品和用具，内销、出口均免税。

（3）出口卷烟。有出口权的企业出口国家出口计划内的卷烟时，在生产环节免缴增值税、消费税，出口环节不办理退税；出口非计划内的卷烟要照章纳税，出口不退税。

（4）军品以及军队系统企业出口军需工厂生产或军需部门调拨的货物免税。

（5）国家规定免税的货物出口，不办理退税。

3. 既不退税，又不免税

不退税是指不退还出口货物从购进原材料到产成品销售各个环节已缴纳的增值税和在生产环节缴纳的消费税，不免税是指不免征出口环节的增值税和消费税。如天然牛黄、麝香、铜及铜基合金、白银等国家禁止出口的货物既不退税又不免税。

根据出口货物征税率与退税率之间的关系，可将上述三种情况归纳为以下三种结果。

一是零税率。纳税人销售货物的适用税率为零，且允许抵扣其进项税额——退税。退税率等于其征税率，即"彻底退税"。

二是退税率大于零且低于征税率，即"未彻底退税"，企业实际上要承担部分增值税负，即征退税额之差。

三是退税率为零，即出口货物与内销货物承担同样的纳税义务。

（二）出口货物退税率

出口退税应以市场调节为主，政府调控为辅，增强企业的经营预期，减小市场波动幅度，避免使税收产生叠加或者扭曲市场信号参数的效应产生，一般应该实行出口商品零税率的稳定出口退税政策。

我国经济目前处于转型阶段，出口退税政策变化比较频繁。目前，我国出口货物增值税退税率有 6%、8%、9%、11%、13%等档次。

二、出口货物的退税方法

我国出口货物退税有"先征后退"和"免、抵、退"两种基本方法。

（一）先征后退

"先征后退"作为出口退税的一种主要办法，有广义和狭义之分。广义的"先征后退"是指出口货物在生产（供货）环节按规定缴纳增值税、消费税，货物出口后由出口的外（工）贸企业向其主管出口退税的税务机关申请办理出口货物退税。狭义的"先征后退"仅指生产企业自营出口或委托外贸企业代理出口自产货物时实行的一种出口退税方法，即生产企业自营出口或委托外贸企业代理出口的自产货物，一律先按出口货物离岸价及增值税法定征税税率计算征税，然后按出口货物离岸价及规定的退税率计算退税。

（二）免、抵、退

免税是指对生产企业出口的自产货物，免征本企业生产销售环节增值税；抵税是指用生产企业出口自产货物所耗用的原材料、零部件、燃料、动力等所含应予退还的进项税额，抵顶内销货物的应纳税额；退税是指生产企业出口的自产货物在当月内应抵顶的进项税额大于应纳税额时，对未抵顶完的部分予以退税。

从"免、抵、退"的含义中可以看出，免抵税额是指"免"的部分加上"抵"的部分。在国家鼓励出口的政策下，出口企业因为有出口外销业务，才免征出口环节增值税，用应予退还的进项税额抵顶内销货物的应纳税额。换言之，如果企业不出口，"免"和"抵"这两部分税款就要缴纳，免抵税额实际上相当于应纳税额。

实行"免、抵、退"方法时，征、退税是衔接的，生产企业出口时免征增值税销项税额，出口所耗用的进项税额可以抵减其应纳税额，抵减不完部分可以退税。与"先征后退"办法相比，其征税数额小，退税数额也小。

三、出口货物免、退增值税的计算

（一）一般贸易应退增值税的计算

企业出口货物时应退还的增值税应依据购进货物的增值税专用发票上注明的价款和出口货物所对应的退税率计算。实行出口退税电子化管理后，外贸企业应退税款的计算方法有单票对应法和加权平均法。

1. 单票对应法

单票对应法就是对同一关联号下的出口数量、金额按商品代码进行加权平均，合理分配各出口货物占用的数量，计算每笔出口货物的应退税额。采用这种办法时，在一次申报中，同一关联号、同一商品代码下，应保持进货与出口数量一致；如果进货数量大于出口数量，企业应到主管退税机关开具进货分批申报表。单票对应法退税的计算公式如下：

应退增值税额=出口货物的购进金额×退税率

=出口货物的进项税额-出口货物不予退税的税额

出口货物不予退税的税额=出口货物的购进金额×（增值税法定税率-增值税退税率）

出口货物的购进金额=出口货物数量×出口货物的购进单价或加权平均购进单价

2. 加权平均法

加权平均法是指出口企业的进货凭证按"企业代码+部门代码+商品代码"汇总，加权平均计算每种商品代码的加权平均单价和平均退税率；出口申报时按同样的"关键字"计算本次实际进货占用，即用上述加权平均单价乘以平均退税率乘以实际退税数量计算每种商品代码的应退税额。审核数据按月保存，进货结余自动保留，可供下期退税时继续使用。采用加权平均法计算出口退税的计算公式如下。

应退税增值税额=出口数量×加权平均单价×退税率

加权平均单价=本次进货可用金额÷本次进货可用数量

本次进货可用金额=上期结余金额+本次发生金额+释放出口金额（指调整出口数据后返回进货已占用金额）

本次进货可用数量=上期结余数量+本次发生数量+释放出口数量（指调整出口数据后返回进货已占用数量）

本次进货可用退税额=上期结余可退税额+本次发生可退税额+释放出口可退税额（指调整出口数据后返回进货已占用可退税额）

（二）生产企业出口货物免、抵、退税的计算

1. 基本程序

生产企业在货物出口并在会计上做销售后，在增值税法定纳税申报期内向主管国税机关办理增值税纳税和免、抵税申报。在办理完增值税纳税申报后，应于每月 15 日前（逢节假日顺延），向主管国税机关申报办理"免、抵、退"税。

2. 出口货物 FOB 价格的确定

生产企业出口货物的免、抵、退税额，应根据出口货物 FOB 价格、出口货物退税率计算。出口货物 FOB 价格以出口发票计算的 FOB 价格为准（委托代理出口的，出口发票可以由委托方开具或受托方开具）；若以其他价格条件成交，则应扣除按会计制度的规定允许冲减出口销售收入的运费、保险费、佣金等。若申报数与实际支付数有差额，则在下次申报退税时调整（或年终清算时一并调整）。如果出口发票不能如实反映 FOB 价格，则企业应按实际 FOB 价格申报"免、抵、退"税，税

务机关有权根据税法规定予以核定。

3. 计算方法

现行规定的计算步骤和计算公式比较复杂，不易理解，本书仅介绍其简化计算方法。使用以下简化计算公式的计算结果，与使用规定的计算步骤和计算公式的计算结果相同。

应退税额＝（出口货物销售收入－免税进口材料进价）×退税率

不得免缴额＝（出口货物销售收入－免税进口材料进价）×（征税率－退税率）

应纳税额＝内销货物增值税销项税额－（增值税进项税额－不得抵扣额）－期初留抵额＋

不得免缴额

再根据应纳税额与应退税额的差额，确认企业应纳或应退增值税额。

不论复杂计算方法还是简化计算方法，生产企业出口退税的基本程序和要点是相同的。

首先，确认不能抵退的税额：

不得免抵税额（进项税额转出）＝出口价×（征税率－退税率）

其次，确认可抵税额，其结果等于小于零：

应纳税额＝（应税）销项税额－（进项税额－不得免抵税额）－上期未抵扣额

再次，确认免抵退限额：

免抵退税额＝出口价×退税率

最后，确定"应退税额"：其为"应纳税额"与"免抵退税额"两者之中较小者。

【例3-53】某自营出口生产企业系增值税一般纳税人，出口货物原征税率为13%，退税率为11%。9月份相关业务资料为：上期期末留抵税额4万元；国内采购原料取得的专用发票上注明税额32万元，发票已经税务机关认证；当期以进料加工方式进口保税料件100万元；内销货物不含税收入为160万元，销项税额为20.8万元；出口货物离岸价为240万元。按简化计算公式计算当月应退税额。

（1）外销货物与内销货物进项税额的计算。

外销货物进项税额＝出口货物离岸价（FOB）×增值税税率

＝（2 400 000-1 000 000）×13%=182 000（元）

内销货物进项税额＝320 000+40 000-182 000=178 000（元）

（2）内销货物应纳税额与出口货物应退税额的计算。

内销货物应纳税额（免抵税额）＝内销销项税额－内销进项税额=208 000-178 000=30 000（元）

出口货物应退税额（免、抵、退税额）＝（2 400 000-1 000 000）×11%=154 000（元）

（3）当月应退税额的计算。

应退税额＝免、抵、退税额－免抵税额=154 000-30 000=124 000（元）

【例3-54】天翔公司系自营出口生产企业、增值税一般纳税人，主营出口化肥和其他货物，能单独核算库存化肥的销售额。4月，内销货物销售额800万元（不含化肥出口），销项税额104万元。出口化肥折合人民币330万元（含税），当月出口其他货物折合人民币220万元，出口货物的征税税率为13%，退税率为11%。当月认证抵扣项税款150万元，无法划分不得抵扣的进项税额。上期期末留抵税额10万元。

化肥属于取消出口退（免）税的货物，其出口视同内销缴纳增值税，税率为9%。天翔公司4月应纳增值税计算如下。

（1）进项税额转出。

① 出口其他货物不得抵免的税额=220×（13%-11%）=4.4（万元）。

② 进项税额转出额=330÷[800+330÷（1+9%）+220]×200=50（万元）。

进项税额转出额合计=4.4+50=54.4（万元）

（2）当期内销（含视同内销）货物应纳增值税=800×13%+330÷（1+9%）×9%-（150+10-54.4）=104+27-105.6=25.4（万元）。

（3）当期应退税额=0。

（4）当期出口货物免抵税额=220×11%=24.2（万元）。

（5）当期应申报缴纳增值税=4.4+25.4=29.8（万元）。

四、外贸企业出口货物免退增值税的会计处理

（一）一般贸易出口委托加工货物的会计处理

【例3-55】A外贸企业从B企业购进一批服装面料，以作价销售的形式将该服装面料卖给C企业委托加工服装，收回后报关出口。已知服装出口退（免）税率为11%，服装面料税率为13%，不考虑国内运费及所得税等其他税费因素，其1—4月发生的相关业务及其会计处理如下。

（1）1月月初，A外贸企业购入B企业的服装面料，收到的增值税专用发票上的计税金额为100 000元，进项税额为13 000元。当月购货款已通过银行转账支付。

借：库存商品——服装面料　　　　　　　　　　　　　　　　　100 000
　　应交税费——应交增值税（进项税额）　　　　　　　　　　 13 000
　　　贷：银行存款　　　　　　　　　　　　　　　　　　　　　　　113 000

（2）国内作价销售服装面料并结转成本。

① 若作价11万元销售。

借：银行存款　　　　　　　　　　　　　　　　　　　　　　　124 300
　　贷：主营业务收入——内销收入　　　　　　　　　　　　　　　110 000
　　　　应交税费——应交增值税（销项税额）　　　　　　　　　 14 300

② 结转主营业务成本。

借：主营业务成本——内销商品　　　　　　　　　　　　　　　100 000
　　贷：库存商品——服装面料　　　　　　　　　　　　　　　　　100 000

③ 月末结转未缴增值税。

借：应交税费——应交增值税（销项税额）　　　　　　　　　　 14 300
　　贷：应交税费——应交增值税（进项税额）　　　　　　　　　　13 000
　　　　　　　　——应交增值税（未交增值税）　　　　　　　　　 1 300

（3）2月，申报上月应缴增值税额。同时，A外贸企业收回C企业加工完成的服装，取得的增值税专用发票上的计税价格为150 000元（含加工费），进项税额为19 500元，并在当月全部报关出口，其离岸价折合人民币180 000元。

① 2月份申报缴纳增值税。

借：应交税费——应交增值税（已交税金）　　　　　　　　　　　1 300
　　贷：银行存款　　　　　　　　　　　　　　　　　　　　　　　　1 300

② 结转已缴税金。

借：应交税费——应交增值税（未交增值税）　　　　　　　　　　 1 300
　　贷：应交税费——应交增值税（已交税金）　　　　　　　　　　　1 300

③ 确认外销收入。

借：应收账款——应收外汇账款（客户）　　　　　　　　　　　180 000

贷：主营业务收入——外销收入（服装）　　　　　　　　　　　180 000

下月月初，应将出口销售额填入增值税纳税申报表中的"免税货物销售额"栏进行纳税申报。

④ 购进服装并将购货款通过银行转账支付。

借：库存商品——出口商品（服装）　　　　　　　　　　　　　150 000

　　应交税费——应交增值税（进项税额）　　　　　　　　　　　19 500

　　贷：银行存款　　　　　　　　　　　　　　　　　　　　　　　169 500

⑤ 根据取得的增值税专用发票上列明的计税金额计算退税额，并提取出口退税和结转成本。

应退税额=150 000×11%=16 500（元）

结转成本额=150 000+150 000×（13%-11%）=153 000（元）

借：应交税费——应交增值税（出口退税）　　　　　　　　　　16 500

　　主营业务成本——出口商品（服装）　　　　　　　　　　　153 000

　　贷：应交税费——应交增值税（进项税额转出）　　　　　　　19 500

　　　　库存商品——出口商品（服装）　　　　　　　　　　　　150 000

⑥ 结转应缴增值税（出口退税）。

借：应收出口退税——应退增值税　　　　　　　　　　　　　　16 500

　　贷：应交税费——应交增值税（出口退税）　　　　　　　　　16 500

⑦ 2月末结转账户余额。

借：应交税费——应交增值税（进项税额转出）　　　　　　　　19 500

　　贷：应交税费——应交增值税（进项税额）　　　　　　　　　19 500

（4）3月，A外贸企业收齐出口货物报关单和其他单证并向主管税务机关申报出口退（免）税。

（5）4月，收到出口退税款时。

借：银行存款　　　　　　　　　　　　　　　　　　　　　　　16 500

　　贷：应收出口退税——应退增值税　　　　　　　　　　　　　16 500

（二）外贸企业代理出口业务的会计处理

外贸企业作为受托人将余款划给委托人后，退税事宜均由委托人负责申请办理。受托人（外贸企业）仅就其劳务费收入计算缴纳增值税。

【例3-56】某化工进出口公司接受某日化公司委托，为其代理出口一批化妆品。出口离岸价格为90 000美元，代垫运费1 200美元，收取的代理手续费为离岸价格的2%，从划转的结汇款中扣除。美元对人民币的汇率为USD100=CNY700。做如下会计分录。

（1）支付代垫运费时。

借：应收账款——××日化公司　　　　　　　　　　　　　　　8 400

　　贷：银行存款　　　　　　　　　　　　　　　　　　　　　　　8 400

（2）收到银行结汇通知时。

借：银行存款　　　　　　　　　　　　　　　　　　　　　　　630 000

　　贷：应付账款——××日化公司　　　　　　　　　　　　　　630 000

（3）计算应交增值税并与某日化公司结算时。

借：应付账款——××日化公司　　　　　　　　　　　　　　　630 000

　　贷：主营业务收入（90 000美元×7×2%）÷（1+6%）　　　　11 887

　　　　应交税费——应交增值税（销项税额）（11 887元×6%）　　713

　　　　应收账款——××日化公司　　　　　　　　　　　　　　8 400

银行存款	609 000

注：外贸企业自营出口的会计处理见第四章。

五、生产企业出口货物免、抵、退增值税的会计处理

（一）免、抵、退增值税的会计处理

企业若按申报的退税额进行会计处理，则可分别按以下情况计算申报应退税额、应免抵税额及留抵税额，并进行相应的会计处理。

（1）如果期末留抵税额为0，则当期应退税额=0，当期免抵税额=当期免抵退税额。

【例3-57】某企业生产A产品。1月共销售7吨，其中向境外N客户出口4吨，出口额为CIF价110 000美元，货款未收到，预计出口运费1 000美元、保险费500美元，美元记账汇率为USD100=CNY600；内销3吨，内销金额为600 000元，销项税额为78 000元。当月取得增值税进项税额合计80 000元，上月期末留抵税额为0元。该公司无免税购进原材料的情况。增值税征税率为13%，退税率为11%。

出口货物免、抵、退税额的计算如下：

出口货物FOB价格=110 000-1 000-500=108 500（美元）

免税出口销售额=108 500×6= 651 000（元）

当期免、抵、退税不得免缴和抵扣税额=651 000×（13%-11%）=13 020（元）

当期应纳税额=78 000-（80 000-13 020）-0=11 020（元）

期末留抵税额=0

当期应退税额=0

当期免抵税额=当期免、抵、退税额=651 000×11%=71 610（元）

做如下会计分录。

① 货物出口时。

借：应收账款——N客户	660 000	
贷：主营业务收入——出口（A产品）		651 000
预提费用——出口从属费用		9 000
借：主营业务成本——出口退税差额（A产品）	13 020	
贷：应交税费——应交增值税（进项税额转出）		13 020

② 内销时。

借：应收账款或银行存款	660 000	
贷：主营业务收入——内销（A产品）		582 000
应交税费——应交增值税（销项税额）		78 000

③ 计算应纳增值税额时。

借：应交税费——应交增值税（转出未交增值税）	11 020	
贷：应交税费——未交增值税（出口退税）		11 020

④ 申报出口免抵退税时。

借：应交税费——应交增值税（出口退税抵减应纳税额）	71 610	
贷：应交税费——应交增值税（出口退税）		71 610

（2）如果当期免、抵、退税额≥当期期末留抵税额>0，则当期应退税额=当期期末留抵税额，当期应免抵税额=当期免、抵、退税额-当期应退税额。

【例3-58】承【例3-57】，假设内销量为1吨，内销金额200 000元，销项税额32 000元。其他条件不变。

出口货物免、抵、退税额的计算如下。

当期免、抵、退税不得免缴和抵扣税额=651 000×（13%-11%）=13 020（元）

当期应纳税额=0

当期期末留抵税额=80 000-13 020-32 000=34 980（元）

因当期期末留抵税额＜当期免、抵、退税额，故当期应退税额=当期期末留抵税额=34 980元，当期免抵税额=71 610-34 980=36 630（元）。

做如下会计分录。

① 货物出口时。

借：应收账款——N客户		660 000
贷：主营业务收入——出口（A产品）		651 000
预提费用——出口从属费用		9 000
借：主营业务成本——出口退税差额（A产品）		13 020
贷：应交税费——应交增值税（进项税额转出）		13 020

② 内销时。

借：应收账款或银行存款		226 000
贷：主营业务收入——内销（甲产品）		200 000
应交税费——应交增值税（销项税额）		26 000

③ 申报出口免、抵、退税时。

借：应收出口退税——应退增值税		34 980
应交税费——应交增值税（出口退税抵减应纳税额）		36 630
贷：应交税费——应交增值税（出口退税）		71 610

（3）如果当期期末留抵税额＞当期免、抵、退税额，则当期应退税额=当期免、抵、退税额，当期应免抵税额=0。

【例3-59】承【例3-58】，假设当期取得进项税额合计180 000元，其他条件不变。

出口免、抵、退税的计算如下。

当期免、抵、退税不得免缴和抵扣税额=651 000×（13%-11%）=13 020（元）

当期期末留抵税额=180 000-13 020-32 000=134 980（元）

当期应纳税额=0

当期免、抵、退税额=651 000×11%=71 610（元）

因当期期末留抵税额＞当期免、抵、退税额，故当期应退税额=当期免、抵、退税额=71 610元，当期应免抵税额=0。

做如下会计分录。

① 货物出口时。

借：应收账款——N客户		660 000
贷：主营业务收入——出口（A产品）		651 000
预提费用——出口从属费用		9 000
借：主营业务成本——出口退税差额（A产品）		13 020
贷：应交税费——应交增值税（进项税额转出）		13 020

② 内销时。

借：应收账款或银行存款　　　　　　　　　　　　　　　226 000
　　贷：主营业务收入——内销（甲产品）　　　　　　　　　　200 000
　　　　应交税费——应交增值税（销项税额）　　　　　　　　 26 000

③ 申报出口免、抵、退税时。

借：应收出口退税——应退增值税　　　　　　　　　　　　 71 610
　　贷：应交税费——应交增值税（出口退税）　　　　　　　　 71 610

（二）补缴免、抵、退税的会计处理

生产企业出口货物跨年度发生退运时，如果出口货物已经申报办理免、抵、退税，则应按规定补缴免、抵、退税额。补缴的免、抵、退税额不得计入营业成本，应以红字贷记"应交税费——应交增值税（出口退税）"账户，蓝字贷记"银行存款"等账户（相当于列作进项税额予以抵扣）；同时，将免、抵、退税不得免征和抵扣税额从成本中转回，红字借记"以前年度损益调整"账户，红字贷记"应交税费——应交增值税（进项税额转出）"账户。

【例3-60】某纺织公司（增值税一般纳税人）是出口退（免）税申报后提供出口收汇核销单的生产企业。去年11月以一般贸易方式出口布料一批，出口离岸价250万元，税率为13%，退税率为11%。该笔出口货物当月取得出口报关单退税联和电子信息，公司当年12月办理了免、抵、退税申报，单证信息齐全，计算免、抵、退税额37.5万元，其中出口退税21万元，免抵税额20万元。今年4月，公司发生退关退货，主管税务机关通知公司按规定补缴免、抵、退税款。有关会计处理如下。

（1）上年11月出口销售时。

借：应收账款　　　　　　　　　　　　　　　　　　　2 500 000
　　贷：主营业务收入——出口收入　　　　　　　　　　　 2 500 000

（2）上年11月计算转出不予免征和抵扣税额时。

借：主营业务成本　　　　　　　　　　　　　　　　　　　50 000
　　贷：应交税费——应交增值税（进项税额转出）　　　　　　 50 000

（3）上年12月计算办理出口退税和免抵税额时。

借：应收出口退税——应退增值税　　　　　　　　　　　　200 000
　　应交税费——应交增值税（出口退税抵减应纳税额）　　　 175 000
　　贷：应交税费——应交增值税（出口退税）　　　　　　　 375 000

（4）今年4月退运冲减出口销售时。

借：应收账款　　　　　　　　　　　　　　　　　　　2 500 000
　　贷：以前年度损益调整　　　　　　　　　　　　　　 2 500 000

同时冲减出口销售成本（会计处理略）。

（5）今年4月转回不予免征和抵扣税额时。

借：以前年度损益调整　　　　　　　　　　　　　　　　 50 000
　　贷：应交税费——应交增值税（进项税额转出）　　　　　　 50 000

（6）补缴免、抵、退税额时。

应补缴免、抵、退税额=2 500 000×15%=375 000（元）

贷：应交税费——应交增值税（出口退税）　　　　　　　 375 000
贷：银行存款　　　　　　　　　　　　　　　　　　　375 000

第七节 | 增值税的纳税申报

一、增值税的纳税期限

小规模纳税人，银行，财务公司，信托投资公司，信用社和财政部、国家税务总局规定的其他纳税人，以1个季度为纳税期限；其余纳税人的纳税期限为1日、3日、5日、10日、15日、1个月。纳税人的具体纳税期限，由主管税务机关根据纳税人应纳税额的大小分别核定；不能按照固定期限纳税的，可以按次纳税。

纳税人以1个月或1个季度为纳税期的，自期满之日起15日内申报纳税；以1日、3日、5日、10日或15日为一个纳税期的，自期满之日起5日内预缴税款，于次月1—15日申报纳税并结清上月应纳税款。扣缴义务人解缴税款的期限比照执行。

进口货物时，应当自海关填发海关进口增值税专用缴款书之日起15日内缴纳税款。

二、增值税的纳税地点

（1）固定业户应向其机构所在地主管税务机关申报纳税。总机构和分支机构不在同一县（市）的，应当分别向各自所在地主管税务机关申报纳税；经国家税务总局或其授权的税务机关批准，可以由总机构汇总向总机构所在地主管税务机关申报纳税。

（2）企业临时外出经营时，需要在"金三"网报系统中自主填报"跨区域涉税事项报告表"，系统自动推送至经营地税务机关，再去经营地税务机关报验，核实资料，接受经营地税收管理。外出经营结束后，经营地税务机关将涉税信息反馈至机构地主管税务机关，机构地主管税务机关对异地预缴税款情况进行比对分析。

（3）非固定业户销售货物或者应税劳务、服务时，应当向销售地或者劳务、服务发生地的主管税务机关申报纳税；未向销售地或者劳务、服务发生地的主管税务机关申报纳税的，由其机构所在地或者居住地的主管税务机关补征税款。

（4）进口货物时，应当向报关地海关申报纳税。

（5）扣缴义务人应当向其机构所在地或居住地的主管税务机关申报缴纳其扣缴的税款。

（6）其他个人提供建筑服务，销售或租赁不动产，转让自然资源使用权时，应向建筑服务发生地、不动产所在地、自然资源所在地主管税务机关申报纳税。

三、增值税的纳税申报

（一）一般纳税人的纳税申报

一般纳税人不论当期是否发生了应税行为或是否应该缴税，均应按规定进行纳税申报。

1. 申报缴纳程序

一般纳税人办理纳税申报需要经过发票认证、抄报、报税和税款缴纳等程序。

网上报税和网上申报的操作流程如下。纳税人必须先操作防伪税控开票子系统进行抄税，然后使用网上抄报税系统进行远程报税，再操作网上申报软件发送申报数据，最后使用网上抄报税系统清卡。操作网上申报软件发送申报数据后，要查看申报结果提示。如果提示申报成功则关注税款扣缴结果，在申报软件中及时查看银行扣款是否成功。

2. 纳税申报资料

一般纳税人进行纳税申报时，实行电子信息采集。使用防伪税控系统开具专用发票，在抄报成功后，方可向其主管税务机关进行纳税申报。

纳税申报资料包括主表"增值税纳税申报表（增值税一般纳税人适用）"（见表3-2）和附列资料。附列资料有本期销售情况明细，本期进项税额明细，服务、不动产和无形资产扣除项目明细，税额抵减情况表，不动产分期抵扣计算表，固定资产（不含不动产）进项税额抵扣情况表，本期抵扣进项税额结构明细表，增值税减免税申报明细表。

另外，还有专用发票汇总表、专用发票明细表、普通发票汇总表、普通发票明细表、企业网上认证结果通知书、企业网上认证结果清单、其他资料（增值税海关完税凭证抵扣明细表、增值税抵扣凭证稽核结果通知书、机动车销售企业在防伪税控系统中开具的机动车销售统一发票汇总表和明细表等）。

表 3-2   增值税纳税申报表

（适用于增值税一般纳税人）

根据国家税收法律法规及增值税相关规定制定本表。纳税人不论有无销售额，均应按税务机关核定的纳税期限填写本表，并向当地税务机关申报。

税款所属时间：自××××年8月1日至××××年8月31日填表日期：××××年9月9日

金额单位：元至角分

纳税人识别号												所属行业：	
纳税人名称			法定代表人姓名			注册地址			生产经营地址				
开户银行及账号			登记注册类型					电话号码					

项目		栏次	一般项目		即征即退项目	
			本月数	本年累计	本月数	本年累计
销售额	（一）按适用税率计税销售额	1	234 784.57	3 216 553.74		
	其中：应税货物销售额	2	234 784.57	321 653.74		
	应税劳务销售额	3				
	纳税检查调整的销售额	4				
	（二）按简易办法计税销售额	5				
	其中：纳税检查调整的销售额	6				
	（三）免、抵、退办法出口销售额	7				
	（四）免税销售额	8				
	其中：免税货物销售额	9				
	免税劳务销售额	10				
税款计算	销项税额	11	30 521.99	418 151.99		
	进项税额	12	18 707.27	236 331.73		
	上期留抵税额	13			—	
	进项税额转出	14				
	免、抵、退应退税额	15			—	—

续表

项目		栏次	一般项目		即征即退项目	
			本月数	本年累计	本月数	本年累计
税款计算	按适用税率计算的纳税检查应补缴税额	16			—	—
	应抵扣税额合计	17=12+13-14-15+16	18 707.27	—		—
	实际抵扣税额	18（如 17<11，则为 17，否则为 11）	18 707.27	236 331.73		
	应纳税额	19=11-18	11 814.72	181 820.26		
	期末留抵税额	20=17-18				
	简易计税办法计算的应纳税额	21				
	按简易计税办法计算的纳税检查应补缴税额	22				
	应纳税额减征额	23				
	应纳税额合计	24=19+21-23	11814.72	181 820.26		
税款缴纳	期初未缴税额（多缴为负数）	25	36 719.50	36 719.50		
	实收出口开具专用缴款书退税额	26			—	—
	本期已缴税额	27=28+29+30+31	36 719.50	202 712.82		
	① 分次预缴税额	28		—		
	② 出口开具专用缴款书预缴税额	29	—	—		
	③ 本期缴纳上期应纳税额	30	36 719.50	202 712.82		
	④ 本期缴纳欠缴税额	31				
	期末未缴税额（多缴为负数）	32=24+25+26-27	11 814.72	15 826.94		
	其中：欠缴税额（≥0）	33=25+26-27				
	本期应补（退）税额	34=24-28-29	11 814.72			
	即征即退实际退税额	35			—	—
	期初未缴查补税额	36				
	本期入库查补税额	37				
	期末未缴查补税额	38=16+22+36-37				

授权声明	如果你已委托代理人申报，请填写下列资料： 为代理一切税务事宜，现授权 （地址） 为本纳税人的代理申报人，任何与本申报表有关的往来文件，都可寄予此人。 <div align="center">授权人签字：</div>	申报人声明	此纳税申报表是根据《中华人民共和国增值税暂行条例》的规定填报的，我相信它是真实的、可靠的、完整的。 声明人签字：

主管税务机关：　　　　　　　　接收人：　　　　　　　　收到日期：

（二）小规模纳税人的纳税申报

小规模纳税人纳税申报，应填报《增值税纳税申报表（小规模纳税人适用）》（见表 3-3）、附列资料、增值税减免税申报明细表。试点纳税人应对开具增值税专用发票的销售额计算增值税应纳税额，并在规定纳税申报期内向主管税务机关申报缴纳。在填写增值税纳税申报表时，应当将当期开具增值税专用发票的销售额，按照 3% 和 5% 的征收率，分别填写在《增值税纳税申报表（小规模纳税人适用）》第 2 栏和第 5 栏 "税务机关代开的增值税专用发票不含税销售额" 的 "本期数" 相应栏次中。在确定服务销售额时，按有关规定从取得的全部价款和价外费用中扣除价款的，需填报《增值税纳税申报表（小规模纳税人适用）》附列资料，其他情况不填写该附列资料。

表 3-3

增值税纳税申报表

（小规模纳税人适用）

纳税人识别号：□□□□□□□□□□□□□□□□□□□□

纳税人名称（公章）：

税款所属期：　年　月　日至　年　月　日　　　　填表日期：　年　月　日　　　　金额单位：元至角分

	项目	栏次	本期数		本年累计	
			货物及劳务	服务、不动产和无形资产	货物及劳务	服务、不动产和无形资产
一、计税依据	（一）应征增值税不含税销售额	1				
	税务机关代开的增值税专用发票不含税销售额	2				
	税控器具开具的普通发票不含税销售额	3				
	（二）销售、出租不动产不含税销售额	4	—		—	
	税务机关代开的增值税专用发票不含税销售额	5	—		—	
	税控器具开具的普通发票不含税销售额	6	—		—	
	（三）销售使用过的固定资产不含税销售额	7（7≥8）		—		—
	其中：税控器具开具的普通发票不含税销售额	8		—		—
	（四）免税销售额	9=10+11+12				
	其中：小微企业免税销售额	10				
	未达起征点销售额	11				
	其他免税销售额	12				
	（五）出口免税销售额	13（13≥14）				
	其中：税控器具开具的普通发票销售额	14				
二、税款计算	本期应纳税额	15				
	本期应纳税额减征额	16				
	本期免税额	17				
	其中：小微企业免税额	18				
	未达起征点免税额	19				
	应纳税额合计	20=15-16				
	本期预缴税额	21			—	—
	本期应补（退）税额	22=20-21			—	—

纳税人或代理人声明：	如纳税人填报，由纳税人填写以下各栏：	
本纳税申报表是根据国家税收法律法规及相关规定填报的，我确定它是真实的、可靠的、完整的。	办税人员：	财务负责人：
	法定代表人：	联系电话：
	如委托代理人填报，由代理人填写以下各栏：	
	代理人名称（公章）：　　经办人：　　联系电话：	

主管税务机关：　　　　　接收人：　　　　　接收日期：

本章重点与难点

　　增值税的发票管理，增值税的税率、征收率，准予抵扣进项税额与不得抵扣进项税额的确认计量，销项税额的确认计量，应交增值税的计算和会计处理，增值税纳税申报表的填制，生产企业增值税出口退税的计算和会计处理。

思考题

1．试述增值税的基本特点。
2．简述增值税两类纳税人的划分标准。
3．简述增值税进、销项税额的确认和计算方法。
4．试述增值税会计的科目设置和具体运用。
5．如何对增值税进项税额及其转出进行会计处理？
6．如何对增值税销项税额进行会计处理？
7．视同销售业务如何进行会计处理？
8．简述外贸企业出口货物退免增值税的计算及其会计处理。
9．简述生产企业出口货物免、抵、退增值税的计算及其会计处理。
10．简述增值税的纳税申报与缴纳。

技能题

一、计算题

1．某增值税一般纳税人生产销售自行车，自行车出厂不含税价格为 280 元/辆。某年 2 月该厂
业务情况如下。

（1）向当地百货大楼销售 800 辆，百货大楼当月付清货款后，厂家给予了 8%的销售折扣，开具
红字发票入账。

（2）向外地特约经销点销售 500 辆。另外，支付运输费用 8 000 元，收到运输企业开具的增值
税专用发票。

（3）逾期仍未收回的包装物押金 60 000 元计入销售收入。

（4）购进自行车零部件、原材料，取得的专用发票上注明销售金额 140 000 元、税款 18 200 元。

（5）从小规模纳税人处购进自行车零件 90 000 元，未取得专用发票。

要求：计算该厂当月应交的增值税额。

2．某建筑公司为增值税一般纳税人，从事建筑、安装、装饰等多业经营，7 月份发生如下业务。

（1）承包本市一家工厂的厂房建设工程，本月全部完工。建设施工合同中注明工程总价款为 3 000
万元，另外得到对方支付的提前竣工奖 200 万元。建筑公司购进用于改造工程的材料，取得增值税
专用发票，发票上注明的含税金额为 1 080 万元。

（2）承包外市一家制药厂厂房改造工程，当月竣工结算，工程总价款为 4 500 万元，发生分包
支出 800 万元，取得分包企业开具的增值税专用发票。

（3）承包一家商场的装饰工程，工程主要材料由商场提供。完工后向商场收取人工费 20 万元、
管理费 5 万元、辅助材料费 7 万元。

（4）将一处闲置办公楼对外出租，当月取得租金收入 10 万元。

已知：上述金额均为含税金额，上述业务均按一般计税方法计算。

要求：根据上述资料回答下列问题，每个问题需计算出合计数。

（1）计算业务（1）应该缴纳的增值税。

（2）计算业务（2）应预缴的增值税和应缴纳的增值税。

（3）计算业务（3）的增值税销项税额。

（4）计算该公司当月应合计缴纳的增值税。

3．某进出口公司 7 月进口办公设备 500 台，每台进口完税价格为 1 万元，委托运输公司将进口办公设备从海关运回本单位，支付运输公司不含税运输费用 9 万元，取得了运输公司开具的增值税专用发票。当月以每台 1.8 万元的含税价格售出 400 台，向甲公司捐赠 2 台，对外投资 20 台，留下 4 台自用。另支付销货运输费 1.3 万元，取得了运输公司开具的增值税专用发票。

要求：计算该企业当月应纳增值税（假设进口关税税率为 15%）。

二、会计核算题

1．红光机床厂为增值税一般纳税人，按月缴纳增值税。5 月发生下列有关经济业务：

（1）6 日，向本市第三铸造厂购进铸铁一批，增值税专用发票上注明价款 180 000 元、税额 23 400 元，上述款项已通过银行汇款付讫。

（2）9 日，因铸铁质量问题，发生进货退出。根据铸铁厂开具的红字增值税专用发票，收到退回价款 210 000 元、税款 27 300 元。

（3）11 日，按照合同规定，红光机床厂接受金属工业公司以圆钢作为投资的入股，其公允价值 360 000 元、税额 46 800 元。

（4）12 日，拨付钢材一批，委托轻工机械厂加工齿轮，已拨付钢材价款 168 000 元。

（5）22 日，收到轻工机械厂开来的增值税专用发票，支付齿轮加工费 18 000 元、税额 2 340 元，以银行存款支付。

（6）22 日，齿轮加工完毕，该批加工半成品价款为 186 000 元，收回入库转账。

（7）23 日，购入铸铁一批，价款 380 000 元，专用发票上注明税款 49 400 元。

（8）26 日，机修车间对外提供加工服务，收取劳务费 10 900 元（含税）。

（9）29 日，销售机床 10 台，实现销售收入 2 760 000 元，向对方开出增值税专用发票，并收取增值税 358 800 元，收回货款存入银行存款户。

（10）30 日，企业发生两笔销售退回，共计价款 198 000 元，应退增值税 25 740 元，企业开出红字增值税专用发票，并以银行存款支付退还款项。

已知：相关票据已通过主管税务机关认证。

要求：根据上述资料，做出有关增值税的会计处理。

2．A 省的甲公司承包了 B 省一个合同金额为 1 000 万元的工程项目，并把其中 300 万元的部分项目分包给了具有相应资质的分包人乙公司。工程完工后，该工程项目最终结算金额为 1 000 万元。假设该项目属于老项目，甲、乙公司均采用简易计税方法。甲公司完成工程累计发生合同成本 500 万元。

要求：根据上述资料，对甲公司有关增值税进行会计处理。

第四章

消费税会计

学习目标

1. 了解征收消费税的意义及其要素；
2. 理解消费税的特点及其与增值税的关系；
3. 掌握消费税会计的确认、计量、记录与申报。

本章导言

与增值税相比，消费税永远是"配角"。虽然是"配角"，但它可以发挥其特殊的调节作用，可以实现与增值税的优势互补。消费税与增值税同为流转税（商品劳务税），但两者的会计处理方法迥异，又是什么原因？

第一节　消费税的税制要素

消费税（Consumption Tax）具有独特的调节作用，目前，世界上已有 120 多个国家和地区征收消费税。新中国成立以来，在先后征收的货物税、商品流通税、工商统一税、工商税、产品税以及在 1994 年以前的增值税试点中，对烟、酒、化妆品等消费品都设计了较高的税率，基本上具备了对消费品课税的性质。自 1994 年起，作为独立税种的消费税开始在全国征收，之后逐步调整征收范围、税目和税率。

一、消费税的纳税人与纳税范围

消费税是对在我国境内从事生产、委托加工和进口应税消费品的单位和个人征收的一种流转税。确切地说，消费税是对特定消费品、特定消费行为征收的一种流转税。

消费税的纳税人是在我国境内生产、委托加工和进口应税消费品的单位和个人。"单位"是指企业、行政单位、事业单位、军事单位、社会团体及其他单位，"个人"是指个体工商户及其他个人。纳税人必须在我国境内从事生产、委托加工和进口应税消费品活动，纳税人的经济活动必须属于税法规定的应税消费品，两者缺一不可。我国现行消费税的纳税范围主要包括以下几项。

（1）过度消费会对人类健康、社会秩序、生态环境等造成危害的特殊消费品，如烟、酒、鞭炮、焰火等。

（2）奢侈品、非生活必需品，如高档化妆品、贵重首饰及珠宝玉石。

（3）高能耗及高档消费品，如小汽车、摩托车等。

（4）不可再生和替代的石油类消费品，如成品油等。

二、消费税的税目与税率

1. 税目

从科学、合理的原则出发，现行消费税共设置了 14 个税目、若干子目，征税主旨明确，课税对象清晰。

2. 税率

现行消费税实行从价比例税率、从量定额税率和复合计税三种形式。消费税税目、税率见表 4-1。

表 4-1   消费税税目、税率或单位税额

税目	税率或单位税额
一、烟	
1. 卷烟	
（1）甲类卷烟（生产、进口环节）	56%加 0.003 元/支
（2）乙类卷烟（生产、进口环节）	36%加 0.003 元/支
（3）批发环节	11%加 0.005 元/支
2. 雪茄烟	36%
3. 烟丝	30%
二、酒	
1. 白酒	20%加 0.5 元/500 克（或 500 毫升）
2. 黄酒	240 元/吨
3. 啤酒	
（1）甲类啤酒	250 元/吨
（2）乙类啤酒	220 元/吨
4. 其他酒	10%
三、高档化妆品	15%
四、贵重首饰及珠宝玉石	
1. 金银首饰、铂金首饰及钻石和钻石饰品	5%
2. 其他贵重首饰和珠宝玉石	10%
五、鞭炮、焰火	15%
六、成品油	
1. 汽油、石脑油、溶剂油、润滑油	1.52 元/升
2. 柴油、航空油、燃料油	1.2 元/升
七、摩托车	
1. 气缸容量（排气量，下同）250 毫升	3%
2. 气缸容量 250 毫升以上的	10%
八、小汽车	
1. 乘用车	
（1）气缸容量（排气量，下同）在 1.0 升以下（含 1.0 升）的	1%
（2）气缸容量在 1.0 升以上至 1.5 升（含 1.5 升）的	3%
（3）气缸容量在 1.5 升以上至 2.0 升（含 2.0 升）的	5%
（4）气缸容量在 2.0 升以上至 2.5 升（含 2.5 升）的	9%
（5）气缸容量在 2.5 升以上至 3.0 升（含 3.0 升）的	12%
（6）气缸容量在 3.0 升以上至 4.0 升（含 4.0 升）的	25%
（7）气缸容量在 4.0 升以上的	40%
2. 中轻型商用客车	5%
3. 超豪华小汽车（零售环节）	10%
九、高尔夫球及球具	10%

续表

税目	税率或单位税额
十、高档手表	20%
十一、游艇	10%
十二、木制一次性筷子	5%
十三、实木地板	5%
十四、电池、涂料	4%

注：

① 卷烟实行从量定额和从价定率相结合的复合计税办法。先从量定额计税，定额税率为每标准箱（50 000 支，下同）150 元；再按调拨价格从价定率计税，每标准条（200 支，下同）调拨价格在 70 元（含 70 元，不含增值税）以上的卷烟税率为 56%，每标准条调拨价格在 70 元（不含增值税）以下的卷烟税率为 36%。白包卷烟，手工卷烟，自产自用没有同牌号、同规格调拨价格的卷烟，委托加工没有同牌号、同规格调拨价格的卷烟，未经国务院批准纳入计划的企业和个人生产的卷烟，一律适用 56%的比例税率。

② 粮食白酒、薯类白酒实行从量定额和从价定率相结合的复合计税办法。定额税率为每斤（500 克）或每 500 毫升 0.5 元，粮食白酒和薯类白酒的比例税率均为 20%。

每吨啤酒出厂价格（含包装物及包装物押金）在 3 000 元（含 3 000 元，不含增值税）以上的，单位税额为 250 元/吨；每吨啤酒出厂价格在 3 000 元（不含增值税）以下的，单位税额为 220 元/吨；饮食业、商业、娱乐业举办的啤酒屋（啤酒坊）利用啤酒生产设备自制的啤酒，适用的单位税额为 250 元/吨。

③ 钻石及钻石饰品的纳税环节，由生产环节、进口环节改为零售环节，其消费税税率为 5%。

④ 乘用车也适用于进口环节消费税。

⑤ 电池、涂料在生产、委托加工和进口环节征收。

⑥ 对无汞原电池、金属氢化物镍蓄电池（又称"氢镍蓄电池"或"镍氢蓄电池"）、锂原电池、锂离子蓄电池、太阳能电池、燃料电池和全钒液流电池免征消费税。

⑦ 对施工状态下挥发性有机物（Volatile Organic Compounds，VOC）含量低于 420 克/升（含）的涂料免征消费税。

三、消费税的纳税环节

我国现行消费税基本上是单一环节纳税，仅对个别消费品在生产（进口）环节和批发或零售两个环节征税。

（1）纳税人生产的应税消费品，于纳税人销售（有偿转让应税消费品所有权）时纳税。用于连续生产应税消费品（将自产自用的应税消费品作为直接材料生产最终应税消费品，自产自用应税消费品构成最终应税消费品的实体）的，不纳税；用于其他方面（用于生产非应税消费品、在建工程、管理部门、非生产机构、提供劳务、馈赠、赞助、集资、广告、样品、职工福利、奖励等方面）的，于移送使用时纳税。

（2）委托加工的应税消费品（委托方提供原料和主要材料，受托方只收取加工费和代垫部分辅助材料），除受托方为个人外，由受托方向委托方交货时代收代缴税款。在与受托方结算货款时，要分清受托方是个人还是单位。如果受托方是个人，则不能由其代收代缴税款，委托方应在收回后缴纳消费税。对委托加工收回的应税消费品，委托方用于连续生产应税消费品的，所纳税款准予按规定抵扣。委托加工收回的应税消费品，若以不高于受托方的计税价格直接出售的，不再缴纳消费税。

（3）外购、进口和委托加工收回应税油品用于连续生产应税成品油的，准予从成品油消费税应纳税额中扣除应税油品已纳消费税税款。

纳税人以进口、委托加工收回应税油品连续生产应税成品油的，分别依据"海关进口消费税专用缴款书""税收缴款书（代扣代收专用）"，按照现行政策规定计算扣除应税油品已纳消费税税款。纳税人应当建立成品油抵扣税款台账，作为申报扣除外购、进口和委托加工收回应税油品已纳消费税税款的备查资料。

第二节 | 消费税的确认计量

一、消费税纳税义务的确认

（1）纳税人销售应税消费品的，根据不同销售结算方式确认其纳税义务。

① 采取分期收款方式销售货物时，按书面合同约定收款日期的当天确认销售收入；书面合同没有约定收款日期或者无书面合同的，为发出应税消费品的当天。

② 采取预收货款结算方式的，为发出应税消费品的当天。

③ 采取托收承付和委托银行收款方式的，为发出应税消费品并办妥托收手续的当天。

④ 采取其他结算方式的，为收讫销售款或者取得索取销售款凭据的当天。

（2）纳税人自产自用应税消费品的，为移送使用当天。

（3）纳税人委托加工应税消费品的，为纳税人提货当天。

（4）纳税人进口应税消费品的，为报关进口当天。

二、销售额的确认

（一）白酒生产企业销售额的确认

（1）基本要求。白酒生产企业销售给销售单位的白酒，生产企业消费税计税价格低于销售单位对外销售价格（不含增值税，下同）70%以下的，税务机关应核定消费税最低计税价格。销售单位是指销售公司、购销公司以及委托境内其他单位或个人包销本企业生产白酒的商业机构。销售公司、购销公司是指专门购进并销售白酒生产企业生产的白酒，并与该白酒生产企业存在关联性质的公司。包销是指销售单位依据协定价格从白酒生产企业购进白酒，同时承担大部分包装材料等成本费用，并负责销售白酒。

白酒生产企业销售给销售单位的白酒，生产企业消费税计税价格高于销售单位对外销售价格70%（含70%）以上的，税务机关暂不核定消费税最低计税价格。

（2）计税价格的申报（申请）。白酒生产企业应根据各种白酒的消费税计税价格和销售单位销售价格，在主管税务机关规定的时限内，填报"白酒相关经济指标申报表"。

（3）最低计税价格的核定。

① 最低计税价格的核定标准。白酒生产企业销售给销售单位的白酒，生产企业消费税计税价格低于销售单位对外销售价格70%以下的，消费税最低计税价格由税务机关根据生产规模、白酒品牌、利润水平等情况，在销售单位对外销售价格的50%～70%范围内自行核定。其中，生产规模较大、利润水平较高的企业生产的需要核定消费税最低计税价格的白酒，税务机关核价幅度原则上应选择在销售单位对外销售价格的60%～70%。

② 从高适用计税价格。已核定最低计税价格的白酒，生产企业实际销售价格高于消费税最低计税价格的，按实际销售价格申报纳税；实际销售价格低于消费税最低计税价格的，按消费税最低计税价格申报纳税。

③ 重新核定计税价格。已核定消费税最低计税价格的白酒，销售单位对外销售价格持续上涨或

下降时间达到 3 个月以上，累计上涨或下降幅度在 20%（含）以上的白酒，税务机关重新核定消费税最低计税价格。

④ 白酒生产企业在办理消费税纳税申报时，应附已核定消费税最低计税价格白酒清单。

（4）对账证不全的小酒厂生产的白酒，消费税采取核定征收方式。

（二）其他生产企业销售额的确认

应税产品销售额为纳税人销售应税消费品时向购买方收取的全部价款和价外费用（其含义及内容与增值税相同），但不包括应向购货方收取的增值税税款。以外汇结算销售额的，其销售额以结算当日或当月 1 日的外汇牌价（中间价）折合为人民币计算。销售额一经确定，一年内不得变更。

如果纳税人应税消费品的销售额中未扣除增值税税款或者因不得开具增值税专用发票而发生价款和增值税税款合并收取的，在计算消费税时，应当换算为不含增值税税款的销售额。其换算公式为：

应税消费品的销售额=含增值税销售额÷（1+增值税税率或征收率）

应税消费品连同包装物销售的，无论包装物是否单独计价以及在会计上如何核算，均应并入应税消费品的销售额缴纳消费税。如果包装物不作价随同产品销售，而是收取押金，则此项押金不应并入应税消费品的销售额征税。但对逾期未收回的包装物不再退还的或者已收取的时间超过 12 个月的押金，应并入应税消费品的销售额，按照应税消费品的适用税率缴纳消费税。

三、销售数量的确认

销售数量是指应税消费品的数量。其含义如下。

① 销售应税消费品的，为应税消费品的实际销售量。

② 自产自用应税消费品的，为应税消费品的移送使用量。

③ 委托加工应税消费品的，为纳税人收回的应税消费品量。

④ 进口应税消费品的，为海关核定的应税消费品进口征税量。

四、消费税从价定率的计算

在消费税按从价定率方法计算时，其计算公式如下：

应交消费税=应税消费品的销售额×比例税率

纳税人将自产的应税消费品与外购或自产的非应税消费品组成套装销售的，以套装产品的销售额（不含增值税）为计税依据。

从价计税与
从量计税

（一）应税消费品应纳税额的计算

（1）基本销售行为应纳税额的计算。

应交消费税的消费品同时也是增值税的纳税范围，因此，消费税的计税依据——销售额与增值税中的销售额的含义相同；增值税销售额的确认也就是消费税销售额的确认，用此销售额乘以消费税税率即可计算出应交消费税额。

【例4-1】某酒厂年销售白酒2 000吨，年销售额预计880万元。9月销售白酒150吨，对外销售不含税价格为6 500元/吨；销售散装白酒10吨，价格为5 000元/吨，款项全部存入银行。其应交消费税计算如下。

应交消费税=（150×6 500+10×5 000）×20%+（150×2 000+10×2 000）×0.5=365 000（元）

超豪华小汽车的征收范围为零售价格在130万元（不含增值税）及以上的乘用车和中轻型商用客车，即乘用车和中轻型商用客车子税目中的超豪华小汽车。在生产环节、进口环节对超豪华小汽车按乘用车和中轻型商用客车税率征收消费税的基础上，在零售环节加征消费税，税率为10%。将超豪华小汽车销售给消费者的单位和个人为超豪华小汽车零售环节纳税人，应交消费税计算公式如下：

应交消费税=零售环节销售额（不含增值税，下同）×零售环节税率

国内汽车生产企业直接销售给消费者的超豪华小汽车，消费税税率按照生产环节税率和零售环节税率加总计算，应交消费税计算公式如下：

应交消费税=销售额×（生产环节税率+零售环节税率）

（2）企业进行货物的非货币性资产交换，用以投资、抵偿债务的应税消费品，应以同类应税消费品的最高销售价格（而非加权平均价格）为计税依据计算应纳消费税额。

（3）企业用外购已税消费品生产销售的应税消费品，准予从应纳消费税税额中扣除外购已税消费品已纳税额。

以外购或委托加工收回的已税烟丝、高档化妆品、鞭炮焰火、珠宝玉石、葡萄酒、木制一次性筷子、实木地板、润滑油、石脑油等为原料，继续加工生产卷烟、高档化妆品、鞭炮焰火、珠宝玉石、葡萄酒、木制一次性筷子、实木地板、润滑油、石脑油等应税消费品的，在其销售时，准予从应纳消费税税额中扣除原已纳消费税税额。

当期准予扣除的外购应税消费品已交消费税税额，在计税时按当期生产耗用量计算，计算公式如下：

$$当期准予扣除的外购应税消费品买价 = 期初库存的外购应税消费品买价 + 当期购进应税消费品的买价 - 期末库存的外购应税消费品买价$$

$$当期准予扣除的外购应税消费品已纳税额 = 当期准予扣除的外购应税消费品买价 × 外购应税消费品适用税率$$

外购应税消费品买价是指发票中注明的销售额。纳税人用外购已税珠宝玉石生产的应在零售环节缴纳消费税的金银首饰（镶嵌首饰），在计税时不得扣除外购珠宝玉石已纳税款。

【例4-2】某卷烟厂6月外购烟丝100 000元，月初库存外购已税烟丝75 000元，月末库存外购已税烟丝36 000元；当月以外购烟丝生产卷烟的销售量为28个标准箱，每标准条的调拨价格为40元，共计280 000元。有关计算如下。

当月准予扣除的外购应税消费品买价=75 000+100 000-36 000=139 000（元）

当月准予扣除的外购应税消费品已纳税额=139 000×30%=41 700（元）

当月应交消费税税额=28×150+280 000×36%-41 700

=105 000-41 700=63 300（元）

（二）企业自产自用应税消费品应纳税额的计算

自产自用就是指纳税人生产应税消费品后不是用于直接对外销售，而是用于连续生产应税消费品或其他方面。

纳税人若用于连续生产应税消费品（作为生产最终应税消费品的直接材料，并构成最终产品实体，如卷烟厂生产的烟丝再用于本厂连续生产卷烟），则根据税不重征的原则，不交消费税。

若用于连续生产非应税消费品或其他方面，则于移送时缴纳消费税，以纳税人生产的同类消费品的销售价为计税依据；若没有同类消费品的销售价格，则可按组成计税价格计算纳税。纳税人自

产自用的应税消费品，按照纳税人生产的同类消费品的销售价格计算纳税；没有同类消费品销售价格的，按照组成计税价格计算纳税。

应税消费品的计税价格明显偏低且无正当理由的，卷烟、白酒和小汽车的计税价格由国家税务总局核定，送财政部备案；其他应税消费品的计税价格由省、自治区和直辖市国家税务局核定。

"同类消费品的销售价格"是指纳税人或者代收代缴义务人当月销售的同类消费品的销售价格；如果当月同类消费品各期销售价格高低不同，则应按销售数量加权平均计算。但销售的应税消费品有下列情况之一的，不得列入加权平均计算：①销售价格明显偏低且无正当理由的；②无销售价格的。

如果当月无销售或者当月未完结，则应按照同类消费品上月或者最近月份的销售价格计算纳税。采用从价定率办法计算纳税的组成计税价格的计算公式如下：

$$组成计税价格 = \frac{成本 + 利润}{1 - 消费税税率}$$

其中，成本是指应税消费品的生产成本；利润是指按应税消费品的全国平均成本利润率计算的利润。

应税消费品的全国平均成本利润率如下：烟类消费品为10%或5%；酒类消费品，除粮食白酒为10%，其余为5%；化妆品、鞭炮焰火等为5%；贵重首饰及珠宝玉石、摩托车为6%；乘用车为8%；高尔夫球及球具为10%；高档手表为20%；游艇为10%；木制一次性筷子为5%；实木地板为5%；中轻型商用客车为5%；电池为4%；涂料为7%。

【例4-3】某汽车制造厂将一辆自产乘用车（气缸容量为2.0升）转作自用（固定资产），该种汽车对外销售价格为18万元，生产成本为10万元。其应交消费税计算如下。

应交消费税=180 000×5%=9 000（元）

如果该自用车没有同类消费品销售价格，其生产成本为15万元，则其组成计税价格计算如下：

消费税组成计税价格=150 000×（1+8%）÷（1-5%）=170 526（元）

应交消费税=170 526×5%=8 526（元）

增值税组成计税价格=150 000×（1+8%）+8 526=170 526（元）

应交增值税=170 526×13%=22 168.38（元）

（三）委托加工应税消费品应纳税额的计算

委托加工应税消费品是指委托方提供原料或主要材料，受托方只收取加工费和代垫部分辅助材料进行加工的应税消费品。

若属税法规定的委托加工行为，则受托方必须严格履行代收代缴义务，在与委托方办理交货结算时代收代缴消费税。若受托方为个体经营者，则由委托方自己在所在地缴纳消费税。

委托加工应税消费品时，按照受托方同类消费品的销售价格计算纳税。没有同类消费品销售价格的，按照组成计税价格计税，其计算公式如下：

$$组成计税价格 = \frac{材料成本 + 加工费}{1 - 消费税税率}$$

组成计税价格中的"材料成本"是指委托方所提供的材料实际成本。委托加工应税消费品的纳税人，必须在委托加工合同上如实注明（或者以其他方式提供）材料成本，凡未提供材料成本的，受托方主管税务机关有权核定该材料成本。"加工费"是指受托方加工应税消费品时向委托方收取的全部费用（包括代垫的辅助材料实际成本）。

【例4-4】天海公司是一家以销售蓄电池为主的商贸企业，系小规模纳税人。2月5日，天海公司委托NM公司加工145件铅蓄电池。天海公司提供原材料成本57 700元；NM公司收取加工费4 400元，代垫辅助材料款300元。已知NM公司没有同类消费品的销售价格。2月22日，委托加工产品全部收回，并于当月全部对外出售，共取得销售价款80 340元。

因委托加工产品收回后售价78 000元（80 340元÷1.03）高于受托方计税价65 000元[（57 700+4 400+300）÷（1-4%）]，天海公司还需缴纳消费税。当月，天海公司计算申报消费税如下。

通过NM公司代扣代缴消费税=（57 700+4 400+300）÷（1-4%）×4%=2 600（元）

应交消费税=80 340÷1.03×4%-2 600=520（元）

（四）外购、委托加工的应税消费品继续加工生产应税消费品应纳税额的计算

若以外购、委托加工的应税消费品为原料，继续加工生产成另一种应税消费品，则当其销售时，准予从应纳消费税中扣除原已缴纳的消费税。有关计算公式如下：

$$\text{本期应交消费税}=\text{当期销售额}\times\text{消费税税率}-\text{当期准予扣除的外购、委托加工应税消费品已纳税额}$$

$$\text{当期准予扣除的外购应税消费品已纳税额}=\left(\begin{array}{l}\text{期初库存的外购}\\\text{应税消费品买价}\end{array}+\begin{array}{l}\text{当期购进的外购}\\\text{应税消费品买价}\end{array}-\begin{array}{l}\text{期末库存的外购}\\\text{应税消费品买价}\end{array}\right)\times\begin{array}{l}\text{外购应税消费}\\\text{品适用税率}\end{array}$$

$$\text{当期准予扣除的委托加工应税消费品已纳税额}=\begin{array}{l}\text{期初库存的委托加工}\\\text{应税消费品已纳税款}\end{array}+\begin{array}{l}\text{当期收回的委托加工}\\\text{应税消费品已纳税款}\end{array}-\begin{array}{l}\text{期末库存的委托加工}\\\text{应税消费品已纳税款}\end{array}$$

【例4-5】某建材公司系增值税小规模纳税人，主要从事各种铸造涂料、石墨粉涂料、滑石粉涂料、高铝粉涂料及其他涂料的生产销售业务。5月销售铸造涂料、石墨粉涂料、滑石粉涂料、高铝粉涂料和其他涂料价税合计分别为40万元、32万元、24万元、16万元和8万元。其中，挥发性有机物含量低于420克/升（含）的三氯乙烯和四氯乙烯涂料合计22.4万元。同时，销售委托其他涂料公司加工收回的不易挥发的各种涂料48万元（受托方含税计税价格为24万元）。不考虑其他因素，计算该公司当月应交消费税。

纳税人生产销售涂料应按规定缴纳消费税，但对于在施工状态下挥发性有机物含量低于420克/升（含）的涂料免征消费税。另外，纳税人委托加工收回的应税消费品以高于受托方的计税价格出售的，应按规定申报缴纳消费税，在计税时准予扣除受托方已代收代缴的消费税。

当月涂料含税销售收入总额=40+32+24+16+8+48=168（万元）

免征消费税销售额=22.4（万元）

应交消费税=（168-22.4-24）÷1.03×4%=4.72（万元）

（五）进口应税消费品应纳税额的计算

进口应税消费品于报关时缴纳消费税，并由海关代征。部分进口应税消费品的税率也按调整后的税率缴纳，即由原来的从价定率单一方法改为从价定率和复合计税两种方法。进口应税消费品按照组成计税价格计算纳税。

实行从价定率办法计算纳税的组成计税价格计算公式为：

应交消费税=组成计税价格×消费税税率

$$\text{组成计税价格}=\frac{\text{关税完税价格}+\text{关税}}{1-\text{消费税税率}}$$

实行复合计税办法计算纳税的组成计税价格计算公式为：

组成计税价格=（关税完税价格+关税+进口数量×消费税定额税率）÷（1-消费税比例税率）

关税完税价格是指海关核定的关税计税价格。进口环节消费税，除国务院另有规定外，一律不得减税、免税。

【例4-6】某公司进口成套高档化妆品一批。该成套高档化妆品CIF价格为40万元，消费税率15%，增值税税率13%，关税税率10%。其应交消费税、增值税计算如下。

消费税组成计税价格=400 000×（1+10%）÷（1-15%）

$\qquad$ =517 647（元）

应交消费税=517 647×15%=77 647（元）

增值税组成计税价格=400 000+400 000×10%+77 647=517 647（元）

应交增值税=517 647×13%=67 294.11（元）

五、消费税从量定额的计算

消费税实行从量定额计算办法时，其计算公式如下。

$\qquad$ 应交消费税=应税消费品数量×定额税率（单位税额）

根据现行规定，消费税中只有黄酒、啤酒和成品油以销售数量为计税依据。黄酒、啤酒以吨为税额单位，成品油以升为税额单位。为了规范不同产品的计量单位，准确计算应纳税额，税法对吨与升两个计量单位的换算标准规定如下：对于黄酒，1吨=962升；对于啤酒，1吨=988升；对于汽油，1吨=1 388升；对于柴油，1吨=1 176升；对于石脑油，1吨=1 385升；对于溶剂油，1吨=1 282升；对于润滑油，1吨=1 126升；对于燃料油，1吨=1 015升；对于航空煤油，1吨=1 246升。

【例4-7】某啤酒厂本月外销啤酒10吨，每吨售价4 500元。当月作为福利发给职工每人10升，职工人数455人。计算当月应交消费税。

将发给职工的啤酒折算为计税单位（吨）=10×455÷988=4.6（吨）。

应交消费税=（10+4.6）×250=3 650（元）

六、消费税复合计税的计算

复合计税方法是从价定率与从量定额相结合计算应纳税额的一种计税方法。目前，我国白酒和卷烟产品采用复合计税方法。其计算公式如下：

$\qquad$ 应交消费税=销售数量×定额税率+销售额×比例税率

实行复合计税方法计算纳税的组成计税价格计算公式如下：

$\qquad$ 组成计税价格=（成本+利润+自产自用数量×定额税率）÷（1-比例税率）

【例4-8】某卷烟厂2月出售卷烟25个标准箱[①]，每标准条的调拨价格为70元，共计价款437 500元；出售烟丝45 000元，不退包装物。采用商业汇票结算，货已发出并办好结算手续。该厂应纳消费税税额计算如下。

25×150+437 500×56%+45 000×30%=262 250（元）

【例4-9】某酒厂4月以粮食白酒1 000箱（每箱1 200元，每箱6瓶，每瓶500克）换取建筑材料，以满足扩建工程需要。假定每箱白酒1 200元的价格高于销售单位对外销售价格的70%以上。应交消费税计算如下。

1 000×1 200×20%+1 000×6×0.5=243 000（元）

---

① 每标准箱为50 000支。

第三节 | 消费税的会计处理

一、消费税会计账户的设置

缴纳消费税的企业应主要设置以下两个账户。

1."应交税费——应交消费税"

为了正确、及时地反映企业应缴、已缴、欠缴消费税等相关涉税事项,纳税人应在"应交税费"账户下设置"应交消费税"明细账户进行会计处理。该明细账户采用三栏式账户记账,贷方核算企业按规定应缴纳的消费税,借方核算企业实际缴纳的消费税、允许抵扣的消费税;期末,贷方余额表示尚未缴纳的消费税税额,借方余额表示企业多缴的消费税税额。

2."税金及附加"

为了反映由此产生的消费税费用,企业还应设置"税金及附加"账户。该账户用于核算因销售应税产品而负担的消费税金及其附加(城市维护建设税、教育费附加等)。

企业计算应缴消费税时,借记"税金及附加",贷记"应交税费——应交消费税"。实际缴纳时,借记"应交税费——应交消费税",贷记"银行存款"。期末,应将"税金及附加"账户的余额转入"本年利润"账户,结转后本账户无余额。

二、应税消费品销售的会计处理

由于消费税属价内税,企业销售应税消费品的售价包含消费税(不含增值税),因此,企业缴纳的消费税应记入"税金及附加"账户,用销售收入补偿。销售实现时,按规定计算应缴消费税。

【例4-10】某企业8月销售乘用车15辆(气缸容量2.2升),出厂价每辆150 000元,价外收取有关费用每辆11 000元。有关计算如下。

应交消费税=(150 000+11 000÷1.13)×9%×15=215 641.6(元)

应交增值税=(150 000+11 000÷1.13)×13%×15=311 482.3(元)

根据有关凭证,做如下会计分录。

借:银行存款 2 707 500
 贷:主营业务收入 2 396 017.7
  应交税费——应交增值税(销项税额) 311 482.3

同时,做如下会计分录。

借:税金及附加 215 641.6
 贷:应交税费——应交消费税 215 641.6

上缴税金(假设同期应交增值税11万元)时,做如下会计分录。

借:应交税费——应交增值税(已交税金) 110 000
    ——应交消费税 215 641.6
 贷:银行存款 325 641.6

【例4-11】某酒厂8月8日从本市B酒厂购进薯类生产的酒精10吨,不含税价格为2 000元/吨,取得增值税专用发票并付款入库。8月10日购入用粮食生产的酒精4吨，增值税专用发票上注明价款28 000元、增值税额3 640元；取得的运费增值税专用发票上注明运费400元、增值税税额36元；酒精验收入库，款未付。8月28日，销售用本月8日购入酒精生产的白酒5吨，含税价税33 930元/吨，开出普通发票，货款尚未收到。8月30日，销售用薯类酒精和粮食酒精混合生产的白酒4吨，不含税价格为65 000元/吨，开出专用发票，货款收到。假定白酒的销售价格高于销售单位对外销售价格的70%。做如下会计分录。

（1）8月8日。

借：原材料——酒精   20 000

    应交税费——应交增值税（进项税额）   2 600

    贷：银行存款   22 600

（2）8月10日。

借：原材料——酒精   28 400

    应交税费——应交增值税（进项税额）   3 676

    贷：应付账款   32 076

（3）8月28日。

不含税销售额=33 930÷（1+13%）×5=150 132.74（元）

增值税销项税额=150 132.74×13%=19 517.26（元）

外购酒精已纳消费税不得抵扣当期应缴消费税，白酒的消费税税率为20%，应缴消费税计算如下：

应交消费税=150 132.74×20%+2 000×0.5×5=30 026.55+5 000=35 026.55（元）

借：应收账款   169 650

    贷：主营业务收入   150 132.74

        应交税费——应交增值税（销项税额）   19 517.26

借：税金及附加   35 026.55

    贷：应交税费——应交消费税   35 026.55

（4）8月30日。

应交消费税=65 000×4×20%+2 000×0.5×4=56 000（元）

借：银行存款   293 800

    贷：主营业务收入   260 000

        应交税费——应交增值税（销项税额）   33 800

借：税金及附加   56 000

    贷：应交税费——应交消费税   56 000

三、应税消费品视同销售的会计处理

（一）企业将生产的应税消费品作为投资的会计处理

企业将生产的应税消费品作为投资应视同销售缴纳消费税，但在会计处理上投资不宜做销售处理。因为投资与销售两者性质不同，投资作价与用于投资的应税消费品账面成本之间的差额应由整个投资期间的损益来承担，而不应仅由投资当期损益承担。现行税法要求做销售处理，主要是考虑不影响所得税的计算。

企业在投资时，借记"长期股权投资""存货跌价准备"等，按该应税消费品的账面成本贷记"产成品"或"自制半成品"等，按投资的应税消费品售价或组成计税价格计算的应缴增值税、消费税贷记"应交税费";按投资时支付的相关税费(增值税、消费税除外),贷记"银行存款"。

【例4-12】某汽车制造厂5月以其生产的20辆乘用车(气缸容量2.0升)向出租汽车公司投资。双方协议,税务机关认可的每辆汽车的售价为150 000元,每辆车的实际成本为100 000元。应纳增值税和消费税如下。

应交增值税=150 000×13%×20=390 000(元)

应交消费税=150 000×5%×20=150 000(元)

做如下会计分录。

借:长期股权投资   3 390 000

 贷:主营业务收入   3 000 000

  应交税费——应交增值税(销项税额)   390 000

借:税金及附加   150 000

 贷:应交税费——应交消费税   150 000

借:主营业务成本   2 000 000

 贷:库存商品   2 000 000

(二)企业以生产的应税消费品换取生产资料、消费资料或抵偿债务、支付代购劳务费的会计处理

企业以生产的应税消费品换取生产资料、消费资料或抵偿债务、支付代购劳务费等,应视同销售行为,在会计上做销售处理。以应税消费品换取生产资料和消费资料的,应按售价(若有不同售价,计算增值税时按平均售价,计算消费税时应按最高售价)借记"材料采购"等,贷记"主营业务收入";以应税消费品抵偿债务、支付代购劳务费的,按售价借记"应付账款"等,贷记"主营业务收入"。同时,按售价计算应交消费税,借记"税金及附加",贷记"应交税费——应交消费税",并结转销售成本。

【例4-13】某白酒厂1月用粮食白酒10吨抵偿胜利农场大米款55 000元。该粮食白酒每吨本月售价在4 800~5 200元之间波动,平均销售价格为5 000元/吨。10吨白酒的市价为51 000元。

以物抵债属销售范畴,应纳增值税的销项税额如下。

5 000×10×13%=6 500(元)

该粮食白酒的最高销售价格为5 200元/吨,应纳消费税如下。

5 200×10×20%+10×2 000×0.5=20 400(元)

借:应付账款——胜利农场   55 000

 营业外支出   2 500

 贷:主营业务收入   51 000

  应交税费——应交增值税(销项税额)   6 500

借:税金及附加   20 400

 贷:应交税费——应交消费税   20 400

(三)企业将自产应税消费品用于在建工程、职工福利的会计处理

企业将自产的产品自用是一种内部结转关系,不存在销售行为,企业并没有现金流入,因此,应按产品成本转账,并据其用途记入相应账户。当企业将应税消费品移送自用时,按其成本转账,借记"在建工程""营业外支出""销售费用"等,贷记"产成品""自制半成品"。

按自用产品的销售价格或组成计税价格计算应交消费税时,借记"在建工程""营业外支出""销售费用"等(不通过"税金及附加"账户),贷记"应交税费——应交消费税"。

【例4-14】某啤酒厂将自己生产的某新品牌啤酒20吨发给职工作为福利；10吨用于广告宣传，让客户及顾客免费品尝。该啤酒每吨成本2 000元，每吨出厂价格2 500元。

（1）发给职工的啤酒。

应付职工薪酬=20×2 500×1.13=56 500（元）

应交消费税=20×220=4 400（元）

应交增值税=2 500×20×13%=6 500（元）

借：应付职工薪酬	56 500	
贷：主营业务收入		50 000
应交税费——应交增值税（销项税额）		6 500
借：税金及附加	4 400	
贷：应交税费——应交消费税		4 400
借：主营业务成本	40 000	
贷：产成品		40 000

（2）用于广告宣传的啤酒。

应交消费税=10×220=2 200（元）

应交增值税=2 500×10×13%=3 250（元）

借：销售费用	25 450	
贷：应交税费——应交增值税（销项税额）		3 250
——应交消费税		2 200
产成品		20 000

四、委托加工应税消费品的会计处理

（一）委托方的处理

1. 收回后直接销售

委托方发出委托加工材料，向受托方支付加工费和代收代缴消费税时，借记"委托加工物资"等，贷记"应付账款""银行存款"等。在将收回的委托加工应税消费品不再加工而直接销售时，如果委托方在受托方计税基础上加价出售，则计税并做应交消费税的会计分录；如果直接出售（不加价），因为不缴消费税，则不必做应交消费税的会计分录。

委托加工应税消费品

【例4-15】某卷烟厂委托A厂加工烟丝，卷烟厂和A厂均为一般纳税人。卷烟厂提供烟叶55 000元，A厂收取加工费20 000元、增值税税额2 600元。卷烟厂做如下会计分录。

（1）发出材料时。

借：委托加工物资	55 000	
贷：原材料		55 000

（2）支付加工费时。

借：委托加工物资	20 000	
应交税费——应交增值税（进项税额）	2 600	
贷：银行存款		22 600

（3）支付代收代缴消费税时。

代收代缴消费税=（55 000+20 000）÷（1-30%）×30%=32 143（元）

借：委托加工物资   32 143

  贷：银行存款   32 143

（4）加工的烟丝入库时。

借：产成品   107 143

  贷：委托加工物资   107 143

烟丝按入库价格对外销售时，不再缴纳消费税。

2. 收回后连续生产应税消费品

收回后连续生产应税消费品时，已纳消费税税款准予抵扣。因此，委托方应将受托方代收代缴的消费税借记"应交税费——应交消费税"账户，待最终应税消费品销售时，允许从缴纳的消费税中抵扣。为了在会计上清晰地反映其抵扣过程，可设"待扣税金"账户反映其发生和抵扣过程。

上例资料中，假定委托加工后的烟丝尚需再加工成卷烟，则应做如下会计分录。

（1）发出材料、支付加工费时，会计分录同前。

（2）支付代扣消费税时。

借：待扣税金——待扣消费税   32 143

  贷：银行存款   32 143

（3）加工的烟丝入库时。

借：产成品   75 000

  贷：委托加工物资   75 000

【例4-16】接【例4-15】，委托加工的烟丝收回后，经过进一步加工后作为卷烟对外销售。假设当月销售3个标准箱，每标准条调拨价为60元，期初库存委托加工应税烟丝已纳消费税2 580元，期末库存委托加工应税烟丝已纳消费税29 880元，有关会计分录如下。

（1）取得收入时。

借：银行存款   50 850

  贷：主营业务收入（3×250×60）   45 000

    应交税费——应交增值税（销项税额）   5 850

（2）计提消费税时。

应交消费税=150×3+45 000×36%=16 650（元）

借：税金及附加   16 650

  贷：应交税费——应交消费税   16 650

（3）抵扣消费税时。

当月准予抵扣的消费税税额=2 580+32 143-29 880=4 843（元）

借：应交税费——应交消费税   4 843

  贷：待扣税金——待扣消费税   4 843

（4）当月实际上缴消费税时。

借：应交税费——应交消费税   11 807

  贷：银行存款   11 807

（二）受托方的会计处理

受托方可按本企业同类消费品的销售价格计算代收代缴消费税税额；若没有同类消费品销售价格，则按照组成计税价格计算。

【例4-17】A厂作为受托方为某卷烟厂将烟叶加工成烟丝，资料见【例4-15】。按组成计税价格计算，税率为30%，则：

组成计税价格=（55 000+20 000）÷（1-30%）=107 143（元）

应交消费税=107 143×30%=32 143（元）

A厂做如下会计分录。

（1）收取加工费时。

借：银行存款   22 600

    贷：主营业务收入   20 000

        应交税费——应交增值税（销项税额）   2 600

（2）收取代收税金时。

借：银行存款   32 143

    贷：应交税费——应交消费税   32 143

（3）上缴代收消费税时。

借：应交税费——应交消费税   32 143

    贷：银行存款   32 143

五、进口应税消费品的会计处理

进口应税消费品时，进口单位缴纳的消费税应计入应税消费品成本中。按进口成本连同应纳关税、消费税、增值税，借记"固定资产""商品采购"等账户；由于进口货物将海关交税与提货联系在一起，即交税后方能提货，故为简化核算，关税、消费税可以不通过"应交税费"账户反映，直接贷记"银行存款"账户。若情况特殊，先提货后交税时，也可以通过"应交税费"账户反映。

【例4-18】某企业从国外购进高档化妆品一批，CIF价格折合人民币25万元。消费税税率为15%，增值税税率为13%，关税税率为10%。

应交关税=250 000×10%=25 000（元）

消费税组成计税价格=250 000×（1+10%）÷（1-15%）=323 529（元）

应交消费税=323 529×15%=48 529（元）

应交增值税=323 529×13%=42 058.77（元）

做会计分录如下。

借：库存商品   323 529

    应交税费——应交增值税（进项税额）   42 058.77

    贷：应付账款——××供货商   250 000

        应交税费——应交关税、消费税、增值税   115 587.77

第四节

出口货物退税的会计处理

一、出口货物退税的范围和方法

出口货物免退消费税有两种情况：一是免税，适用于生产企业出口自产货物；二是免税并退税，适用于外贸企业。

出口货物应退消费税的退税率（或单位税额）与其征税率（额）相同，即出口货物的消费税能够实现彻底退税。

办理出口货物免退税的企业，应将不同税率的出口应税消费品分开核算和申报。因未分开核算而划分不清适用税率的，一律从低适用税率计算免、退税税额。

外贸企业收购的应税消费品出口，除退还增值税外，还应退还其已缴纳的消费税。

（1）实行从价定率计税办法的应税消费品

应退税额＝出口货物的工厂销售额×消费税税率

（2）实行从量定额计税办法的应税消费品

应退税额＝出口数量×单位税额

（3）实行复合计税办法的应税消费品

应退税额＝出口数量×单位税额＋出口货物的工厂销售额×消费税税率

二、出口货物应退消费税的会计处理

生产企业直接出口自产应税消费品时，按规定予以免税，不计算应缴消费税。生产企业将应税消费品销售给外贸企业，由外贸企业自营出口的，双方各自进行会计处理。

生产企业委托外贸企业代理出口，发出产品时应照常计税。待商品出口后，生产企业凭代理方转来的有关出口凭证，填写申报表申请退税。

【例4-19】某外贸公司8月从天馨日化厂购进高档化妆品1 000箱，经认证的增值税专用发票上注明价款50万元、进项税额6.5万元，货款已经支付。当月该批商品已全部出口，出口价款折合人民币70万元，申请退税的单证齐全。该高档化妆品适用的消费税税率为15%，假设增值税退税率为13%。相关计算和会计分录如下。

应退增值税额＝500 000×11%＝55 000（元）

转出增值税额＝65 000-55 000＝10 000（元）

应退消费税税额＝500 000×15%＝75 000（元）

（1）购进商品时。

借：商品采购　　　　　　　　　　　　　　　　　　　　　　500 000

　　应交税金——应交增值税（进项税额）　　　　　　　　　　65 000

　　　贷：银行存款　　　　　　　　　　　　　　　　　　　　565 000

（2）商品入库时。

借：库存商品——库存出口商品　　　　　　　　　　　　　　500 000

　　　贷：商品采购　　　　　　　　　　　　　　　　　　　　500 000

（3）商品出口时。

借：应收账款　　　　　　　　　　　　　　　　　　　　　　700 000

　　　贷：主营业务收入——出口销售收入　　　　　　　　　　700 000

（4）结转商品销售成本。

借：主营业务成本　　　　　　　　　　　　　　　　　　　　500 000

　　　贷：库存商品　　　　　　　　　　　　　　　　　　　　500 000

（5）进项税额转出。

借：主营业务成本　　　　　　　　　　　　　　　　　　　　10 000

　　　　贷：应交税金——应交增值税（进项税额转出）　　　　　　10 000

（6）应收增值税退税款。

　　借：应收出口退税——应退增值税　　　　　　　　　　　55 000

　　　　贷：应交税金——应交增值税（出口退税）　　　　　　　55 000

（7）应收消费税退税款。

　　借：应收出口退税——应退消费税　　　　　　　　　　　75 000

　　　　贷：主营业务成本　　　　　　　　　　　　　　　　　75 000

（8）收到退税款。

　　借：银行存款　　　　　　　　　　　　　　　　　　　130 000

　　　　贷：应收出口退税——应退增值税　　　　　　　　　　55 000

　　　　　　　　　　　　——应退消费税　　　　　　　　　　75 000

第五节　消费税的纳税申报

一、消费税的纳税期限

　　同一纳税人消费税的纳税申报期限、税款缴纳期限与增值税相同。

二、消费税的纳税地点

　　① 纳税人销售的应税消费品、自产自用应税消费品，除国家另有规定者外，均应在纳税人核算地的主管税务机关申报纳税。

　　② 纳税人到外县（市）销售或者委托外县（市）代销自产应税消费品的，于应税消费品销售后，向机构所在地或者居住地主管税务机关申报纳税。

　　③ 委托个人加工的应税消费品，由委托方向其机构所在地或者居住地主管税务机关申报纳税。

　　④ 进口应税消费品由进口人或者其代理人向报关地海关申报纳税。

　　⑤ 出口应税消费品办理退税后发生退关，或者国外退货进口时予以免税的，报关出口者必须及时向其机构所在地或者居住地主管税务机关申报补缴已退的消费税税款。

　　⑥ 纳税人销售的应税消费品如果因质量等原因由购买者退回时，经机构所在地或者居住地主管税务机关审核批准后，可退还已缴纳的消费税税款。

三、消费税的纳税申报

　　纳税人无论当期有无销售或是否盈利，均应在规定时间内填制消费税纳税申报表，并向主管税务机关进行纳税申报。

　　消费税纳税申报表包括烟类应税消费品消费税纳税申报表、酒类应税消费品消费税纳税申报表、成品油消费税纳税申报表、小汽车消费税纳税申报表和其他应税消费品消费税纳税申报表。酒类应税消费品消费税纳税申报表、其他应税消费品消费税纳税申报表如表4-2和表4-3所示。

表 4-2 　　　　　　　　　　　酒类应税消费品消费税纳税申报表

税款所属期：　　　年　月　日至　　　年　月　日

纳税人名称（公章）：

纳税人识别号：

填表日期：　年　月　日　　　　　　　　　　　　　　　　　　　　金额单位：元（列至角分）

项目 消费品名称	适用税率		销售数量	销售额	应纳税额
	定额税率	比例税率			
粮食白酒	0.5 元/斤	20%			
薯类白酒	0.5 元/斤	20%			
啤酒	250 元/吨	—			
啤酒	220 元/吨	—			
黄酒	240 元/吨	—			
其他酒	—	10%			
合计	—	—	—	—	—

本期准予抵减税额：	声明：此纳税申报表是根据国家税收法律的规定填报的，我确定它是真实的、可靠的、完整的。
本期减（免）税额：	
期初未缴税额：	经办人（签章）： 财务负责人（签章）： 联系电话：
本期缴纳前期应纳税额：	（如果你已委托代理人申报，请填写）授权声明：
本期预缴税额：	为代理一切税务事宜，现授权（　地址　）为本纳税人的代理申报人，任何与本申报表有关的往来文件，都可寄予此人。
本期应补（退）税额：	
期末未缴税额：	授权人签章：

以下由税务机关填写：

受理人（签章）：　　　　受理日期：　　　年　月　日　　　受理税务机关（章）：

表 4-3 　　　　　　　　　　　其他应税消费品消费税纳税申报表

税款所属期：　　　年　月　日至　　　年　月　日

纳税人名称（公章）：

纳税人识别号：

填表日期：　年　月　日　　　　　　　　　　　　　　　　　　　　金额单位：元（列至角分）

项目 消费品名称	适用税率	销售数量	销售额	应纳税额
合计		—	—	—

本期准予抵减税额：	声明：此纳税申报表是根据国家税收法律的规定填报的，我确定它是真实的、可靠的、完整的。
本期减（免）税额：	经办人（签章）：
期初未缴税额：	财务负责人（签章）： 联系电话：

续表

消费品名称＼项目	适用税率	销售数量	销售额	应纳税额
本期缴纳前期应纳税额：			（如果你已委托代理人申报，请填写）授权声明：	
本期预缴税额：			为代理一切税务事宜，现授权（地址）	
本期应补（退）税额：			为本纳税人的代理申报人，任何与本申报表有关的往来文件，都可寄予此人。	
期末未缴税额：			授权人签章：	

以下由税务机关填写：

受理人（签章）：　　　受理日期：　年　月　日　　受理税务机关（章）：

本章重点与难点

消费税的征收范围，应交消费税的计算和会计处理，消费税的纳税申报，消费税出口退税的计算和会计处理。

思考题

1．与增值税相比，消费税有什么特点？它与增值税之间是什么关系？

2．简述消费税的三种计税方法。

3．消费税的会计处理方法与增值税有何不同？为什么？

技能题

一、计算题

1．甲实木地板厂为增值税一般纳税人，某年1月发生如下业务。

（1）1月5日，采取分期收款方式向某商场销售一批实木地板，不含税销售额为300万元，合同约定当月支付货款30%，余款下月支付。由于商场资金周转不开，当月实际支付不含税货款50万元。

（2）1月15日，从乙实木地板厂购进未经涂饰的素板，取得的增值税专用发票上注明价款10万元、增值税税额1.3万元。当月领用80%用于继续生产高级实木地板，生产完成后全部对外出售，取得不含税销售收入30万元。

（3）1月18日，新办公楼在建工程领用自产实木地板一批，成本为18万元，不含税市场价为30万元。

（4）1月20日，将自产的一批实木地板作价200万元投资给某商店。该批实木地板的最低不含增值税销售价格为180万元，平均不含增值税销售价格为200万元，最高不含增值税销售价格为220万元。

（5）1月28日，将新生产的一种镶金边实木地板赠送给重要客户。该批镶金边实木地板的成本为80万元，市场上无同类产品的销售价格。

其他相关资料：实木地板适用的消费税税率为 5%，成本利润率为 5%。

要求：根据上述资料，按下列顺序回答问题，每个问题需计算出合计数。

（1）甲实木地板厂采取分期收款方式销售实木地板应缴纳的消费税。

（2）甲实木地板厂将自产实木地板作价投资给商店应缴纳的消费税。

（3）甲实木地板厂当年 1 月应缴纳的消费税。

2. 甲酒厂为增值税一般纳税人，主要经营白酒的生产和销售业务，当年 1 月发生以下经济业务。

（1）委托乙企业（增值税一般纳税人）加工 100 吨酒精，甲酒厂提供的材料成本为 85 万元，另向乙企业支付不含税加工费 10 万元，取得增值税专用发票，当月加工完毕后全部收回，已知乙企业没有同类酒精的销售价格。甲酒厂将收回的酒精全部用于继续生产白酒。

（2）用自产的 10 吨白酒抵偿债务，实际生产成本为 1.2 万元/吨，最低不含税销售价格为 2.2 万元/吨，平均不含税销售价格为 2.5 万元/吨，最高不含税销售价格为 3 万元/吨。

（3）生产一种新型白酒 0.8 吨，将其全部赠送给关联企业。已知该种白酒没有同类产品的销售价格，生产成本为 1.5 万元/吨。

其他相关资料：酒精适用的消费税税率为 5%，白酒适用的消费税税率为 20%加 0.5 元/斤，白酒的成本利润率为 10%。上述取得的发票都已经过认证。

要求：根据上述资料，按下列顺序回答问题，针对每个问题需计算出合计数。

（1）乙企业受托加工酒精应代收代缴的消费税。

（2）用于抵偿债务的白酒应缴纳的消费税。

（3）赠送给关联企业的新型白酒应缴纳的消费税。

二、会计核算题

资料：某化妆品有限公司系生产 A 系列化妆品和 B 系列护肤护发品的增值税一般纳税人，当年 10 月发生以下业务。

（1）用生产成本为 10 000 元的 350 盒 A 系列化妆品换取原材料，约定 A 化妆品按当月销售平均价格 250 元/盒进行结算，双方互开专用发票。

（2）将 A 系列化妆品 60 盒与 B 系列护肤护发品 60 盒组成成套化妆品 60 套，销售给某商场，售价每套 360 元，B 系列护肤护发品的成本为 35 元/盒；货款尚未收到。

（3）从国外进口一批化妆品香粉，关税完税价格为 60 000 元，缴纳关税 35 000 元。取得的海关增值税完税凭证当月已向税务机关申请并通过认证。

（4）本月附带为一影视制作公司生产上妆油 500 盒，售价为 60 元/盒，本月收到全部价款。

（5）本期购进酒精一吨，取得专用发票，注明不含税售价为 70 000 元，货款已支付。

（6）将成本为 25 000 元的材料委托其他厂加工 D 系列化妆品，支付加工费 8 000 元并取得专用发票，D 系列化妆品已收回，受托方没有同类销售价格。

化妆品的利润率是 5%，护肤护发品的利润率是 5%，A 系列化妆品当期最高价格为 295 元/盒。

要求：根据以上资料，做出有关消费税、增值税的会计处理。

第五章

关税会计

学习目标

1. 了解关税的特点及其要素;
2. 理解关税会计处理的特点;
3. 掌握关税会计的确认、计量、记录与申报。

本章导言

在越来越多的国家加入世界贸易组织后,有人预言将迎来"无关税世界"。诚然,关税组织收入的作用越来越弱化,但关税在维护国家权益方面的作用却越来越强化。关税是国际经济斗争中的一个重要防范手段。在可预见的将来,关税不可能成为历史。学过本章后,你还会发现,关税的会计处理也有其特点。

第一节 关税的税制要素

关税(Tariff)是一个非常古老的税种,在古希腊、古罗马都可以寻到其踪迹。在公元前 8—6 世纪,古希腊出现了一批奴隶制城邦国家,雅典官方以使用港口索取报酬为名,对输入输出货物征收一定比例的使用费,拒纳者不得进港。公元前 5 世纪,地中海、爱琴海、黑海一带经济迅速发展,雅典法典规定,进出港口的货物一律从价征收 2%的关税,此时的关税已经属于国境关税了。

我国自西周以后,在所设的"关卡"处开始征收税金,供王室使用。《周礼》一书指出:"关市之赋,以待工之膳服"。至唐、宋、元、明四代,设立市舶机构管理对外贸易,征收关税。

与关税属同一范畴的还有行李和邮递物品进口关税(简称"行邮税")、船舶吨税,其共同点是都在进入关境时征收,但它们又有明显的区别。本章阐述的关税是"纯种"关税,而行邮税、船舶吨税应该是"混血儿",即"类关税"。

一、关税及其特征

(一)关税的概念及作用

关税是国家授权海关对出入关境的货物和物品征收的一种流转税。

关税是贯彻对外经济贸易政策的重要手段。它在调节经济、促进改革开放方面,在保护民族企业、防止国外经济侵袭、争取关税互惠、促进对外贸易发展、增加国家财政收入方面,都具有重要作用。关税具有价格效应,即当商品被征收关税后,关税比较容易转嫁给消费者,使得商品的价格因为关税而上升。可以说,关税的高低直接反映了进口商品价格的高低。

(二)关税的种类

1. **按货物、物品的流向分类**

(1)进口关税(Import Duty)。

进口关税是指海关在外国货物进口时课征的关税。进口关税通常在外国货物进入关境或国境时征收，或在外国货物从保税仓库提出运往国内市场时征收。现今世界各国的关税主要是进口关税。征收进口关税的目的在于保护本国市场和增加财政收入。

（2）出口关税（Export Duty）。

出口关税是指海关在本国货物出口时课征的关税。为降低出口货物的成本，提高本国货物在国际市场上的竞争力，世界各国一般少征或不征出口关税。但为限制本国某些产品或自然资源的输出，或为保护本国生产、本国市场供应和增加财政收入以及出于某些特定的需要，有些国家也征收出口关税。

2. 按征税标准分类

按征税标准，关税可以分为从量税、从价税、复合税和滑准税。其中，从量税、从价税是关税的基本计算方法。从量税、从价税、复合税的含义与消费税相同，滑准税的含义见本章第二节。

3. 按约束程度分类

（1）自主关税。

自主关税又称国定关税。其为一个国家基于其主权独立自主制定的并有权修订的关税，包括关税税率及各种法规、条例。国定税率一般高于协定税率，适用于没有签订关税贸易协定的国家。

（2）非自主关税。

其为原殖民地国家被殖民主义者以不平等条约强迫签订和实施的关税。

（3）协定关税。

其为一国与他国通过缔结关税贸易协定而制定的关税税率。协定关税有双边协定税率、多边协定税率和片面协定税率。片面协定税率是一国对他国输入的货物降低税率，为其输入提供方便，而他国并不以降低税率为回报的税率制度。

4. 按差别待遇分类

按差别待遇，关税可以分为普通关税、优惠关税、特惠关税、差别关税、特别关税（亦称加重关税，如反补贴关税、反倾销关税等）。

（三）关税的主要特征

1. 征收上的过"关"性

是否征收关税以货物是否通过关境为标准。进出关境的货物才征收关税可体现关税从源头征税的特点。关境亦称税境，是一个国家的海关征收关税的领域，即主权国家关税法令实施的领域。

关税的特征

2. 税率上的复式性

我国现行关税税则采用最惠国税率、协定税率、特惠税率和普通税率。复式税则充分反映了关税具有维护国家权益、平等互利发展国际贸易往来和经济技术合作的特点。

3. 对进出口贸易的调节性

许多国家通过制定和调整关税税率来调节进出口贸易。在出口方面，通过抵税、免税和退税来鼓励商品出口；在进口方面，通过税率的调整、减免来调节商品的进口，如为了维护我国的正当权益，可以依法加征特别关税。

4. 关税的保护性

各国经济发展和工业化程度不同，其保护对象和力度也不相同。制定保护性关税（protective tariff）的一般原则为征收的税额要等于或略高于该商品的国内外差价，即进口商品在征收关税后，其进口成本等于或略高于本国商品的平均成本。

2018年4月4日，美国政府发布加征关税的商品清单，将对我国输出美国的1333项500亿美元的商品加征25%的关税。同一天，中国国务院关税税则委员会决定对原产于美国的大豆、汽车、化工品等 14 类 106 项商品加征 25% 的关税。中国对美方部分商品加征关税是捍卫自身合法权益、维护多边贸易体制的正义行为，是符合国际法基本原则的正当举措。

二、关税的纳税人与纳税范围

（一）纳税人

《中华人民共和国进出口关税条例》第五条规定："进口货物的收货人、出口货物的发货人、进境物品的所有人，是关税的纳税义务人。"

凡由外贸企业代理进出口业务的，都由办理进出口业务的外贸企业代为申报纳税；不通过外贸企业自行经营进出口业务的，则由收、发货人自行申报纳税。

非贸易性物品的纳税人是物品持有人、所有人或收件人。

（二）纳税范围

关税的纳税范围（对象）是进出我国国境的货物和物品。货物是指贸易性商品；物品包括入境旅客随身携带的行李和物品、个人邮递物品、各种运输工具上的服务人员携带进口的自用物品、馈赠物品，以及以其他方式进入我国国境的个人物品。

三、关税税则、税目和税率

（一）关税税则、税目

关税税则（Customs Tariff）亦称海关税则，是一国对进出口商品计征关税的规章和对进出口应税商品和免税商品加以系统分类的一览表，是海关征税的依据，是国家关税政策的具体体现。

《中华人民共和国海关进出口税则》包括正文和附录两部分。正文包括海关进口税则和出口税则，附录包括进口商品税目税率表、进口商品关税配额税目税率表、进口商品税则暂定税率表、出口商品税则暂定税率表、入境旅客行李物品和个人邮递物品税目税率表、非全税目信息技术产品税率表等附表。

（二）关税税率

1. 进口商品关税税率

"进口关税设置最惠国税率、协定税率、特惠税率、普通税率、关税配额税率等税率。对进口货物在一定期限内可以实行暂定税率。"（《中华人民共和国进出口关税条例》第九条）

（1）最惠国税率。其适用于原产于共同适用最惠国待遇条款的世界贸易组织成员的进口货物，原产于与中华人民共和国签订了含有相互给予最惠国待遇条款的双边贸易协定的国家或者地区的进口货物，以及原产于中华人民共和国境内的进口货物。

（2）协定税率。其适用于原产于与中华人民共和国签订了含有关税优惠条款的区域性贸易协定的国家或者地区的进口货物。例如，对原产于韩国、印度、斯里兰卡、孟加拉国和老挝五国的部分进口货物实施《亚太贸易协定》协定税率，对原产于智利的部分进口货物实施中国—智利自由贸易协定税率，对原产于巴基斯坦的部分进口货物实施中国—巴基斯坦自由贸易协定税率，对原产于新西兰的商品实施中国—新西兰自由贸易协定税率，对原产于新加坡的商品实施中国—新加坡自由贸易协定税率等。

（3）特惠税率。其适用于原产于与中华人民共和国签订了含有特殊关税优惠条款的贸易协定的国家或者地区的进口货物。如对老挝、柬埔寨、埃塞俄比亚等最不发达国家的部分进口货物实行特惠税率，其中绝大多数商品实施零税率，税目范围涵盖了我国自上述国家进口的绝大多数商品。

（4）普通税率。其适用于原产于上述（1）、（2）、（3）所列以外国家或者地区的进口货物，以及原产地不明的进口货物。

（5）配额税率。配额内关税是指对一部分实行关税配额的货物，按低于配额外税率的进口税率征收的关税。按照国家规定实行关税配额管理的进口货物，关税配额内的，适用关税配额税率；原产于澳大利亚、新西兰的部分产品，根据双方签订的"自由贸易协定"，适用国别关税配额税率。

（6）暂定税率。适用最惠国税率、协定税率、特惠税率、普通税率、关税配额税率的进口货物，可以适用暂定税率。适用最惠国税率的进口货物有暂定税率的，应当适用暂定税率；适用协定税率、特惠税率的进口货物有暂定税率的，应当从低适用税率；适用关税配额税率的进口货物有暂定税率的，应当适用暂定税率。适用普通税率的进口货物，不适用暂定税率。

（7）ITA 税率（税率为零）。ITA 税率即非全税目信息技术产品税率。根据加入世界贸易组织的有关协议，我国自加入世界贸易组织时起加入《信息技术协定》（ITA），并将取消中国减让表中所列所有信息技术产品的关税。2003 年，部分适用 ITA 税率的 15 种商品是否适用 ITA 税率，由企业所在地主管海关审核确定。进出口货物收发货人或其代理人应于货物实际进口前的 15 个工作日向所在地海关递交"进口部分适用 ITA 税率的商品用途申报表"。海关审核后确定其适用 ITA 税率的，出具"进口部分适用 ITA 税率的商品用途认定证明"，进口地海关据此按 ITA 税率征税。

（8）附加关税，亦称为特别关税，一般是在正常征收关税的基础上加征的一种关税，包括反倾销税、反补贴税、保障措施关税和报复性关税。

① 报复性关税。任何国家或地区违反与中华人民共和国签订或者共同参加的贸易协定及相关协定，对中华人民共和国在贸易方面采取禁止、限制、加征关税或者其他影响正常贸易措施的，对原产于该国家或者地区的进口货物可以征收报复性关税，适用报复性关税税率。征收报复性关税的货物、适用国别、税率、期限和征收办法由国务院关税税则委员会确定并公布。

② 反倾销税。倾销是指在正常贸易过程中以低于正常价值的出口价格，大量输出商品到另一国（或地区）市场的行为。倾销行为被认为是一种不公平的贸易做法。世界贸易组织在"反倾销税"和"反补贴税"条款中规定："各缔约方有权采取合理的反倾销和反补贴措施，作为对倾销和补贴等不公平贸易行为的正当防卫。反倾销税和反补贴税的幅度依据倾销和补贴幅度，而不受关税约束的限制。"

③ 反补贴税。补贴是指出口国（或地区）政府或者其任何公共机构提供的，为接受者带来利益的财政资助以及任何形式的对收入或者价格的支持。它是一种比较隐蔽的降低经营者经营成本的措施。进行调查、采取反补贴措施的补贴，必须具有专向性（如政府明确确定的某些企业、产业获得的补贴，特定区域内的企业、产业获得的补贴，以出口实绩为条件获得的补贴等）。

④ 保障措施关税。进口产品增加，对生产同类产品或直接竞争产品的国内产业造成严重损害或严重威胁的，可按有关法规规定采取保障措施，征收保障措施关税。任何国家或地区对我国出口成品采取歧视性保障措施的，我国可以根据实际情况对该国或地区采取相应的税收措施。

2. 出口商品关税税率

"出口关税设置出口税率。对出口货物在一定期限内可以实行暂定税率。"（《中华人民共和国进出口关税条例》第九条）

适用出口税率的出口货物有暂定税率的应当适用暂定税率。我国征收出口关税的总原则是：既要服从于鼓励出口的政策，又要做到能够控制一些商品的盲目出口。因此，征收出口关税的只限于少数商品，主要是：盈利特别多而且利润比较稳定的大宗商品；在国际市场上，我国出口已占有相当比重的商品；国际市场上容量有限，盲目出口容易在国外形成销价竞销的商品；国内紧俏又大量进口的商品以及国家控制出口的商品。出口关税实行从价税。

四、关税的减免

（一）法定减免

① 关税税额在人民币 50 元以下的一票货物。

② 无商业价值的广告品和货样。

③ 外国政府、国际组织无偿赠送的物资。

④ 在海关放行前损失的货物。

⑤ 进出境运输工具装载的途中必需的燃料、物料和饮食用品。

（二）特定减免

① 科教用品。对于不以营利为目的的科学研究机构和学校，在合理数量范围内进口国内不能生产的科学研究和教学用品，直接用于科学研究或者教学的，免缴进口关税以及进口环节增值税、消费税。

② 残疾人专用品。对于规定范围内的残疾人个人专用品，免缴进口关税和进口环节增值税、消费税；对康复机构、福利机构、假肢厂和荣誉军人康复医院进口国内不能生产的、规定明确的残疾人专用品，免缴进口关税和进口环节增值税。

③ 扶贫、慈善性捐赠物资。对境外自然人、法人或者其他组织等境外捐赠人，无偿向经国务院主管部门批准依法成立的，以人道救助和发展扶贫、慈善事业为宗旨的社会团体以及国务院有关部门和各省、自治区、直辖市人民政府捐赠的，直接用于扶贫、慈善事业的物资，免缴进口关税和进口环节增值税。

④ 对加工贸易产品、边境贸易进口物资、保税区进出口货物、出口加工区进出口货物、进口设备、特定地区、特定行业（用途）均有相应的减免税政策。

（三）临时减免

临时减免税是指上述法定减免税和特定减免税以外的其他减免税，即由国务院根据《中华人民共和国海关法》和某项目、某类（批）进出口货物的特殊情况，给予特别照顾而一案一批、专文下达的减免税。

第二节 | 关税的确认计量

一、关税完税价格的确认

（一）完税价格

完税价格是指海关在计征关税时采用的计税价格，是海关根据有关规定对进出口货物审查确定或估定后确定的应税价格。它是海关征收关税的依据。海关以进出口货物的实际成交价格为基础审定完税价格，实际成交价格是指一般贸易项下进口或出口货物

完税价格

的买方为购买该项货物而向卖方实际支付或应当支付的价格。在关税计算中，除从量计税外，其余计税均涉及完税价格。

（二）进口货物完税价格的确认

进口货物的完税价格是海关以进口货物实际成交价格为基础审定的到岸价格，包括货价和货物运抵我国境内输入地点起卸前的包装费、运费、保险费以及向国外支付的软件费、向卖方支付的佣金等劳务费。

进口货物的成交价格是指卖方向我国境内销售该货物时，买方为进口该货物而向卖方实付、应付的，并且按规定调整后的价款总额，包括直接支付的价款和间接支付的价款。

若是单独计价，且已包括在进口货物的成交价格中，经海关审查属实的，下列费用应从完税价格中扣除：①进口人向其境外采购代理人支付的买方佣金。②卖方付给买方的正常回扣。③工业设施、机械设备类货物进口后进行基建、安装、装配、调试或技术指导发生的费用。

如果进口货物的成交价格不符合有关规定，或者成交价格不能确定，海关经了解有关情况，并与纳税义务人进行价格磋商后，依次采用下列方法审查确定该货物的完税价格。

① 相同货物成交价格估价方法。

② 类似货物成交价格估价方法。

③ 倒扣价格估价方法。

④ 计算价格估价方法。

⑤ 其他合理方法。

纳税人向海关提供有关资料后提出申请，可以颠倒③和④的次序。

（三）出口货物完税价格的确认

出口货物的完税价格是海关以出口货物的成交价格为基础审查确定的价格，包括货物运至我国境内输出地点装载前的运输及其相关费用、保险费。出口货物的成交价格是在货物出口销售时，卖方为出口该货物应向买方直接收取和间接收取的价款总额，但不包括出口关税、在货物价款中单独列明的货物运至我国境内输出地点装载后的运输及其相关费用、保险费（即出口货物的运保费最多算至离境口岸）、在货物价款中单独列明由卖方承担的佣金。

出口货物的成交价格不能确定时，海关与纳税人进行价格磋商后，依次按规定的估定完税价格计算方法确认计量出口货物的完税价格。

二、关税的计算公式

关税的基本计算公式如下：

应交关税=关税完税价格×关税税率

由于关税有从价计税、从量计税、复合计税和滑准计税四种计算方法，因此，关税的具体计算方法分为以下几种。

（一）从价税计算公式

从价税（Ad Valorem Duty）是以进出口货物的价格为计税标准计缴的关税，具有税负公平、明确，易于实施，计征简便等优点。大多数进出口商品采用从价税。货物的价格不是指商品的成交价格，而是指进出口商品的完税价格。其计算公式是：

应交关税=应税进出口货物数量×单位完税价格×适用税率

（二）从量税计算公式

从量税（Specific Duty）是以货物的实物计量单位（数量、重量、面积、容量、长度等）为计税标准，以每一计量单位应纳的关税金额为税率来计缴的关税。其特点是不因商品价格的涨落而改变应纳税额，手续简便，但税负不合理，难以普遍采用。我国目前仅对啤酒、胶卷等少数商品计征从量税。其计算公式是：

应交关税=应税进口货物数量×关税单位税额

（三）复合税计算公式

复合税（Mixed or Compound Duty）亦称混合税，是对进口商品既征从量税又征从价税的一种办法。其一般以从量税为主，再加征从价税。实务中，货物的从量税额与从价税额难以同时确定，且手续繁杂，难以普遍采用。我国目前仅对录像机、放像机、摄像机和摄录一体机实行复合计税。其计算公式是：

应交关税=应税进口货物数量×关税单位税额+应税进口货物数量×单位完税价格×适用税率

（四）滑准税计算公式

滑准税（Sliding Duty）亦称滑动税、伸缩税，是对进口税则中的同一种商品按其市场价格标准分别制订不同价格档次的税率而征收的一种进口关税。征收这种关税的目的是使某种进口商品不论其进口价格是高还是低，其税后价格保持在一个预定的价格标准上，以稳定进口国内该种商品的市场价格。它是预先按照商品市场价格的高低制订出不同价格档次的税率，然后根据进口商品价格的变化而升降进口关税税率的一种计缴方法。其税率一般随进口商品价格的变动呈反方向变动，即价格越高，税率越低，税率为比例税率。因此，实行滑准税的进口商品应纳关税税额的计算与从价税基本相同。

实行滑准税的目的是使商品的税后价格保持稳定，以缓解供需矛盾。我国曾对进口新闻纸执行滑准税。2005年，关税配额外进口的棉花执行滑准税，税率滑动范围为5%～40%，国内最低售价（目标价格）大致稳定在合理价格上，外棉价格几乎与国内棉价格持平。这既保证了国内棉农顺畅地销售自产棉花，又保证了国内纺织企业的用棉需要。进口棉花滑准税政策的调整，对缓解我国纺织企业棉花紧张问题会起到积极作用。更重要的是，政策调整对国内不少高端纺织企业来讲是一个利好，有望降低这些企业的用棉成本，并鼓励更多纺织企业走高端路线，多生产高附加值的产品。当进口棉花完税价格高于或等于15元/千克时，暂定从量税率为0.570元/千克；当进口棉花完税价格低于15元/千克时，暂定从价税率按下式计算：

$R_i=9.337/P_i+2.77\%\times P_i-1$（$R_i\leq40\%$）

式中，R_i为暂定从价税率，四舍五入保留3位小数；P_i为关税完税价格，单位为元/千克。

应交关税=进口货物完税价格×滑准税率

（五）报复性关税的计算公式

应交关税=关税完税价格×进口关税税率

应交报复性关税=关税完税价格×报复性关税税率

进口环节消费税=进口环节消费税完税价格×进口环节消费税税率

进口环节消费税完税价格=（关税完税价格+关税+报复性关税）÷（1-进口环节消费税税率）

进口环节增值税=进口环节增值税完税价格×进口环节增值税税率

进口环节增值税完税价格=关税完税价格+关税+报复性关税+进口环节消费税

（六）反倾销关税计算公式

反倾销关税=完税价格×反倾销税税率

应交进口环节增值税=（完税价格+关税税额+反倾销税税额）×进口环节增值税税率

三、进出口货物从价计征关税的计算

由上可知，目前我国对进出口货物征收关税有不同计算方法，以下仅是从价计征关税的具体计算方法。

（一）进口货物关税的计算方法

1．CIF价格（成本加保险及运费价格）

以我国口岸CIF价格成交或者与我国毗邻的国家以两国共同边境地点交货价格成交的，分别以该价格为完税价格。当成交价格不能确定时，以海关的估定价格为完税价格，其计算方法如下：

CIF 价格与
FOB 价格

完税价格=在我国口岸成交的价格

应交进口关税=完税价格×进口关税税率

【例5-1】某进出口公司从日本进口甲醇，进口申报价格为"CIF天津USD500 000"。假定计税日外汇牌价（中间价）[①]为USD100=CNY600；税则号列为29051210，税率为5.5%。

完税价格= 500 000×6=3 000 000（元）

应交进口关税=3 000 000×5.5%=165 000（元）

2．FOB价格（装运港船上交货价格）

以国外口岸FOB价格或者从输出国购买以国外口岸CIF价格成交的，必须分别以在上述价格基础上加上从发货口岸或者国外交货口岸运到我国口岸以前的运杂费和保险费后的价格为完税价格。

完税价格=国外口岸成交价格（FOB）+运费及相关费用+保险费

完税价格内应当另加的运费、保险费和其他杂费，原则上应按实际支付的金额计算。若无法得到实际支付的金额，也可以外贸系统海运进口运费率或协商规定的固定运杂费计算运杂费，保险费则按中国人民保险公司的保险费率计算。其计算公式如下：

完税价格=（FOB价格+运杂费）÷（1-保险费率）

【例5-2】某进出口公司从美国进口硫酸镁5 000吨，进口申报价格为"FOB旧金山USD325 000"，运费每吨USD40，保险费率为3‰，假定计税日外汇牌价为USD100=CNY600。

（1）计算运费：

5 000×40×6=1 200 000（元）

（2）将进口申报价格由美元折成人民币：

325 000×6=1 950 000（元）

（3）计算完税价格：

完税价格=（1 950 000+1 200 000）÷（1-3‰）

=3 150 000÷0.997≈3 159 478（元）

经查找，硫酸镁的税则号列为28332100，税率为5.5%，则该批进口硫酸镁的进口关税税额为：

应交进口关税=3 159 478×5.5%≈173 771（元）

---

① 实务中，海关每月使用的计征汇率为上月第三个星期三（若遇法定节假日，则顺延采用第四个星期三）中国银行公布的外汇折算价。

【例5-3】5月，某市广播电视局经批准从国外购入磁带型广播级录像机一台，完税价格为2 500美元。完税价格高于2 000美元/台：税率为3%，加3 648元。假定计税日外汇牌价为USD100=CNY700。应交进口关税计算如下：

应交进口关税=2 500×7×3%+3 648=525+3 648=4 173（元）

3. CFR价格（有时称CNF，成本加运费价格）

以成本加运费价格（即含运费价格）成交的，应当另加保险费作为完税价格。

完税价格=CFR价格÷（1-保险费率）

【例5-4】某进出口公司从日本进口乙醛17吨，保险费率为0.3%，进口申报价格为"CFR天津USD306 000"，假定计税日外汇牌价为USD100=CNY600。乙醛的税则号列为29121200，税率为5.5%。

进口申报价格=306 000×6=1 836 000（元）

完税价格=1 836 000÷（1-0.3%）=1 892 784（元）

应交进口关税=1 892 784×5.5%=104 103（元）

4. 国内正常批发价格

若海关不能正确确定进口货物在采购地的正常批发价格，则应以申报进口时国内输入地点同类货物的正常批发价格，减去进口关税，进口环节的其他税以及进口后的正常运输、储存、营业费用及利润为完税价格。如果国内输入地点同类货物的正常批发价格不能正确确定或者有其他特殊情况，则货物的完税价格由海关估定。

（1）不交国内增值税、消费税或只交增值税的货物，其完税价格计算公式如下：

$$完税价格=\frac{国内市场批发价格}{1+进口关税税率+20\%}$$

（2）应同时缴纳国内增值税和消费税的货物，其完税价格计算公式如下：

$$完税价格=\frac{国内市场批发价格}{1+进口关税税率+\frac{1+进口关税税率}{1-消费税税率}×消费税税率+20\%}$$

上述公式中，分母中的20%为国家统一规定的进口环节各项相关费用和利润占完税价格的比例。

【例5-5】M公司经批准从国外进口一批高档化妆品，其CIF价格已无法确定，进货地国内同类产品的市场正常批发价格为925 000元，国内消费税税率为15%，设进口关税税率为25%。计算该高档化妆品应交关税。

完税价格=925 000÷｛1+25%+［（1+25%）÷（1-15%）］×15%+20%｝

=925 000÷1.670 6=553 693.28（元）

应交进口关税=553 693.28×25%=138 423.32（元）

应交消费税=（553 693.28+138 423.32）÷（1-15%）×15%=122 138.22（元）

应交增值税=（553 693.28+138 423.32+122 138.22）×13%=105 853.13（元）

（二）出口货物关税的计算

1. FOB价格

出口货物关税完税价格、应交出口关税的计算公式如下：

完税价格=FOB价格÷（1+出口关税税率）

应交出口关税=完税价格×出口关税税率

【例5-6】某进出口公司出口5 000吨磷到日本，成交价格为FOB天津500美元/吨，磷的出口关税税率为10%。假定计税日外汇牌价为USD100=CNY700。计算应交出口关税。

计算该批磷的完税价格：

完税价格=5 000×500÷（1+10%）=2 272 727（美元）

将美元价折合为人民币完税价格：

2 272 727×7=15 909 089（元）

计算该公司应交出口关税：

应交出口关税=15 909 089×10%=1 590 909（元）

2. CIF 价格

出口货物以国外口岸 CIF 价格成交的，应先扣除离开我国口岸后的运费和保险费后，再按上述公式计算完税价格及应缴纳的出口关税。

完税价格=（CIF价格-保险费-运费）÷（1+出口关税税率）

【例5-7】天津某进出口公司向新加坡出口黑钨沙5吨，成交价格为"CIF新加坡4 000美元/吨"，其中运费为USD400，保险费为USD40；假定计税日外汇牌价为USD100=CNY600。计算应交关税税额。

完税价格=（4 000-400-40）×6÷（1+20%）=1 780（元）

应交出口关税=1 780×20%=3 560（元）

3. CFR 价格

以境外口岸 CFR 价格成交的，其出口货物完税价格的计算公式为：

完税价格=（CFR价格-运费）÷（1+出口关税税率）

4. CIFC 价格（CIF 价格加佣金）

当成交价格为 CIFC 境外口岸价格时，有以下两种情况。

佣金为给定金额，则出口货物完税价格的计算公式为：

完税价格=（CIFC价格-保险费-运费-佣金）÷（1+出口关税税率）

佣金为 CIFC 价格的一定百分比，则出口货物完税价格的计算公式为：

完税价格=[CIFC价格（1-佣金费率）-保险费-运费]÷（1+出口关税税率）

上述 2、3、4 价格内所含的运费和保险费，原则上应按实际支付数扣除。如无实际支付数，海关可根据定期规定的运费率和保险费率据以计算，纳税后一般不做调整。由陆路输往国外的货物，应以该货物运离国境的 FOB 价格减去出口关税后的价格为完税价格。若 FOB 价格不能确定，则由海关估定。

第三节

关税的会计处理

进行企业进出口业务的会计处理时需设置记录外汇业务的复币式账户，如"应收（应付）外汇账款""预收（预付）外汇账款"等①，还要进行汇兑损益的计算和处理。要正确进行关税的会计处理，就必须正确进行销售收入、采购成本的确认。在进口商品时，国外进价成本一律以 CIF 价格为基础，以企业收到银行转来的全套进口单证，经与合同、信用证等审核相符，并通过银行向国外出口商承付或承兑远期汇票时间为入账标准。出口商品销售收入的入账金额应一律以 FOB 价格为标准，即不论发票价格（成交价格）采用哪种，都要以 FOB 价格为收入确认的基础。商品进出口业务中发生的相关国内费用，记入采购成本或销售费用；进口时发生的国外费用，应记入商品采购成本；出口时发生的国外费用，应冲减商品销售收入。企业可以在"应

---

① 也可作为"应收账款""应付账款"等的二级账户。

"交税费"账户下设置"应交关税"二级账户，也可以分别设置"应交进口关税""应交出口关税"两个二级账户。

一、自营进口业务关税的会计处理

企业自营进口商品应以 CIF 价格为完税价格计缴关税，借记"材料采购"等，贷记"应交税费——应交进口关税"；实际缴纳时，借记"应交税费——应交进口关税"，贷记"银行存款"。企业也可不通过"应交税费——应交进口关税"，待实际缴纳关税时，直接借记"材料（商品）采购"等，贷记"银行存款"。企业若以 FOB 价格或 CFR 价格成交，则应将这些成交价格下的运费、保险费计入进口商品成本，即将成本调整到以 CIF 价格为标准。

【例5-8】某外贸企业从国外自营进口排气量2.2升的小轿车一批，CIF价格折合人民币为200万元，进口关税税率为25%，代征消费税税率为9%、增值税税率为13%。根据海关开出的税款缴纳凭证，以银行转账支票付讫税款。应交关税和商品采购成本计算如下：

应交关税=2 000 000×25%=500 000（元）

应交消费税=（2 000 000+500 000）÷（1-9%）×9%=2 747 253×9%=247 253（元）

应交增值税=2 747 253×13%=357 142.89（元）

会计分录如下。

（1）应付账款时。

借：商品采购	2 000 000	
贷：应付账款——××供应商		2 000 000

（2）应交税费时。

借：商品采购	747 253	
贷：应交税费——应交进口关税		500 000
——应交消费税		247 253

（3）上缴税金时。

借：应交税费——应交增值税（进项税额）	357 142.89	
——应交进口关税	500 000	
——应交消费税	247 253	
贷：银行存款		1 104 395.89

（4）商品验收入库时。

借：库存商品	2 747 253	
贷：商品采购		2 747 253

【例5-9】根据【例5-2】中的计算资料，有关会计处理如下（假定本例中各入账日期的外汇牌价不变）。

（1）以成交价格反映应付账款。

借：商品采购	1 950 000	
贷：应付账款——××公司		1 950 000

（2）支付运费、保险费时

借：商品采购	1 209 478	
贷：银行存款		1 209 478

（3）应交关税时。

借：商品采购   173 771

  贷：应交税费——应交关税   173 771

二、自营出口业务关税的会计处理

企业自营出口商品应以 FOB 价格为完税价格计缴关税，借记"税金及附加"，贷记"应交税费——应交出口关税"；实际缴纳时，借记"应交税费——应交出口关税"，贷记"银行存款"。企业也可不通过"应交税费——应交出口关税"账户核算，待实际缴纳关税时，直接借记"税金及附加"账户，贷记"银行存款"账户。如果成交价格是 CIF 价格或 CFR 价格，则应先按 CIF 价格或 CFR 价格入账，在实际支付海外运费、保险费时，再以红字冲减销售收入，将收入调整到以 FOB 价格为标准。

【例5-10】某进出口公司自营出口商品一批，我国口岸FOB价折合人民币为720 000元，设出口关税税率为20%，根据海关开出的税款缴纳凭证以银行转账支票付讫税款。有关会计处理如下。

应交出口关税=720 000÷（1+20%）×20%=120 000（元）

借：应收账款——××购货商   720 000

  贷：主营业务收入   720 000

借：税金及附加   120 000

  贷：应交税费——应交出口关税   120 000

【例5-11】根据【例5-7】中的资料（假定确认收入、支付费用时的汇率相同），做如下有关会计处理。

（1）确认销售收入时。

借：应收账款——××购货商   24 000

  贷：主营业务收入   24 000

（2）支付运费、保险费时。

借：主营业务收入（红字冲账）   2 640

  贷：银行存款等   2 640

（3）应交关税时。

借：税金及附加   3 560

  贷：应交税费——应交出口关税   3 560

三、代理进出口业务关税的会计处理

代理进出口业务时，对受托方来说，一般不垫付货款，多以成交额（价格）的一定比例收取劳务费作为其收入。因进出口商品而计缴的关税均应由委托方负担，受托方即使向海关缴纳了关税，也只是代垫或代付，日后仍要与委托方结算。

代理进出口业务所计缴的关税，在会计处理上也是通过设置"应交税费"账户来反映的，其对应账户是"应付账款""应收账款""银行存款"等。

【例5-12】某进出口公司受某单位委托代理进口商品一批，进口货款1 780 000元已汇入进出口公司的开户银行。该进口商品我国口岸CIF价为240 000美元/吨，当日人民币市场的外汇牌价为

USD100=CNY600，进口关税税率为20%，代理劳务费按货价的2%收取。该批商品已运达指定口岸，公司与委托单位办理有关结算。

该批商品的人民币货价=240 000×6=1 440 000（元）

进口关税=1 440 000×20%=288 000（元）

代理劳务费=1 440 000×2%=28 800（元）

根据上述计算资料，该进出口公司接受委托单位货款及向委托单位收取关税和劳务费等时的会计分录如下。

（1）收到委托方货款时。

借：银行存款   1 780 000

  贷：应付账款——××单位   1 780 000

（2）对外付汇进口商品时。

借：应收账款[①]——××外商   1 440 000

  贷：银行存款   1 440 000

（3）进口关税结算时。

借：应付账款——××单位   288 000

  贷：应交税费——应交进口关税   288 000

借：应交税费——应交进口关税   288 000

  贷：银行存款   288 000

借：应付账款——××单位   1 468 800

  贷：其他业务收入——劳务费   28 800

    应收账款——××外商   1 440 000

（4）将委托单位余款退回时。

借：应付账款——××单位   23 200

  贷：银行存款   23 200

【例5-13】某进出口公司受托代理某厂出口一批商品。我国口岸FOB价折合人民币为360 000元，出口关税税率为20%，劳务费为10 800元。做如下会计分录。

应交关税=360 000÷（1+20%）×20%=60 000（元）

（1）应交出口关税时。

借：应收账款——××单位   60 000

  贷：应交税费——应交出口关税   60 000

（2）缴纳出口关税时。

借：应交税费——应交出口关税   60 000

  贷：银行存款   60 000

（3）应收劳务费时。

借：应收账款——××单位   10 800

  贷：其他业务收入——劳务费   10 800

（4）收到委托单位划来税款及劳务费时。

借：银行存款   70 800

  贷：应收账款——××单位   70 800

---

① 或通过"应付账款"账户，下同。

第四节 关税的纳税申报

一、关税的缴纳方式和地点

（一）关税的基本缴纳方式

由接受进（出）口货物通关手续申报的海关逐票计算应征关税并填发关税缴款书，纳税人凭其向海关或指定的银行办理税款交付或转账入库手续后，海关凭"银行回执联"办理结关放行手续。征税手续在前，结关放行手续在后，有利于税款及时入库，防止拖欠税款。因此，各国海关都将这种方式作为基本纳税方式。

（二）关税后纳方式

关税后纳方式是海关允许某些纳税人在办理有关关税手续后，先行办理放行货物的手续，再办理征纳关税手续的关税缴纳方式。关税后纳方式是针对某些易腐、急需或有关手续无法立即办结等特殊情况而采取的一种变通措施。海关在提取货样、收取保证金或接受纳税人其他担保后即可放行有关货物。关税后纳方式使海关有充足的时间准确地进行关税税则归类，审定货物完税价格，确定其原产地等作业，或使纳税人有时间完成有关手续，防止口岸积压货物，使进出境货物尽早投入使用。

（三）关税的缴纳地点

海关征收关税时，根据纳税人的申请及进出口货品的具体情况，纳税人既可以在关境地缴税，又可以在主管地缴税。

二、关税的缴纳

进口货物的收发货人或其代理人应当在海关填发税款缴纳凭证之日起 15 日内（法定公休日顺延），向指定银行缴纳税款。逾期缴纳的，除依法追缴外，海关自到期次日起至缴清税款日止，按日加收欠缴税款的滞纳金。

纳税人缴纳关税时，需填写"海关（进出口关税）专用缴款书"（见表 5-1）并携带有关单证。缴款书一式六联，依次是收据联（此联是国库收到税款签章后退还纳税人作为完税凭证的法律文书，是关税核算的原始凭证）、付款凭证联、收款凭证联、回执联、报查联、存根联。

表 5-1   海关（进出口关税）专用缴款书

收入系统：　　　　　　　　　填发日期：　年　月　日　　　　　　　　　No.

收款单位	收入机关		中央金库		缴款单位（人）	名称	
	科目		预算级次			账号	
	收款国库					开户银行	

税号	货物名称	数量	单位	完税价格（￥）	税率（%）	税款金额（￥）

金额人民币（大写）：　万 仟 佰 拾 元 角 分		合计（￥）	
申请单位编号		报关单编号		填制单位 制单人 复核人 单证专用章	收款国库（银行）业务 公章
合同（批文）号		运输工具（号）			
缴款期限　年　月　日		提/装货单号			
备注：					

三、关税的退税

有下列情况之一的，进出口货物的收发货人或其代理人可以自缴纳税款之日起一年内，书面声明理由，连同纳税收据向海关申请退税，逾期不予受理。

（1）因海关误征，多纳税款的；

（2）海关核准免验进口的货物，在完税后发现有短缺情况并经海关审查认可的；

（3）已征出口关税的货物，因故未装运出口，申报退关，经海关查验属实的。

按规定，上述退税事项，海关应当自受理退税申请之日起3日内做出书面答复并告知退税申请人。

本章重点与难点

征收关税的意义，关税完税价格的确认计量，关税的会计处理和纳税申报，进出口关税完税价格的确认。

思考题

1．何谓关税？关税有什么作用？如何分类？

2．我国现行关税有哪几种计征方法？

3．何谓关税完税价格？如何确认进出口商品关税完税价格？

4．企业如何进行关税的会计处理？

技能题

一、计算题

1．天津某进出口公司从美国进口货物一批，货物以离岸价格成交，成交价折合人民币1 520万元（包括单独计价并经海关审查属实的向境外采购代理人支付的买方佣金20万元，但不包括使用该货物而向境外支付的软件费50万元、向卖方支付的佣金10万元），另支付货物运抵我国上海港的运费、保险费等30万元（假设该货物适用关税税率为7%）。

要求：计算该公司的应纳关税额。

2．我国某公司3月从国内甲港口出口一批锌锭到国外，货物成交价格为170万元（不含出口关税），其中包括货物运抵甲港口装载前的运输费10万元、单独列明支付给境外的佣金12万元。甲港口到国外目的地港口之间的运输保险费为20万元。锌锭出口关税税率为20%。

要求：计算该公司的出口关税税额。

二、会计核算题

某外贸公司代某工厂从美国进口A材料15吨，成交价格为FOB纽约20 000美元/吨，运费为USD3 000，保险费率为0.3%，关税税率为12%，当日的外汇牌价为USD100=RMB680，外贸公司收取手续费80 000元。材料尚在运输途中。

要求：根据上述资料，分别做出外贸公司向委托单位收取关税和手续费以及委托单位承付关税及手续费的会计分录。

第六章

资源税会计

学习目标

1. 了解资源税的意义和要素；
2. 理解资源税的特点；
3. 掌握资源税会计的确认、计量、记录与申报。

本章导言

资源有自然资源与人力资源之分，资源税是针对自然资源而言的。自然资源并非取之不尽、用之不竭。建立节约型社会，实现人与自然的和谐相处，不能不珍惜资源。资源税作为绿色税收之一，既有利于实现企业间的平等竞争，又可体现国家的基本国策。资源税的会计处理与哪种税比较一致呢？

第一节　资源税的税制要素

资源税是以特定自然资源为征税对象的一种流转税。我国的资源税是在 1984 年开征的一个税种。从 2016 年 7 月 1 日起，全面推进资源税改革。从 2017 年 12 月 1 日起，在河北省先行实施水资源税征收试点的基础上，将征收范围扩大至京、津、晋、川、陕、宁等九省（市）。

征收资源税有利于合理开采和充分利用自然资源，促进企业节能减排，加快生态文明建设，形成健康、适度的消费观念和消费行为，构建人与自然的和谐环境等。

一、资源税的纳税人、扣缴义务人

资源税的纳税人是在我国境内开采矿产资源和其他特定自然资源的单位和个人。单位是指企业、行政单位、事业单位、军事单位、社会团体及其他单位，个人是指个体工商户和其他个人。

购买未税矿产品的单位，应当主动向主管税务机关办理扣缴税款登记，依法代扣代缴资源税。

资源税代扣代缴的适用范围是除原油、天然气、煤炭以外的，税源小、零散、不定期开采等难以在采矿地申报缴纳资源税的矿产品。对已纳入开采地正常税务管理或者在销售矿产品时开具增值税发票的纳税人，不采用代扣代缴的征管方式。

二、资源税的纳税范围

我国现行资源税的征税对象主要是各种矿产资源。要积极创造条件，逐步对水、森林、草场、滩涂等自然资源开征资源税。从征收对象看，我国资源税属于产出型资源税。

（1）金属矿产品原矿，包括黑色金属矿原矿和有色金属矿原矿。黑色金属矿原矿包括铁矿石、锰矿石、铬矿石。有色金属矿原矿包括铜矿石、铅锌矿石、铝土矿石、钨矿石、锡矿石、黄金矿石等。

（2）原油，指开采的天然原油，不包括人造石油。

（3）天然气，指专门开采或者与原油同时开采的天然气。

（4）煤炭，包括原煤和以未税原煤加工的洗选煤（简称洗选煤）。

（5）盐，包括固体盐和液体盐。固体盐是指海盐原盐、湖盐原盐和井矿盐。海盐原盐包括北方海盐和南方海盐。液体盐俗称卤水，是指氯化钠含量达到一定浓度的溶液，是生产碱或其他产品的原料。

（6）其他非金属矿原矿，指上列产品和井矿盐以外的非金属矿原矿，包括玉石、宝石、磷矿石、膨润土、石墨、石英砂、萤石、重晶石、石棉等。

三、资源税的税目与税率

我国现行资源税的税目、税率见表 6-1。各省级人民政府可在税率幅度内提出或确定本地区资源税适用税率。一个矿种原则上设定一档税率，少数资源条件差异较大的矿种可按不同资源条件、不同地区设定两档税率。

表 6-1　　　　　　　　　　资源税税目、税率（幅度）表

税目		征税对象	税率
原油		原油	6%～10%
天然气		天然气	6%～10%
煤炭		原煤	2%～10%
海盐		氯化钠初级产品	1%～5%
金属矿	轻稀土	精矿	11.5%（内蒙古）、9.5%（四川）、7.5%（山东）
	中重稀土	精矿	27%
	钨	精矿	6.5%
	钼	精矿	11%
	铁矿	精矿	1%～6%
	金矿	金锭	1%～4%
	铜矿	精矿	2%～8%
	铝土矿	原矿	3%～9%
	铅锌矿	精矿	2%～6%
	镍矿	精矿	2%～6%
	锡矿	精矿	2%～6%
	未列举名称的其他金属矿产品	原矿或精矿	税率不超过20%
非金属矿	石墨	精矿	3%～10%
	硅藻土	精矿	1%～6%
	高岭土	原矿	1%～6%
	萤石	精矿	1%～6%
	石灰石	原矿	1%～6%
	硫铁矿	精矿	1%～6%
	磷矿	原矿	3%～8%
	氯化钾	精矿	3%～8%
	硫酸钾	精矿	6%～12%
	井矿盐	氯化钠初级产品	1%～6%
	湖盐	氯化钠初级产品	1%～6%

续表

税目		征税对象	税率
非金属矿	提取地下卤水晒制的盐	氯化钠初级产品	3%～15%
	煤层（成）气	原矿	1%～2%
	黏土、砂石	原矿	每吨或每立方米 0.1～5 元
	未列举名称的其他非金属矿产品	原矿或精矿	从量税率：每吨或每立方米不超过 30 元；从价税率：不超过 20%

四、资源税的纳税环节

资源税在应税产品销售或自用环节计算缴纳。

纳税人以自采原矿加工精矿产品的，在原矿移送使用时不缴纳资源税，在精矿销售或者自用时缴纳资源税。

纳税人将自采原矿直接加工为非应税产品或者以自采原矿加工的精矿连续生产非应税产品的，在原矿或者精矿移送环节计算缴纳资源税。

以应税产品投资、分配、抵债、赠予、以物易物等的，在应税产品所有权转移时计算缴纳资源税。

纳税人开采或者生产资源税应税产品时，应当依法向开采地或者生产地主管税务机关申报缴纳资源税。

五、资源税的减免

资源税的减免规定如下。

（1）对依法在建筑物下、铁路下、水体下通过充填开采方式采出的矿产资源，资源税减征 50%。充填开采是指随着回采工作面的推进，向采空区或离层带等空间充填废石、尾矿、废渣、建筑废料以及专用充填合格材料等采出矿产品的开采方法。

（2）对从实际开采年限在 15 年以上的衰竭期矿山中开采出的矿产资源，资源税减征 30%。衰竭期矿山是指剩余可采储量下降到原设计可采储量的 20%（含）以下或剩余服务年限不超过 5 年的矿山，以开采企业下属的单个矿山为单位确定。

（3）对从鼓励利用的低品位矿、废石、尾矿、废渣、废水、废气等中提取的矿产品，由省级人民政府根据实际情况确定是否减税或免税，并制定具体办法。

（4）纳税人开采销售共伴生矿，共伴生矿与主矿产品销售额分开核算的，对共伴生矿暂不计征资源税；未分开核算的，共伴生矿按主矿产品的税目和适用税率计征资源税。

（5）铁矿石按规定税额的 40% 征收。

（6）2018 年 4 月 1 日—2021 年 3 月 31 日，对页岩气资源税（6% 的规定税率）减征 30%。

第二节 资源税的确认计量

一、资源税计税依据的确认

（1）资源税的计税依据为应税产品的计税销售额或计税销售量。计税销售额是指纳税人销售应税产品向购买方收取的全部价款和价外费用，不包括增值税销

资源税的计税依据

项税额；计税销售量是指从量计征的应税产品销售数量。

（2）原矿和精矿的销售额、销售量应当分别核算；未分别核算的，从高确定计税销售额、销售量。

（3）纳税人开采或者生产不同税目应税产品的，应当分别核算不同税目应税产品的销售额、销售量；未分别核算或者不能准确提供不同税目应税产品销售额、销售量的，从高适用税率。

（4）计税销售额、销售量包括应税产品实际销售和视同销售的销售额、销售量。视同销售包括：

① 纳税人将自采原矿直接加工为非应税产品的，视同原矿销售。

② 纳税人以自采原矿洗选（加工）后的精矿连续生产非应税产品的，视同精矿销售。

③ 以应税产品投资、分配、抵债、赠予、以物易物等的，视同应税产品销售。

（5）对同时符合以下条件的运杂费用，纳税人在计算应税产品计税销售额时，可予以扣减：

① 包含在应税产品销售收入中。

② 属于销售应税产品环节发生的运杂费用，具体是指将应税产品从坑口或洗选（加工）地运送到车站、码头或者购买方指定地点的运杂费用。

③ 取得相关运杂费用发票或其他合法有效凭据。

④ 将运杂费用与计税销售额分别进行核算。

用于扣减运杂费用及外购已税产品购进金额的凭据，应按规定妥善保存。纳税人扣减的运杂费用明显偏高导致应税产品价格偏低且无正当理由的，主管税务机关可以合理调整计税价格。

（6）纳税人与其关联企业之间的业务往来，应当按照独立企业之间的业务往来收取或者支付价款、费用。不按照独立企业之间的业务往来收取或者支付价款、费用而减少其计税销售额的，税务机关可按有关规定进行合理调整。

（7）对同一种应税产品，征税对象为精矿的，纳税人销售原矿时，应将原矿销售额换算为精矿销售额缴纳资源税；征税对象为原矿的，纳税人销售自采原矿加工的精矿时，应将精矿销售额折算为原矿销售额缴纳资源税。

（8）纳税人将自采未税产品和外购已税产品混合销售或者将其混合加工为应税产品销售的，在计算应税产品计税销售额时，准予扣减已单独核算的已税产品购进金额；未单独核算的，一并计算缴纳资源税。已税产品购进金额当期不足扣减的可结转下期扣减。

（9）外购原矿或精矿形态的已税产品与本产品征税对象不同的，在计算应税产品计税销售额时，应对混合销售额或外购已税产品的购进金额进行换算或折算。

（10）纳税人核算并扣减当期外购已税产品购进金额时，应依据外购已税产品的增值税发票、海关进口增值税专用缴款书或者其他合法有效凭据。

二、应纳资源税的计算

（一）从价计征资源税的计算

1. 从价计征资源税的计算公式和要求

从价计征资源税时，其基本计算公式如下：

应交资源税=应税产品销售额×适用税率

纳税人同时以自采未税原矿和外购已税原矿加工精矿的，应当分别核算；未分别核算的，视同销售精矿，按规定计算缴纳资源税。

纳税人有视同销售应税产品行为而无销售价格的，或者申报的应税产品销售价格明显偏低且无正当理由的，税务机关应按下列顺序确定其应税产品计税价格。

① 按纳税人最近时期同类产品的平均销售价格。

② 按其他纳税人最近时期同类产品的平均销售价格。

③ 按组成计税价格，组成计税价格的计算公式为：

组成计税价格=成本×（1+成本利润率）÷（1-税率）

成本是指应税产品实际生产成本，成本利润率由省级地税局按同类应税煤炭的平均成本利润率确定。

④ 按后续加工非应税产品的销售价格，减去后续加工环节的成本和利润后确定。

⑤ 按其他合理方法。

2．原矿销售额换算为精矿销售额

以精矿为征税对象的税目，如果销售原矿，在计算应纳资源税时，应将原矿销售额换算为精矿销售额。如果本地区有可参照的精矿销售价格（一般外销占 1/3 以上），纳税人销售或视同销售其自采原矿时，可采用市场法将原矿销售额换算为精矿销售额计算缴纳资源税。

精矿销售额=原矿销售额×换算比

换算比=精矿单位售价÷（原矿单位售价×选矿比）

选矿比=加工精矿耗用的原矿数量÷精矿数量

选矿比与折算率

或

选矿比=精矿品位÷（加工精矿耗用的原矿品位×选矿回收率）

选矿回收率为精矿中某有用组分的质量占入选原矿中该有用组分质量的百分比。本地区如缺乏原矿与精矿等售价比较数据，可实行跨省协作加以解决。

如果本地区精矿销售量很少，缺乏可参照的市场售价，纳税人销售或视同销售其自采原矿的，可采用成本法公式计算换算比：

换算比=精矿平均销售额÷（精矿平均销售额-加工环节的平均成本-加工环节的平均利润）

加工环节是指原矿加工为精矿的环节，加工环节的平均成本包括相关的合法、合理的销售费用、管理费用和财务费用。

3．精矿销售额折算为原矿销售额

以原矿为征税对象的税目，如果销售精矿，在计算应纳资源税时，应将精矿销售额折算为原矿销售额。如果本地区有可参照的原矿销售价格（一般外销占 1/3 以上），纳税人销售或视同销售其自采原矿加工的精矿时，可采用市场法将精矿销售额折算为原矿销售额计算缴纳资源税。

原矿销售额=精矿销售额×折算率

折算率=（原矿单位售价×选矿比）÷精矿单位售价

如果本地区原矿销售量很少，缺乏可参照的市场售价，纳税人销售或视同销售其自采原矿加工的精矿时，可采用成本法公式计算折算率：

折算率=（精矿平均销售额-加工环节的平均成本-加工环节的平均利润）

÷精矿平均销售额×100%

（二）从量计征资源税的计算

对经营分散、多为现金交易且难以控管的黏土、砂石，按照便利征管原则，资源税仍实行从量定额计征。从量计征资源税的，其应纳税额的计算公式如下：

应纳资源税=应税产品销售数量×适用定额税率（单位税额）

销售数量包括纳税人开采或者生产应税产品的实际销售数量和视同销售的自用数量。纳税人不能准确提供应税产品销售数量的，以应税产品的产量或者主管税务机关确定的折算比换算成的数量为计征资源税的销售数量。

【例6-1】某油田11月对外销售原油，确认销售额为300 000元，假定适用税率为8%，应交资源税计算如下。

应交资源税=300 000×8%=24 000（元）

【例6-2】上述油田在生产原油的同时也生产天然气，当月对外销售天然气的销售额为200 000元，假定适用税率为7%，应交资源税计算如下。

应交资源税=200 000×7%=14 000（元）

【例6-3】天原煤矿12月销售洗选煤100 000吨，每吨售价900元。假定核定折算率为80%，适用税率为5%。应交资源税计算如下。

应交资源税=100 000×900×80%×5%=3 600 000（元）

【例6-4】天原有色金属公司9月销售自采铜原矿1 500吨，价格为120元/吨；当月销售铜精矿2 200吨，价格为380元/吨。

假定铜矿原矿与精矿的换算比为3∶1，省级政府规定的资源税税率为5%。因铜矿的征税对象为精矿，故纳税人应将原矿销售额换算为精矿销售额。当月应纳资源税计算如下。

原矿销售额应交资源税=1 500×120÷3×5%=3 000（元）

精矿销售额应交资源税=2 200×380×5%=41 800（元）

应交资源税合计=3 000+41 800=44 800（元）

【例6-5】某独立矿山6月销售自采原矿1 500吨，价格为50元/吨；又将部分自采的铁矿石原矿入选为精矿石，当月销售铁精矿石2 880吨，价格为200元/吨。

假定铁矿石原矿与精矿的换算比为3.5∶1，省级政府规定的资源税税率为4%。因铁矿的征税对象为精矿，故纳税人应将原矿销售额换算为精矿销售额。当月应纳资源税计算如下。

原矿销售额应交资源税=1 500×50÷3.5×4%=857（元）

精矿销售额应交资源税=2 880×200×4%=23 040（元）

铁矿石按规定税额的40%计算缴纳。

实际应交资源税=（857+23 040）×40%=9 558.8（元）

第三节　资源税的会计处理

一、会计账户的设置

为了反映和监督资源税税额的计算和缴纳，纳税人应设置"应交税费——应交资源税"账户，贷方记本期应缴纳的资源税税额，借方记企业实际缴纳或抵扣的资源税税额，贷方余额表示企业应交而未交的资源税税额。

企业按规定计算对外销售应税产品应纳资源税税额时，借记"税金及附加"，贷记"应交税费——应交资源税"。企业计算出自产自用应税产品应缴纳的资源税时，借记"生产成本"或"制造费用"，贷记"应交税费——应交资源税"。独立矿山、联合企业收购未税矿产品，按实际支付的收购款，借记"材料采购"等，贷记"银行存款"等；按代扣代缴的资源税，借记"材料采购"等，贷记"应交税费——应交资源税"。纳税义务人按规定缴纳资源税时，借记"应交税费——应交资源税"，贷记"银行存款"。

纳税人与税务机关结算上月税款，补缴时，借记"应交税费——应交资源税"，贷记"银行存款"；退回税款时，借记"银行存款"，贷记"应交税费——应交资源税"。

二、资源税的会计处理

【例6-6】某油田6月缴纳资源税750 000元，7月对外原油销售额为1 500万元，假定适用税率为6%。税务机关核定的该企业的纳税期限为10天，按上月税款的1/3预缴，月终结算。做如下会计分录。

企业每旬预缴资源税税额=750 000÷3=250 000（元）

（1）预缴资源税时。

借：应交税费——应交资源税   250 000

    贷：银行存款   250 000

（2）当月对外销售原油应交资源税。

应交资源税=15 000 000×6%=900 000（元）

借：税金及附加   900 000

    贷：应交税费——应交资源税   900 000

（3）下月清缴税款时。

应补缴资源税=900 000-750 000=150 000（元）

借：应交税费——应交资源税   150 000

    贷：银行存款   150 000

【例6-7】以【例6-4】中天原有色金属公司9月份资源税计算资料为例，当月应交资源税的会计分录如下。

借：税金及附加   44 800

    贷：应交税费——应交资源税   44 800

【例6-8】以【例6-5】中独立矿山6月资源税计算资料为例，当月应交资源税的会计分录如下。

借：税金及附加   9 558.8

    贷：应交税费——应交资源税   9 558.8

第四节 资源税的纳税申报

一、资源税的纳税期限

资源税的纳税期限为1日、3日、5日、10日、15日或1个月，由主管税务机关根据实际情况具体核定。不能按固定期限纳税的，可以按次计算纳税。

纳税人以月为纳税期限时，自期满之日起10日内申报纳税；以日为纳税期限的，自期满之日起5日内预缴税款，于次月1日起10日内申报纳税，并结算上月税款。扣缴义务人的解缴税款期限，比照上述规定执行。

二、资源税的纳税地点

纳税人应缴纳的资源税，应当向应税产品开采或者生产所在地的主管税务机关缴纳。跨省、自治区、直辖市开采或者生产资源税应税产品的纳税人，其下属生产单位与核算单位不在同一省、自治区、直辖市的，对其开采或者生产的应税产品，一律在开采地或者生产地纳税。实行从量计征的应税产品，其应纳税款一律由独立核算的单位按照每个开采地或者生产地的销售量及适用税率计算划拨；实行从价计征的应税产品，其应纳税款一律由独立核算的单位按照每个开采地或者生产地的销售量、单位销售价格及适用税率计算划拨。

扣缴义务人代扣代缴的资源税，应当向收购地的主管税务机关缴纳。

纳税人在本省（自治区、直辖市）范围内开采或者生产应税产品，其纳税地点需要调整的，由省（自治区、直辖市）人民政府确定。

三、资源税的纳税申报

资源税的纳税人不论本期是否发生应税行为，均应按期进行纳税申报，在规定时间内向主管税务机关报送"资源税纳税申报表"主表（见表6-2）和三张附表（见表6-3、表6-4，附表三略）。

表6-2　　　　　　　　　　　资源税纳税申报表

税款所属时间：自　　年　　月　　日至　　年　　月　　日

纳税人识别号（统一社会信用代码）：□□□□□□□□□□□□□□□□□□

纳税人名称：　　　　　　　　　　　金额单位：人民币元（列至角分）

本期是否适用增值税小规模纳税人减征政策（减免性质代码：06049901）					是□　否□			减征比例（%）			
税目	子目	折算率或换算比	计量单位	计税销售量	计税销售额	适用税率	本期应纳税额	本期减免税额	本期增值税小规模纳税人减征额	本期已缴税额	本期应补（退）税额
1	2	3	4	5	6	7	8①=6×7 8②=5×7	9	10	11	12=8-9-10-11
合　计		—	—								

谨声明：本纳税申报表是根据国家税收法律法规及相关规定填报的，是真实的、可靠的、完整的。

纳税人（签章）：　　年　月　日

经办人： 经办人身份证号： 代理机构签章： 代理机构统一社会信用代码：	受理人： 受理税务机关（章）： 受理日期：　　年　月　日

主管税务机关：　　　　　接收人：　　　　　接收日期：　　年　月　日

本表一式两份，一份纳税人留存，一份税务机关留存。

表6-3　　　　　　　　　资源税纳税申报表附表（一）（原矿类税目适用）

纳税人识别号 ☐☐☐☐☐☐☐☐☐☐☐☐☐☐☐☐☐☐

纳税人名称：　　　　　　　　　　（公章）

税款所属时间：自　　年　　月　　日至　　年　　月　　日　　　　　　　　　　　　　　　　金额单位：元至角分

税目	税目	子目	原矿销售额	精矿销售额	折算率	精矿折算为原矿的销售额	允许扣减的运杂费	允许扣减的外购进金额	计税销售额	计量单位	原矿销售量	精矿销售量	平均选矿比	精矿换算为原矿的销售量	计税销售量
	1	2	3	4	5	6=4×5	7	8	9=3+6-7-8	10	11	12	13	14=12×13	15=11+14
1															
2															
3															
4															
5															
合计															

表6-4　　　　　　　　　资源税纳税申报表附表（二）（精矿类税目适用）

纳税人识别号 ☐☐☐☐☐☐☐☐☐☐☐☐☐☐☐☐☐☐

纳税人名称：　　　　　　　　　　（公章）

税款所属时间：自　　年　　月　　日至　　年　　月　　日　　　　　　　　　　　　　　　　金额单位：元至角分

序号	税目	子目	原矿销售额	精矿销售额	换算比	原矿换算为精矿的销售额	允许扣减的运杂费	允许扣减的外购矿进金额	计税销售额	计量单位	原矿销售量	精矿销售量	平均选矿比	原矿换算为精矿的销售量	计税销售量
	1	2	3	4	5	6=3×5	7	8	9=4+6-7-8	10	11	12	13	14=11÷13	15=12+14
1															
2															
3															
4															
5															
合计															

本章重点与难点

　　资源税的征收范围，资源税的确认计量，资源税的会计处理和纳税申报，从价计征资源税与从量计征资源税的计算方法，换算比与折算率的计算公式。

思考题

1．简述征收资源税的目的和意义。

2．简述资源税的纳税范围和计税依据。

3．企业如何进行资源税的会计处理？

技能题

一、计算题

1. 某油田开采企业 4 月销售天然气 90 万立方米，取得不含增值税销售收入 1 350 000 元，另向购买方收取手续费 1 695 元、延期付款利息 2 260 元。假设天然气适用的资源税税率为 10%。

要求：计算该企业 3 月销售天然气应缴纳的资源税。

2. 某煤炭开采企业 4 月销售洗煤 5 万吨，开具的增值税专用发票上注明金额 5 000 万元，另取得从洗煤厂到码头不含增值税的运费收入 50 万元。假设洗煤的折算率为 80%，适用的资源税税率为 10%。

要求：计算该企业销售洗煤应缴纳的资源税。

二、会计核算题

（1）某铜矿 3 月外销铜矿石原矿 88 吨，核定资源税为 1.5 元/吨。

（2）某矿产公司 4 月收购未税铜矿石原矿 4 万吨，收购价为 800 元/吨，核定资源税为 1.5 元/吨；当月销售自产铜矿石 5 万吨，适用税额为 1.7 元/吨。

（3）某独立矿山企业 6 月自产入选地下矿铁矿石（二等）55 万吨，当月收购入选地下矿铁矿石（四等）5 万吨，每吨收购价为 30 元；核定资源税为 14 元/吨。

要求：根据上述资料计算应缴资源税，并进行相应的会计处理。

第七章

企业所得税会计

学习目标

1. 了解企业所得税的税制要素；
2. 理解企业所得税计算的基本程序；
3. 掌握应纳税所得额与应纳所得税额的确认、计量与记录方法；
4. 掌握企业所得税纳税申报表的填制方法；
5. 理解税务会计中的所得税会计与财务会计中的所得税会计处理的区别与联系；
6. 理解财务会计中所得税会计处理方法，尤其是资产负债表债务法。

本章导言

以企业所得税法为处理依据的企业所得税会计（Income Taxes Accounting）是税务会计的重要组成部分。其基本目标当然要体现税务会计目标，具体目标是及时、正确地填报企业所得税纳税申报表，提供符合税法要求、体现企业税收利益诉求的所得税会计信息。

按所得税会计准则进行的所得税会计处理（Accounting for Income Taxes）当然属于财务会计的范畴。其基本目标要体现财务会计目标，具体目标应是提供有助于使用者决策的涉及企业所得税的会计信息，如所得税费用、递延所得税资产、递延所得税负债等。

两者虽有密切联系，但各自目标不同，处理依据不同，它们是两个不同的会计信息处理系统。

第一节
企业所得税的税制要素

一、企业所得税的纳税人

企业所得税（Enterprise Income Tax）是对我国境内的企业和其他取得收入组织的生产经营所得和其他所得征收的一种直接税。企业所得税的纳税人是在我国境内的企业和其他取得收入的组织（以下统称"企业"）①。依据税收管辖权，其可分为居民企业和非居民企业。

居民企业与
非居民企业

1. 居民企业

居民企业是指依法在我国境内成立，或者依照外国（地区）法律成立但实际管理机构在我国境内的企业。依法在我国境内成立的企业，包括依照我国法律、行政法规在我国境内成立的企业、事业单位，社会团体以及其他取得收入的组织。

2. 非居民企业

非居民企业是指依照外国（地区）法律成立且实际管理机构不在我国境内，但在我国境内设立机构、场所的，或者在我国境内未设立机构、场所，但有来源于我国境内所得的企业。依照外国（地区）法律成立的企业，包括依照外国（地区）法律成立的企业和其他取得收入的组织。

实际管理机构是指对企业的生产经营、人员、财产等实施实质性全面管理和控制的机构。非居

---

① 依照我国法律、行政法规规定成立的个人独资企业以及合伙人是自然人的合伙企业除外。

民企业委托营业代理人在我国境内从事生产经营活动的，营业代理人视为非居民企业在我国境内设立的机构、场所。

二、企业所得税的扣缴义务人

（一）支付人为扣缴义务人

非居民企业在我国境内未设立机构、场所的，或者虽设立了机构、场所，但取得的所得与其所设机构、场所没有实际联系的，其来源于我国境内的所得应缴纳的所得税实行源泉扣缴，支付人为扣缴义务人。税款由扣缴义务人在每次支付或者到期应支付时，从支付或者到期应支付的款项中扣缴。支付人是指依照有关法律规定或合同约定直接负有支付相关所得款项义务的组织和个人。

（二）指定扣缴义务人

对非居民企业在我国境内取得工程作业和劳务所得应缴纳的所得税，税务机关可以指定工程价款或者劳务费的支付人为扣缴义务人。扣缴义务人未依法扣缴或者无法履行扣缴义务的，由纳税人在所得发生地缴纳。在我国境内存在多个所得发生地的，由纳税人选择一地申报缴纳税款。

三、企业所得税的征税对象

（一）居民企业的征税对象

居民企业应当就其来源于我国境内、境外的所得缴纳企业所得税。所得包括销售货物所得、提供劳务所得、转让财产所得、股息红利等权益性投资所得、利息所得、租金所得、特许权使用费所得、接受捐赠所得和其他所得。

（二）非居民企业的征税对象

非居民企业在我国境内设立机构、场所的，应当就其所设机构、场所取得的来源于我国境内的所得，以及发生在我国境外，但与其所设机构、场所有实际联系①的所得，缴纳企业所得税。

非居民企业在我国境内未设立机构、场所的，或者虽设立了机构、场所，但取得的所得与其所设机构、场所没有实际联系的，应当就其来源于我国境内的所得缴纳企业所得税。

四、企业所得税的税率

企业所得税的税率采用比例税率，现行税率见表7-1。

表7-1　　　　　　　　　　　　　企业所得税税率表

税率种类	税率	适用范围
基本税率	25%	居民企业
		在我国境内设立了机构、场所的非居民企业
低税率	20%（减按10%）	在我国境内未设立机构、场所的非居民企业
优惠税率	减按20%	小型微利企业
	减按15%	高新技术企业、技术先进型服务企业

---

① 实际联系是指非居民企业在我国境内设立的机构、场所拥有据以取得所得的股权、债权，以及拥有、管理、控制据以取得所得的财产等。

（一）小型微利企业的优惠税率

自 2019 年 1 月 1 日至 2021 年 12 月 31 日，符合条件的小型微利企业，无论采取查账征收方式还是核定征收方式缴纳企业所得税，其年应纳税所得额不超过 100 万元（含，下同）、100 万元到 300 万元的部分，分别减按 25%、50% 计入应纳税所得额，按 20% 的税率计算缴纳企业所得税。

小型微利企业是指从事国家非限制和禁止行业，并符合下列条件的企业。

年度应纳税所得额不超过 300 万元、从业人数不超过 300 人、资产总额不超过 5 000 万元。

"从业人数"包括与企业建立劳动关系的职工人数和企业接受的劳务派遣用工人数，从业人数和资产总额指标，应按企业全年的季度平均值确定，计算公式如下：

季度平均值=（季初值+季末值）÷2

全年季度平均值=全年各季度平均值之和÷4

自 2018 年 1 月 1 日至 2020 年 12 月 31 日，符合规定条件的小型微利企业，无论采取查账征收还是核定征收方式，均可以享受企业所得税减半征税政策（所得减按 50% 计入应纳税所得额，按 20% 的税率计缴企业所得税，相当于减按 10% 的税率缴纳企业所得税）。符合规定条件的小型微利企业自行申报享受减半征税政策。汇算清缴时，小型微利企业通过填报《企业所得税年度纳税申报表》中"资产总额、从业人数、所属行业、国家限制和禁止行业"等栏次履行备案手续。企业预缴时享受了减半征税政策，但汇算清缴时不符合规定条件的，应按规定补缴税款。预缴时享受小型微利企业所得税减半征税政策，分不同情况执行。

（1）查账征收企业。上一纳税年度符合小型微利企业条件的，分别按以下情况处理。

① 按实际利润预缴企业所得税的，预缴时累计实际利润不超过 100 万元（含，下同）的，可以享受减半征税政策。

② 按上一纳税年度应纳税所得额的平均额预缴企业所得税的，预缴时可以享受减半征税政策。

（2）定率征收企业。上一纳税年度符合小型微利企业条件，预缴时累计应纳税所得额不超过 100 万元的，可以享受减半征税政策。

（3）定额征收企业。根据优惠政策的规定需要调减定额的，由主管税务机关按程序调整，依照原办法征收。

（4）上一纳税年度不符合小型微利企业条件的企业，预缴时预计当年符合小型微利企业条件的，可以享受减半征税政策。

（5）本年度新成立的小型微利企业，预缴时累计实际利润或应纳税所得额不超过 50 万元的，可以享受减半征税政策。

（二）高新技术企业、技术先进型服务企业的优惠税率

扶持和鼓励高新技术企业[①]发展，对符合科技部、财政部和国家税务总局颁布的《高新技术企业认定管理办法》中规定的认定条件和认定程序的高新技术企业，企业所得税减按 15% 征收。

经认定的技术先进型服务企业，减按 15% 的税率征收企业所得税。技术先进型服务企业必须同时符合以下条件：①在我国境内（不包括港、澳、台地区）注册的法人企业；②从事《技术先进型服务业务认定范围（试行）》中的一种或多种技术先进型服务业务，采用先进技术或具备较强的研发能力；③具有大专以上学历的员工占企业职工总数的 50% 以上；④从事《技术先进型服务业务认定范围（试行）》中的技术先进型服务业务取得的收入占企业当年总收入的 50% 以上；⑤从事离岸服务

---

① 在《国家重点支持的高新技术领域》内，持续进行研究开发与技术成果转化，形成企业核心自主知识产权，并以此为基础开展经营活动，在我国境内（不包括港、澳、台地区）注册的居民企业。

外包业务取得的收入不低于企业当年总收入的 35%。

（三）其他特定企业的所得税优惠税率

自 2011 年 1 月 1 日至 2020 年 12 月 31 日，对设在西部地区的鼓励类产业企业减按 15% 的税率征收企业所得税；国家规划布局内的重点软件企业和集成电路设计企业，如当年未享受免税优惠，可减按 10% 的税率缴纳企业所得税。

五、企业所得税中的收入

（一）总额收入

总额收入是指企业从各种来源取得的收入总和，包括以货币形式取得的现金、银行存款、应收账款、应收票据、准备持有至到期的债券投资以及债务的豁免等，以非货币形式取得的固定资产、生物资产、无形资产、股权投资、存货、不准备持有至到期的债券投资、劳务以及有关权益等。以非货币形式取得的收入应当按公允价值确定收入额。公允价值是指按照资产的市场价格确定的价值。收入项目主要有以下几个。

1. 销售货物收入

销售货物收入是指企业销售商品、产品、原材料、包装物、低值易耗品及其他存货取得的收入。

2. 提供劳务、服务取得的收入

提供劳务、服务取得的收入是指企业从事建筑安装、交通运输、仓储租赁、金融保险、邮电通信、咨询经纪、文化体育、科学研究、技术服务、教育培训、餐饮住宿、中介代理、卫生保健、社区服务、旅游娱乐及其他劳务、服务活动取得的收入。

3. 转让财产收入

转让财产收入是指企业转让固定资产、投资性房地产、生物资产、无形资产、股权、债权等取得的收入。

4. 股息、红利等权益性投资收益

股息、红利等权益性投资收益是指企业因权益性投资而从被投资方处取得的收入。除国务院财政、税务主管部门另有规定外，企业应当以被投资方做出利润分配决定的日期确认收入实现。

5. 利息收入

利息收入是指企业将资金提供给他人使用但不构成权益性投资，或因他人占用本企业资金而取得的收入，包括存款利息、贷款利息、债券利息、欠款利息等收入。企业对持有至到期投资、贷款等按照会计准则的规定采用实际利率法确认的利息收入，按照合同约定的债务人应付利息的日期确认收入的实现，应记入当期应纳税所得额。

6. 租金收入

租金收入是指企业提供固定资产、包装物或者其他有形资产的使用权而取得的收入。租金收入应当按照合同约定的承租人应付租金的日期确认收入的实现。

7. 特许权使用费收入

特许权使用费收入是指企业提供专利权、非专利技术、商标权、著作权以及其他特许权的使用权而取得的收入。特许权使用费收入应当按照合同约定的特许权使用人应付特许权使用费的日期确认收入的实现。

8. 接受捐赠收入

接受捐赠收入是指企业接受的其他企业、组织和个人无偿给予的货币性资产、非货币性资产。

接受捐赠收入应当在实际收到捐赠资产之日确认收入的实现。

9. 其他收入

其他收入是指企业取得的上述各项收入以外的一切收入，包括企业资产溢余收入、逾期未退包装物没收的押金、确实无法偿付的应付款项、企业已做坏账损失处理后又收回的应收账款、债务重组收入、补贴收入、即征即退税款、教育费附加返还款、违约金收入、汇兑收益等。

（二）不征税收入

1. 不征税收入的界定

不征税收入

不征税收入是指不具可税性的收入，包括财政拨款、依法收取并纳入财政管理的行政事业性收费、政府性基金和国务院规定的其他不征税收入。

财政拨款是指各级政府对纳入预算管理的事业单位、社会团体等组织拨付的财政资金（财政补助、专项财政补贴等），但国务院以及国务院财政、税务主管部门另有规定的除外。

行政事业性收费是指企业根据法律法规等有关规定，经国务院规定程序批准，在实施社会公共管理，以及在向公民、法人或者其他组织提供特定公共服务过程中，向特定对象收取并纳入财政管理的费用。

政府性基金是指企业根据法律、行政法规等有关规定，代政府收取的具有专项用途的财政资金。

其他不征税收入[1]是指企业取得的，由国务院财政、税务主管部门规定专项用途并经国务院批准的财政性资金。

2. 企业取得的财政性资金

应计入企业当年的收入总额（属于国家投资和资金使用后要求归还本金的除外）。企业取得的由国务院财政、税务主管部门规定专项用途并经国务院批准的财政性资金准予作为不征税收入，在计算应纳税所得额时，从收入总额中扣除。

企业将符合规定条件的财政性资金做不征税收入处理后，在 5 年（60 个月）内未发生支出且未缴回财政或其他拨付资金政府部门的部分，应重新计入取得该资金第六年的应税收入总额；重新计入应税收入总额的财政性资金发生的支出，允许在计算应纳税所得额时扣除。企业从政府处取得的搬迁补偿收入或处置相关资产取得的收入，在规划搬迁次年起的 5 年内作为不征税收入，期满后计入应税收入。

企业从政府取得的、与企业日常经营活动密切相关且构成企业商品或服务对价组成部分的经济资源，应按收入准则进行会计处理；而对与企业日常活动无关的政府补助（如受灾补贴等），按政府补助准则进行会计处理，记入"营业外收入"。

3. 企业取得财政性资金的会计处理

符合收入确认条件的，财务会计通过"其他收益"进行会计处理；符合政府补助确认条件的，财务会计通过"营业外收入"进行会计处理。

税务会计则应根据税法规定，对不征税收入或免税收入及其用于支出所形成的费用或资产进行同步纳税调整减少和增加。不征税收入管理的核心是收入暂不征税，支出不能扣除。

---

[1] 如符合条件的软件企业按规定取得的即征即退增值税款，企业专项用于软件产品研发和扩大再生产并单独进行核算的，可以作为不征税收入，在计算应纳税所得额时从收入总额中扣除。

六、企业所得税的减免

（一）法定减免

（1）免缴企业所得税。

企业①从事下列项目的所得，免缴企业所得税：蔬菜、谷物、薯类、油料、豆类、棉花、麻类、糖料、水果、坚果的种植；农作物新品种的选育；中药材的种植；林木的培育和种植；牲畜、家禽的饲养；林产品的采集；灌溉、农产品初加工、兽医、农技推广、农机作业和维修等农、林、牧、渔服务业项目；远洋捕捞。

（2）减缴企业所得税。

企业从事下列项目的所得，减半缴纳企业所得税：花卉、茶及其他饮料作物和香料作物的种植；海水养殖、内陆养殖；企业种植观赏性植物。

企业从事国家限制和禁止发展的项目，不得享受税法规定的企业所得税优惠。

（3）技术转让所得的减免。

技术转让是指居民企业转让其所拥有技术的所有权或 5 年（含）以上全球独占许可使用权的行为。技术转让收入包括专利技术、计算机软件著作权、集成电路布图设计权、植物新品种、生物医药新品种转让收入以及与转让相关的一并收取的技术咨询、技术服务、技术培训收入，财政部和国家税务总局规定的其他相关收入。

在一个纳税年度内，居民企业技术转让所得不超过 500 万元的部分，免缴企业所得税；超过 500 万元的部分，减半缴纳企业所得税。

居民企业取得的禁止出口和限制出口技术转让所得，不享受技术转让所得减免企业所得税优惠政策。居民企业从直接或间接持有股权之和达到 100%的关联方处取得的技术转让所得，不享受技术转让所得减免企业所得税优惠政策。关联方之间发生技术转让所取得的技术转让所得，不享受本优惠政策。

（4）预提所得税的减免。

非居民企业取得的税法规定的所得，减按 10%的税率缴纳企业所得税。下列所得可以免缴企业所得税。

① 外国政府向我国政府提供贷款取得的利息所得。

② 国际金融组织向我国政府和居民企业提供优惠贷款取得的利息所得。

③ 经国务院批准的其他所得。

对境外投资者从中国境内居民企业分配的利润直接投资于非禁止外商投资的项目和领域，凡满足规定条件的，实行递延纳税，暂不征收预提所得税。

境外投资者以分配利润补缴其在境内居民企业已经认缴的注册资本（新增或转增实收资本、资本公积）；境外投资者按金融主管部门规定，通过人民币再投资专用存款账户划转再投资资金，并在相关款项从利润分配企业账户转入境外投资者人民币再投资专用存款账户的当日，再由境外投资者人民币再投资专用存款账户转入被投资企业或股权转让方账户的，可享递延纳税优惠。

（二）定期减免

1. 享受企业所得税定期减税或免税的新办企业

（1）享受企业所得税定期减税或免税的新办企业标准：按照国家法律、法规以及有关规定在工

---

① 包括"公司+农户"经营模式的企业。

商行政主管部门办理设立登记，新注册成立的企业。新办企业权益性出资人（股东或其他权益投资方）的实际出资中固定资产、无形资产等非货币性资产的累计出资额占新办企业注册资金的比例一般不得超过25%。现有企业新设立的不具有法人资格的分支机构，不论其货币投资占多大比例，均不得作为新办企业。

（2）办理设立登记的企业，在设立时以及享受新办企业所得税定期减税或免税优惠政策期间，从权益性投资者及其关联方购置、租借或无偿占用的非货币性资产占注册资本的比例累计超过25%的，不得享受新办企业的所得税优惠政策。

（3）集成电路生产企业或项目按规定的不同条件分别实行企业所得税"两免三减半"（即第1～2年免征、第3～5年减半征收）或"五免五减半"（即第1～5年免征、第6～10年减半征收）；新办集成电路设计企业和符合条件的软件企业，自获利年度起，企业所得税"两免三减半"。

2. 企业从事国家重点扶持的公共基础设施项目投资经营的所得

从项目取得第一笔生产经营收入所属年度起，第1年至第3年免缴企业所得税，第4年至第6年减半缴纳企业所得税。国家重点扶持的公共基础设施项目是指《公共基础设施项目企业所得税优惠目录》中规定的港口码头、机场、铁路、公路、电力、水利等项目。企业承包经营、承包建设和内部自建自用以上项目时，不得享受该项企业所得税优惠。

3. 从事符合条件的环境保护、节能节水项目的所得

从项目取得第一笔生产经营收入所属年度起，第1年至第3年免缴企业所得税，第4年至第6年减半缴纳企业所得税。

4. 企业从事上述投资经营项目的所得

按规定享受定期减免税优惠的，在减免税期限内转让的，受让方自受让之日起，可以在剩余期限内享受规定的减免税优惠；减免税期限届满后转让的，受让方不得就该项目重复享受减免税优惠。

5. 实行查账征收方式的软件产业和集成电路设计企业

（1）集成电路线宽小于0.8微米（含）的集成电路生产企业，经认定后，在2017年12月31日前自获利年度（企业开始生产经营后，第一个应纳税所得额大于零的纳税年度，包括对企业所得税实行核定征收方式的纳税年度）起计算优惠期，第1年至第2年免征企业所得税，第3年至第5年按照25%的法定税率减半征收企业所得税，并享受至期满。减免税期限应当连续计算，不得因中间发生亏损或其他原因而间断。

（2）集成电路线宽小于0.25微米或投资额超过80亿元的集成电路生产企业，经认定后，减按15%的税率征收企业所得税。其中，经营期在15年以上的，在2017年12月31日前自获利年度起计算优惠期，第1年至第5年免征企业所得税，第6年至第10年按照25%的法定税率减半征收企业所得税，并享受至期满。

（3）我国境内新办的集成电路设计企业和符合条件的软件企业，经认定后，在2017年12月31日前自获利年度起计算优惠期，第1年至第2年免征企业所得税，第3年至第5年按照25%的法定税率减半征收企业所得税，并享受至期满。

（三）加速折旧

加速折旧包括缩短折旧年限和采用加速折旧方法两种类型，采取加速折旧方法的，可以采用双倍余额递减法或年数总和法。采取缩短折旧年限方法的固定资产，最低折旧年限不得低于税法规定折旧年限的60%；若为购置已使用过的固定资产，其最低折旧年限不得低于税法规定最低折旧年限减去已使用年限后剩余年限的 60%。

企业在 2018 年 1 月 1 日[①]至 2020 年 12 月 31 日期间新购进的设备、器具（不含房屋、建筑物），单位价值不超过 500 万元的，允许一次性在税前扣除；单位价值超过 500 万元的，可缩短折旧年限或采取加速折旧的方法。企业融资租入固定资产不能加速折旧，但符合条件的折旧额（非指租赁费）可以加计扣除。

企业在享受加速折旧税收优惠时，并不要求财务会计也必须采取与税务会计相同的折旧方法。换言之，财务会计处理是否采取加速折旧方法，并不影响企业享受加速折旧税收优惠。这就可能导致财务会计折旧额小于同期税务会计折旧额，由此产生应纳税暂时性差异，可通过"递延所得税负债"账户调整该差异。企业在享受研发费加计扣除时，将已按财务会计处理的折旧额加计扣除，并作相应会计处理，否则不能加计扣除。

（四）加计扣除

1. 研发费用的加计扣除

（1）加计扣除比例及费用项目。企业开展研发活动中实际发生的研发费用，未形成无形资产计入当期损益的，在按规定据实扣除的基础上，在 2018 年 1 月 1 日至 2020 年 12 月 31 日期间，再按照实际发生额的 75%在税前加计扣除；形成无形资产的，在上述期间按照无形资产成本的 175%在税前摊销。研发费用包括如下项目。

加计扣除

① 人工费用。其指直接从事研发活动人员的工资薪金、基本养老保险费、基本医疗保险费、失业保险费、工伤保险费、生育保险费、住房公积金和外聘研发人员的劳务费。

② 直接投入费用。其指研发活动直接消耗的材料、燃料和动力费用；用于中间试验和产品试制的模具、工艺装备开发及制造费，不构成固定资产的样品、样机及一般测试手段购置费，试制产品的检验费；用于研发活动的仪器、设备的运行维护、调整、检验、维修等费用，以及通过经营租赁方式租入的用于研发活动的仪器、设备租赁费。

③ 折旧费用。其指用于研发活动的仪器、设备的折旧费。

④ 无形资产摊销额。其指用于研发活动的软件、专利权、非专利技术（包括许可证、专有技术、设计和计算方法等）的摊销费用。

⑤ 新产品设计费、新工艺规程制定费、新药研制的临床试验费、勘探开发技术的现场试验费。

⑥ 其他相关费用。其指与研发活动直接相关的其他费用，如技术图书资料费，资料翻译费，专家咨询费，高新科技研发保险费，研发成果的检索、分析、评议、论证、鉴定、评审、评估、验收费用，知识产权的申请费、注册费、代理费，差旅费、会议费等。此项费用总额不得超过可加计扣除研发费用总额的 10%[②]。

（2）加计扣除适用范围。下列活动不得在税前加计扣除：①企业产品（服务）的常规性升级；②对某项科研成果的直接应用，如直接采用公开的新工艺、材料、装置、产品、服务或知识等；③企业在商品化后为顾客提供的技术支持活动；④对现存产品、服务、技术、材料或工艺流程进行的重复或简单改变；⑤市场调查研究、效率调查或管理研究；⑥作为工业（服务）流程环节或常规的质量控制、测试分析、维修维护；⑦社会科学、艺术或人文学方面的研究。

下列行业不得在税前加计扣除：①烟草制造业；②住宿和餐饮业；③批发和零售业；④房地产业；⑤租赁和商务服务业；⑥娱乐业；⑦财政部和国家税务总局规定的其他行业。

---

① 制造业企业自 2019 年 1 月 1 日起。
② 其他相关费用限额＝上述①至⑤项费用之和×10%÷（1−10%）。

（3）特别事项处理。委托外部机构或个人进行研发活动所发生的费用，按照费用实际发生额（符合独立交易原则）的80%计入委托方研发费用并计算加计扣除，受托方不得再进行加计扣除。

委托境外进行研发活动所发生的费用，按费用实际发生额（符合独立交易原则）的80%计入委托方的委托境外研发费用。委托境外研发费用不得超过境内符合条件研发费用 2/3 的部分，可以按规定在企业所得税前加计扣除。委托境外个人进行研发活动发生的费用，不得加计扣除。

委托方与受托方存在关联关系的，受托方应向委托方提供研发项目费用支出明细情况。

（4）核算管理要求。研发费用加计扣除适用于会计核算健全、实行查账征收并能够准确归集研发费用的居民企业，其对可加计扣除的研发费用实行归并核算。企业应按照国家财务会计制度的要求，对研发支出进行会计处理。

企业研发项目立项时应设置研发支出辅助账（按自主、委托、合作、集中几种研发方式分设），由企业留存备查；年末汇总分析填报研发支出辅助账汇总表，并在报送"年度财务会计报告"的同时，随附注一并报送主管税务机关。研发支出辅助账、研发支出辅助账汇总表可参照国家税务总局公告所附样式编制。企业进行年度纳税申报时，根据研发支出辅助账汇总表填报研发项目可加计扣除研发费用情况归集表，在年度纳税申报时随申报表一并报送。企业应不迟于年度汇算清缴纳税申报时，向税务机关报送"企业所得税优惠事项备案表"和研发项目文件完成备案，并将有关资料留存备查。

【例7-1】税务人员在对某仪表生产企业进行纳税评估时，经实物盘查后发现实际结存的仪表比账上少4台。会计人员解释说，该企业是仪表生产企业，上年购进的12台仪表其实是其他企业生产的仪表，购入目的是为了进行拆解研究，以便改进本企业的产品。4台仪表在上年研究开发时进行了拆解，已经失去了使用价值，拆解后大部分零件作为废品处理了。当初，企业认为购入的精密仪表价值较高（单台价值在10万元左右），将其作为固定资产入账，并按3年的折旧年限计提了相应折旧额。税务人员核查后证实了会计人员的解释。

税务人员经过分析后认为，企业购入的精密仪表虽然价值较高，但不属于固定资产，而属于研发活动直接消耗的材料，应该按照存货进行核算管理。根据税法的规定，应该以购入仪表价值的全额为依据享受加计扣除。

税务人员建议企业及时进行账务调整，把库存未用的精密仪表由固定资产账调到存货账。未耗用的8台仪表不能再计提折旧，8台仪表上年已经计提并加计扣除的折旧要及时转回调减补税。在本年度拆解的仪表可以作为研发材料，备案后在本年企业进行所得税年度申报时一次性加计扣除。

2. 安置残疾人员就业的工资加计扣除

企业安置残疾人员及国家鼓励安置的其他人员就业并符合规定条件的，除所支付的工资可据实扣除外，不论企业盈亏，均可按支付给残疾职工工资的100%加计扣除。企业支付给残疾职工的工资，在进行企业所得税预缴申报时，可据实计算扣除；在年度终了进行企业所得税年度申报和汇算清缴时，再按规定计算加计扣除。

企业实际支付给职工工资的加计扣除部分如果大于本年度应纳税所得额，可准予扣除其不超过应纳税所得额的部分，超过部分在本年度和以后年度均不得扣除。

（五）减计收入

减计收入是指企业以《资源综合利用企业所得税优惠目录》中规定的资源为主要原材料，生产国家非限制和禁止并符合国家和行业相关标准的产品取得的收入，减按 90%计入收入总额。

主要原材料占生产产品材料的比例不得低于《资源综合利用企业所得税优惠目录》中规定的标准。

（六）抵扣税额

创业投资企业从事国家需要重点扶持和鼓励的创业投资时，可以按投资额的一定比例抵扣应纳税所得额。

创业投资企业采取股权投资方式投资未上市的中小高新技术企业 2 年（含）以上的，可以按照其对中小高新技术企业投资额的 70%在股权持有满 2 年的当年抵扣该创业投资企业的应纳税所得额；当年不足抵扣的，可以在以后纳税年度结转抵扣。

中小高新技术企业是指企业职工人数不超过 500 人，年销售收入不超过 2 亿元，资产总额不超过 2 亿元的高新技术企业。

（七）税收抵免

企业购置用于环境保护、节能节水、安全生产等领域专用设备的投资额，可以按一定比例实行税额抵免。税额抵免是指企业购置并实际使用《环境保护专用设备企业所得税优惠目录》《节能节水专用设备企业所得税优惠目录》和《安全生产专用设备企业所得税优惠目录》中规定的环境保护、节能节水、安全生产等专用设备的，该专用设备投资额的 10%可以从企业当年的应纳税额中抵免；当年不足抵免的，可以在以后 5 个纳税年度结转抵免。

享受所得税税额抵免优惠的企业，应当实际购置并自身实际投入使用税法规定的专用设备；企业购置的上述专用设备在 5 年内转让、出租的，应当停止享受企业所得税优惠，并补缴已经抵免的企业所得税税款。

（八）企业所得税减免的管理

企业按规定可以享受的各项减免政策（优惠事项）和资产损失税前扣除，实行"自行判别、申报享受、相关资料留存备查"的办理方式，即"以表代备"。企业应根据相关税收法规和经营情况，自行判断是否符合规定条件。符合条件的可按《企业所得税优惠事项管理目录（2017 年版）》列示的时间自行计算减免税额，并通过填报企业所得税纳税申报主、附表享受税收优惠。这大大简化了企业涉税事项的办理流程，但也将更多的隐性风险转移给企业，涉税风险从事前延伸到事后。如何应对后续稽查风险，对企业税务管理提出了更高要求。

企业同时享受多项优惠事项或享受的优惠事项按照规定分项目进行核算的，应按优惠事项或项目分别归集留存备查资料。在完成年度汇算清缴后，应同步将留存备查资料归集齐全并整理完成，以备税务机关核查。留存备查资料是指与企业享受优惠事项有关的合同、协议、凭证、证书、文件、账册、说明等资料，从享受优惠事项当年汇算清缴期结束次日起，保留期限为 10 年。企业应按规定归集和留存相关资料备查，并对其真实性、合法性和完整性负责。

第二节
企业所得税的确认计量

一、应税收入的确认计量

应税收入就是指按税法规定应纳企业所得税的收入。它是在财务会计按会计准则确认计量的基础上，按税法规定再予以确认计量的收入。

应税收入和
免税收入

（一）应税收入确认的原则和条件

应税收入的确认一般也遵循财务会计对收入确认的原则（国务院财政、税务主管部门另有规定的除外），如权责发生制原则和实质重于形式原则。税法规定，企业销售商品同时满足下列条件的，应确认收入的实现。

（1）商品销售合同已经签订，企业已将与商品所有权相关的主要风险和报酬转移给购货方。

（2）企业对已售出的商品既没有保留通常与所有权相联系的继续管理权，又没有实施有效控制。

（3）收入的金额能够可靠计量。

（4）已发生或将发生的销售方的成本能够可靠地核算。

（二）商品销售收入的确认计量

1. 一般商品销售收入的确认计量

（1）销售商品采用托收承付方式的，在办妥托收手续时确认收入。

（2）销售商品采取预收款方式的，在发出商品时确认收入。

（3）销售商品需要安装和检验的，在购买方接受商品以及安装和检验完毕时确认收入。如果安装程序比较简单，则可在发出商品时确认收入。

（4）销售商品采用支付手续费方式委托代销的，在收到代销清单时确认收入。

2. 特殊商品销售收入的确认计量

（1）以分期收款方式销售货物的，应当按照合同约定的收款日期确认收入的实现。

（2）企业受托加工制造大型机械设备、船舶、飞机等，以及从事建筑、安装、装配工程业务或者提供劳务等，持续时间超过 12 个月的，应当按照纳税年度内的完工进度或者完成的工作量确认收入的实现。完工进度或者完成的工作量不能合理判断的，按照税法确定的原则处理。

（三）视同销售收入的确认计量

视同销售是指按税法规定应确认为应税收入（收益）而在财务会计中不能确认为收入的事项。视同销售的判断标准是资产所有权权属已发生改变。如果资产的权属改变，则属于视同销售；如果权属未改变，则属于内部处置资产。

企业将资产用于市场推广、交际应酬、职工奖励和福利、股息分配、对外捐赠以及其他改变资产所有权属的用途，均属视同销售行为[①]。

对于视同销售，税务会计应按税法规定的计税依据计税，财务会计有两种处理方法：一种是不按视同销售处理，即不通过"主营业务收入"，而是记入有关成本费用账户，如企业将外购商品用于市场推广时直接计入"销售费用"，但在期末要进行所得税的纳税调整；另一种是按视同销售处理，计入"主营业务收入"，然后结转"主营业务成本"。

企业发生下列处置资产（将资产转移至境外的除外）情形时，因资产所有权属在形式和实质上均不发生改变，故应作为内部处置资产，不视同销售确认收入，相关资产的计税基础延续计算：①将资产用于生产、制造、加工另一产品；②改变资产形状、结构或性能；③改变资产用途（如自建商品房转为自用或经营）；④将资产在总机构及其分支机构之间转移；⑤上述两种或两种以上情形的混合；⑥将资产用于其他不改变资产所有权属的用途。

---

① 企业所得税的视同销售与增值税的视同销售口径不完全相同。如增值税的视同销售中，将货物从一个机构移送至其他机构（不在同一县市），将自产或委托加工的货物用于免征增值税项目或用于集体福利，就不属于企业所得税的视同销售范围。

（四）租赁收入的确认计量

企业①提供固定资产、包装物或者其他有形资产的使用权取得的租金收入，应按交易合同或协议规定的承租人应付租金的日期确认收入的实现。如果交易合同或协议中规定租赁期限跨年度，且租金提前一次性收取，则出租人可对已确认的收入在租赁期内分期均匀计入相关年度收入。如某企业当年9月收到当年9月至下年8月的一笔租金120万元，则其在当年所得税汇算清缴时应确认收入40万元。

在融资性售后回租业务中，承租人出售资产的行为不确认为销售收入。对融资性租赁的资产，仍以承租人出售前原账面价值为计税基础计提折旧。租赁期间，承租人支付的属于融资利息的部分，作为企业财务费用在税前扣除。

（五）股权转让所得的确认计量

企业转让股权收入，应于转让协议生效且完成股权变更手续时确认收入的实现。转让股权收入扣除为取得该股权所发生的成本后，为股权转让所得。企业在计算股权转让所得时，不得扣除被投资企业未分配利润等股东留存收益中该项股权可能分配的金额。在财务会计中，企业处置长期股权投资时，其账面价值与实际取得价款的差额应确认为处置损益。采用权益法核算的长期股权投资，因被投资单位除净损益以外所有者权益的其他变动而计入所有者权益的，处置该项投资时应当将原计入所有者权益的部分按相应比例转入当期损益。

（六）财产转让等所得的确认计量

企业取得财产（包括各类资产、股权、债权等）转让收入、债务重组收入（债务重组合同或协议生效时，确认收入的实现）、接受捐赠收入、无法偿付的应付款收入等时，不论是以货币形式还是非货币形式体现，除另有规定外，均应一次性计入确认收入的年度计算缴纳企业所得税。企业以非货币性资产对外投资确认的转让所得，可在不超过5年期限内，分期均匀计入相应年度的应税所得额，计算缴纳企业所得税。

（七）股息、红利等权益性投资收益收入的确认计量

企业权益性投资取得的股息、红利等收入，应以被投资企业股东会或股东大会做出利润分配或转股决定的日期确认收入的实现。被投资企业将股权（票）溢价所形成的资本公积转为股本的，不作为投资方企业的股息、红利收入，投资方企业也不得增加该项长期投资的计税基础。

（八）金融企业贷款利息收入的确认计量

金融企业按规定发放的贷款，属于未逾期贷款（含展期，下同）的，应根据先收利息后收本金的原则，按贷款合同确认的利率和结算利息的期限计算利息，并于债务人应付利息的日期确认收入的实现；属于逾期贷款的，其逾期后发生的应收利息，应于实际收到日期或者虽未实际收到但会计上确认为利息收入的日期，确认收入的实现。金融企业已确认为利息收入的应收利息，逾期90天仍未收回，且会计上已冲减了当期利息收入的，准予抵扣当期应纳税所得额。金融企业已冲减了利息收入的应收未收利息，以后年度收回时，应计入当期应纳税所得额计算纳税。

（九）接收划入资产的确认计量

1. 接收政府划入资产

（1）接收政府投资资产。县级以上人民政府及其有关部门将国有资产作为股权投资划入企业，属于政策性划转（投资）行为，不属于收入范畴，企业应将其作为国家资本金（资本公积）进行企

---

① 也包括出租方在我国境内设有机构、场所且采取据实申报缴纳企业所得的非居民企业。

业所得税处理。若为非货币性资产，则应以政府确定的接收价为计税基础。

（2）接收政府指定用途资产。县级以上人民政府及其有关部门将国有资产无偿划入企业，凡划出单位或监管部门指定专门用途，且企业按规定进行管理，具备财政性资金性质的，作为不征税收入进行所得税处理。若为非货币性资产，则应以实际接收价计算不征税收入额。

（3）接收政府无偿划入资产。如果属于上述情形以外的政府划入资产，则企业应按政府确定的实际接收价计入当期应税收入，计算缴纳企业所得税。如果政府没有确定接收价，则应按无偿划入资产的公允价值确认应税收入。

2．接收股东划入资产

企业接收股东划入资产（包括股东赠予资产、在股权分置改革中接收非流通股股东赠予资产、股东放弃本企业的股权），合同（协议）约定作为资本金（含资本公积）且已进行会计处理的，属于接受股东股权投资行为，不作为应税收入进行所得税处理，企业应按公允价值确定该项资产的计税基础。若企业接收股东划入资产系捐赠行为，则应按公允价值确定该项资产的计税基础，同时作为应税收入计入收入总额，计算缴纳企业所得税。

（十）递延收入的确认计量

企业在搬迁期间发生的搬迁收入和搬迁支出，可以暂不计入当期应纳税所得额，而在完成搬迁的年度对搬迁收入和支出进行汇总清算。企业应在搬迁完成年度，将搬迁所得计入当年应纳税所得额计算纳税。搬迁完成年度的确认：从搬迁开始，5 年内（包括搬迁当年）任何一年完成搬迁的；从搬迁开始，搬迁时间满 5 年（包括搬迁当年）的年度。

（十一）其他情况的收入确认计量

企业发生非货币性资产交换，将货物、劳务用于赞助、集资、广告、样品、职工福利和利润分配等用途的，应当视同销售货物、转让财产或者提供劳务，但国务院财政、税务主管部门另有规定的除外。

二、免税收入的确认计量

免税收入是指虽具有可税性，但按税法规定免予征税的收入。企业取得的免税收入所对应的各项成本费用，除另有规定外，可在计算应税所得时扣除。下列收入为免税收入。

（1）国债利息收入。以国债发行时约定应付利息的日期，确认利息收入的实现。企业从发行者处直接投资购买的国债持有至到期，其从发行者处取得的国债利息收入，以及企业在到期前转让国债或者从非发行者处投资购买的国债，按以下方法计算的国债利息收入，全额免缴企业所得税：国债利息收入=国债金额×（适用年利率÷365）×持有天数。"国债金额"按国债发行面值或发行价格确定；"适用年利率"按国债票面年利率或折合年收益率确定；若企业不同时间多次购买同一品种国债的，"持有天数"可按平均持有天数计算确定。

【例7-2】某公司6月15日从证券交易所购买3年期国债10万元（面值），支付价款10.2万元，票面年利率为2.48%，到期一次付息。第3年3月31日，公司将该批国债转让，取得价款12万元，支付相关税费2 500元。其免税利息收入和应纳税所得额计算如下。

① 免税利息收入。

持有天数=15+31+31+30+31+30+31+365×2+31+28+31=1 019（天）

免税利息收入=100 000×（2.48%÷365）×1 019=6 923.62（元）

② 转让国债的应纳税所得额。

应纳税所得额=120 000-102 000-6 923.62-2 500=8 576.38（元）

（2）居民企业直接投资于其他居民企业所取得的股息、红利等权益性投资收益，以及在我国境内设立机构、场所的非居民企业从居民企业处取得的与该机构、场所有实际联系的股息、红利等权益性投资收益，但不包括连续持有居民企业公开发行并上市流通的股票不足 12 个月取得的投资收益。

（3）不符合不征税收入条件的财政性补贴，应属于征税收入（应税收入或免税收入）；当且仅当国务院、财政部或国家税务总局三个部门中的一个或多个部门明确下发文件确认为免税收入的，才属于免税收入，在计入会计收入的年度可进行纳税调整。否则，即属于应税收入，应当在取得财政补贴款项的当年计入应纳税所得额。

（4）证券投资基金有关收入主要包括如下 3 个。

① 证券投资基金从证券市场中取得的收入，包括买卖股票、债券的差价收入，股权的股息、红利收入，债券的利息收入及其他收入。

② 投资者从证券投资基金分配中取得的收入。

③ 证券投资基金管理人运用基金买卖股票、债券的差价收入。

（5）符合条件的非营利组织收入。

三、企业所得税的税前扣除

（一）税前扣除和确认原则

1. 税前扣除原则

税前扣除凭证应遵循真实性、合法性和关联性原则。真实性是指税前扣除凭证反映的经济业务真实，且支出已经实际发生；合法性是指税前扣除凭证的形式、来源符合国家法律、法规等相关规定；关联性是指税前扣除凭证与其反映的支出相关联且有证明力。

税前扣除

企业应将与税前扣除凭证相关的资料，包括合同协议、支出依据、付款凭证等留存备查，以证实税前扣除凭证的真实性。

2. 税前扣除的确认原则

税前扣除权是纳税人的一项权利。企业在进行税前扣除时，对于扣除项目的确认时间和条件，主要应遵循以下确认原则。

（1）权责发生制原则。该原则的基本含义与财务会计中的相同。所得税税法规定该原则，旨在尽可能减少两者的差异，降低成本和风险，但"另有规定的除外"。即一般以权责发生制为基础，但也共存其他原则，如真实发生、确定性等原则。

（2）配比原则。纳税人发生的费用应在费用应配比或应分配的当期申报扣除，纳税年度应申报的可扣除费用不得提前或滞后申报扣除。

（3）确定性原则。纳税人可扣除的费用不论何时支付，其金额必须是确定的。如果可扣除的费用支出额或相应的债务额无法准确确定，则一般情况下，不允许按估计的支出额在税前扣除。

3. 税前扣除凭证

企业所得税税前扣除凭证是指企业在计算企业所得税应纳税所得额时，证明与取得收入有关的、合理的支出实际发生，并可据以税前扣除的各类凭证。

税前扣除凭证分为内部凭证和外部凭证。内部凭证是指企业自制用于成本、费用、损失和其他支出核算的会计原始凭证，其填制和使用应当符合国家会计法律、法规等相关规定；外部凭证是指企业发生经营活动和其他事项时，从其他单位、个人取得的用于证明其支出发生的凭证，包括但不限于发票（包括纸质发票和电子发票）、财政票据、完税凭证、收款凭证、分割单等。

企业从境外购进货物或劳务发生的支出，以对方开具的发票或者具有发票性质的收款凭证、相关税费缴纳凭证作为税前扣除凭证。

企业发生的各项支出，应取得税前扣除凭证，作为计算企业所得税应纳税所得额时扣除相关支出的依据，企业应在当年度企业所得税汇算清缴期结束前取得税前扣除凭证。

企业取得的私自印制、伪造、变造、作废、开票方非法取得、虚开、填写不规范等不符合规定的发票，以及取得不符合国家法律、法规等相关规定的其他外部凭证，不得作为税前扣除凭证。

企业应当取得而未取得发票等外部凭证或取得不合规发票等外部凭证的，若支出真实且已实际发生，应在当年度汇算清缴期结束前，要求对方补开、换开发票或其他外部凭证。补开、换开后的发票、其他外部凭证符合规定的，可作为当年税前扣除凭证。

若是在汇算清缴期结束后，税务机关发现上述情况，企业应自被告知之日起 60 日内补开、换开符合规定的发票、其他外部凭证，凭要求提供资料证实支出真实性后，其支出允许税前扣除。

（二）税前扣除范围

企业实际发生的与取得应税收入有关的、合理的支出，包括成本、费用、税金、损失和其他支出，准予在计算应纳税所得额时扣除；除税收法律、行政法规另有规定外，不得重复扣除。税前扣除的基本项目有如下几个。

1. 销售成本

其为企业申报纳税期间已经确认的销售商品，提供劳务、服务，转让和处置固定资产、无形资产等的销售成本、销货成本、业务支出及其他耗费。它与财务会计中的主营业务成本、其他业务成本有密切联系，但不是直接对应的。

2. 期间费用

其为企业为生产、经营商品和提供劳务等而发生的销售费用、管理费用和财务费用（已经计入成本的有关费用除外）。

3. 税金及附加

其为企业实际发生的除所得税和增值税以外的各项税金及附加，即通过"税金及附加"科目所记录的税费。

4. 资产损失

资产是指企业拥有或者控制的、用于经营管理活动的相关资产，包括现金、银行存款、应收及预付款项等货币性资产，存货、固定资产、无形资产、在建工程、生产性生物资产等非货币性资产，以及债权性投资和股权（权益）性投资。准予在企业所得税税前扣除的资产损失是指企业在实际处置、转让上述资产过程中发生的合理损失（以下简称实际资产损失[①]），以及企业虽未实际处置、转让上述资产，但符合规定条件计算确认的损失（以下简称法定资产损失）。

企业实际资产损失应当在其实际发生且财务会计上已做损失处理的年度申报扣除；法定资产损失应当在企业向主管税务机关提供证据资料，证明该项资产已符合法定资产损失确认条件，且会计上已做损失处理的年度申报扣除。企业发生的资产损失，应按规定程序和要求向主管税务机关进行

---

① 损失额一般为资产账面价值减去其残值、保险赔款和责任人赔偿后的余额。

清单申报或专项申报①后方能在税前扣除。未经专项申报的损失，不得在税前扣除。

5. 其他支出

其他支出是指除成本、费用、税金、损失外，企业经营活动中发生的有关的、合理的支出。

（三）准予扣除项目及其确认

根据会计准则的规定已经确认的支出，凡未超过税收法规规定的税前扣除范围和标准的，可按其实际确认的支出在税前扣除。超过税前扣除范围和标准的，应进行所得税的纳税调整。

1. 工薪支出

企业发生的合理的工资、薪金支出，准予在税前扣除。职工工资、薪金是指企业每一纳税年度支付给在本企业任职或与其有雇佣关系的员工的所有现金与非现金形式的劳动报酬，包括基本工资、奖金、津贴、补贴、年终加薪、加班工资，以及与员工任职或者受雇有关的其他支出。企业雇佣季节工、临时工、实习生，返聘离退休人员以及接受外部劳务派遣用工，也属于在企业任职或者受雇员工范畴。企业为其支付的相关费用，在区分工资薪金支出和职工福利费支出后，准予在税前扣除，并以准予税前扣除的工资薪金支出总额为基数，计算其他各项相关费用的扣除金额。

2. 职工福利费、工会经费、职工教育经费

企业实际发生的满足职工共同需要的集体生活、文化、体育等方面的职工福利费支出，不超过工资薪金总额14%的部分，准予扣除。企业发生的职工福利费，应该单独设置账册进行准确核算。没有单独设置账册准确核算的，税务机关应责令企业在规定的期限内进行改正。逾期仍未改正的，税务机关可对企业发生的职工福利费进行合理的核定。

企业拨缴的工会经费不超过工资薪金总额2%的部分，凭工会组织开具的"工会经费收入专用收据"准予扣除。

企业发生的职工教育经费支出，不超过工资薪金总额8%的部分准予扣除；超过部分，可以在以后纳税年度结转扣除。

软件企业、集成电路设计企业、动漫企业、核电企业、航空企业的职工培训费用，可按其实际发生额在税前全额扣除。

3. 社会保险费

（1）企业按照国务院主管部门或省级人民政府规定的范围和标准为职工缴纳的基本医疗保险费、基本养老保险费、失业保险费、工伤保险费等基本社会保险费和住房公积金，准予税前扣除。

（2）企业为本企业任职和受雇的员工支付的补充养老保险费、补充医疗保险费，分别在不超过职工工资总额5%标准内的部分，准予税前扣除；超过部分，不得扣除。

（3）企业按规定为特殊工种职工支付的人身安全保险费和符合规定的商业保险费，准予扣除；但为投资人、一般职工支付的商业保险费，不得扣除。

（4）企业参加的财产保险、责任保险，按规定缴纳的保险费，准予扣除。

4. 公益性捐赠支出

公益性捐赠支出是指企业通过公益性社会组织或者县级以上人民政府及其部门，用于符合法律规定的慈善活动、公益事业的捐赠支出。

公益性社会组织是指同时符合下列条件的慈善组织和其他社会组织：依法登记，具有法人资格；以发展公益事业为宗旨，且不以营利为目的；全部资产及其增值为该法人所有；收益和营运结余主要用于符合该法人设立目的的事业；终止后的剩余财产不归属任何个人或者营利组织；不经营与其设立目的无关的业务；有健全的财务会计制度；捐赠者不以任何形式参与该法人财产的分配；国务

---

① 正常因素形成的损失采用清单申报方式，非正常因素及单笔大额损失采用专项申报方式。

院财政、税务主管部门会同国务院民政部门等登记管理部门规定的其他条件。

企业当年发生以及以前年度结转的公益性捐赠支出，不超过年度利润总额12%的部分，准予扣除。

【例7-3】AL公司某年度的会计利润总额为600万元，向市慈善基金会捐赠其子公司10%的股权，该股权的公允价值为240万元，成本为200万元，企业已将成本金额计入"营业外支出"。

假定不存在其他纳税调整事项，该公司的实际捐赠支出为200万元，捐赠的扣除限额为600×12%=72（万元），调增应纳税所得额=200-72=128（万元），视同销售收入200万元，视同销售成本200万元。该公司年度应交企业所得税=（600+128）×25%=182（万元）。

如果该公司不是向公益性社会团体捐赠，而是通过区政府向某小学捐赠，则该公司视同销售收入为240万元，视同销售成本为200万元，应纳税所得额=240-200=40（万元）。公司年度应交企业所得税=（600+128+40）×25%=192（万元）。

5. 利息费用

企业在经营活动中发生的与收入相关的下列利息支出，准予在税前扣除。

（1）非金融企业向金融企业借款的利息支出、金融企业的各项存款利息支出和同业拆借利息支出、企业经批准发行债券的利息支出[①]。

（2）非金融企业向非金融企业、股东或其他与企业有关联关系的自然人[②]借款的利息支出，在不超过债权性投资与权益性投资2∶1比例的基础上，不超过按照金融企业同期同类贷款利率[③]计算的数额部分。假设某企业权益性投资额5 000万元，向自然人（或关联方）借款15 000万元，在计算利息扣除时，只允许按10 000万元乘以金融企业同期同类贷款利率计算的利息在税前扣除。金融企业向关联方借款，不超过债资比5∶1部分的利息支出准予扣除。

（3）对于采用实际利率法确认的与金融负债相关的利息费用，未超过同期银行贷款利率的部分，可在计算当期应纳税所得额时扣除，超过部分不得扣除。

（4）投资人投资未到位而发生的利息支出。投资人在规定期限内未缴足其应投资本额的，其应投资本额与实投资本额的差额应计付的利息，不属于企业合理的支出，应由投资人负担，企业不得在税前扣除。假如某企业注册资本3 000万元，投资人先投入1 800万元，尚欠1 200万元。该年度企业向银行借款1 500万元，支付借款利息90万元。不得扣除的借款利息=90×1 200÷1 500=72（万元），允许扣除的利息支出=90-72=18（万元）。

6. 汇兑损失

企业在货币交易中及纳税年度终了时将人民币以外的货币性资产、负债按照期末即期人民币汇率中间价折算为人民币时产生的汇兑损失，除已经计入有关资产成本以及与向所有者进行利润分配相关的部分外，准予扣除。

7. 借款费用

企业在经营活动中发生的合理的不需要资本化的借款费用，准予在税前扣除。

企业为购置、建造和生产固定资产、无形资产和经过12个月以上的建造才能达到预定可销售状态的存货而发生的借款，在有关资产购置、建造和生产期间发生的合理借款费用，符合会计准则规定的资本化条件的，应作为资本性支出计入相关资产的成本；日后按税法规定计算的折旧等成本费用，可在税前扣除。有关资产竣工结算并交付使用后或达到预定可销售状态后发生的合理借款费用，可在发生当期扣除。

---

① 符合资本化条件的，应计入相关资产成本。

② 企业与个人之间的借贷是真实、合法、有效的，并且不具有非法集资目的或其他违反法律、法规的行为；企业与个人之间签订了借款合同。

③ 企业按合同要求首次支付利息并进行税前扣除时，应提供金融企业同期同类贷款利率情况说明，以证明其利息支出的合理性。

企业通过发行债券、取得贷款、吸收保户储金等方式融资而发生的合理费用支出（包括手续费及佣金支出），符合资本化条件的，应计入相关资产成本；不符合资本化条件的，作为财务费用，准予在企业所得税前据实扣除。

8. 业务招待费

企业实际发生的与生产经营活动有关的业务招待费，按照实际发生额的 60%扣除，但最高不得超过当年销售收入额（含视同销售收入额）的 5‰。对从事股权投资业务的企业（包括集团公司总部、创业投资企业等），其从被投资企业分配的股息、红利及股权转让收入，也可以按规定比例计算业务招待费的扣除限额。

9. 广告费和业务宣传费

企业发生的符合条件的广告费和业务宣传费支出，除国务院财政、税务主管部门另有规定外，不超过当年销售收入额（含视同销售收入额和创投企业的投资收益，但不包括营业外收入和非创投企业的投资收益）15%的部分，准予扣除；超过部分，准予在以后纳税年度结转扣除。化妆品制造、销售，医药制造和饮料制造（不含酒类制造）企业发生的广告费和业务宣传费支出，不超过当年销售收入 30%的部分，准予扣除；超过部分，准予在以后纳税年度结转扣除。烟草企业的烟草广告费和业务宣传费支出，一律不得在计算应纳税所得额时扣除。

【例7-4】某公司上年设立时发生筹办费用15万元，其中业务招待费3万元，广告费和业务宣传费4.5万元。今年1月开始经营，全年实现营业收入1 500万元，实际支出业务招待费10.5万元、广告费和业务宣传费240万元。今年，公司应如何进行企业所得税纳税调整？

根据有关规定，企业筹办期间发生的筹办费用支出，不得计为当期的亏损，即不做纳税调整。对于开（筹）办费用，企业可以在开始经营之日的当年一次性扣除，也可以作为长期待摊费用处理，但一经选定，不得改变。

今年1月，该公司开始经营，筹办费在1月一次性扣除。当年，企业实际发生业务招待费10.5万元，共列支业务招待费13.5万元（3万元+10.5万元）。准予税前扣除的业务招待费计算如下。

（1）准予扣除的筹办期业务招待费=3×60%=1.8（万元）。

（2）当年准予扣除的业务招待费。

扣除限额=1 500×0.5%=7.5（万元）

扣除金额=10.5×60%=6.3（万元）

扣除金额小于扣除限额，故当年准予税前扣除的业务招待费金额是6.3万元，加上准予扣除的筹办期的业务招待费1.8万元，共计8.1万元。应纳税调增金额是5.4万元（13.5万元-8.1万元）。

当年实际发生广告费和业务宣传费240万元，共列支广告费和业务宣传费244.5万元（4.5万元+240万元）。准予税前扣除的广告费和业务宣传费计算如下。

（1）准予扣除的筹办期广告费和业务宣传费4.5万元。

（2）当年准予扣除的广告费和业务宣传费限额为225万元（1 500万元×15%），超过限额的15万元可以结转以后年度扣除。

加上准予扣除的筹办期广告费和业务宣传费4.5万元，共计229.5万元。应纳税调增金额是15万元（240万元-225万元或244.5万元-229.5万元）。

10. 固定资产折旧费用

企业按照规定计算的固定资产折旧，准予扣除。下列固定资产不得计算折旧扣除：①房屋、建筑物以外未投入使用的固定资产；②以经营租赁方式租入的固定资产；③以融资租赁方式租出的固定资产；④已足额提取折旧仍继续使用的固定资产；⑤与经营活动无关的固定资产；⑥单独估价作为固定资产入账的土地；⑦其他不得计算折旧扣除的固定资产。

11. 无形资产摊销费用

企业按照规定计算的无形资产摊销费用，准予扣除。下列无形资产不得计算摊销费用扣除：①自行开发的支出已在计算应纳税所得额时扣除的无形资产；②自创商誉；③与经营活动无关的无形资产；④其他不得计算摊销费用扣除的无形资产。

12. 长期待摊费用

企业发生的下列支出作为长期待摊费用，按照规定摊销的，准予扣除：①已足额提取折旧的固定资产的改建支出；②租入固定资产的改建支出；③固定资产的大修理支出；④其他应当作为长期待摊费用的支出，如企业在筹建期间发生的开办费[①]等。

13. 存货成本

企业使用或者销售存货，按照规定计算的存货成本，准予在计算应纳税所得额时扣除。

14. 转让资产

企业转让资产的净值（有关资产的计税基础减去已经按照规定扣除的折旧、折耗、摊销、准备金等后的余额），准予在计算应纳税所得额时扣除。企业转让国债取得的收益（损失）应作为企业应纳税所得额计算纳税。企业转让或到期兑付国债取得的价款，扣除其购买国债成本、其持有期间按规定计算的国债利息收入以及交易过程中相关税费后的余额，为转让国债收益（损失）。企业以支付现金方式取得的国债，以买入价和支付的相关税费为成本；以非现金方式取得的国债，以该资产的公允价值和支付的相关税费为成本。在不同时间购买同一品种国债的，其转让时的成本计算方法，可在先进先出法、加权平均法、个别计价法中选用一种。成本计算方法一经选用，不得随意改变。

15. 租赁费

企业根据生产经营的需要租入固定资产所支付的租赁费，按下列办法扣除：①以经营租赁方式租入固定资产发生的租赁费支出，按照租赁期限均匀扣除；②以融资租赁方式租入固定资产发生的租赁费支出，按照规定构成融资租入固定资产价值的部分应当提取折旧费用，分期扣除。

16. 劳动保护费

企业实际发生的合理的劳动保护支出，准予扣除。劳动保护支出是指确因工作需要为雇员配备或提供工作服、手套等安全保护用品、防暑降温用品等所发生的支出。

17. 手续费及佣金支出

佣金是指在合法的商业活动中，支付给中间商、经纪人、代理商、掮客等中间人的合法劳务报酬。

（1）企业发生的与生产经营有关的手续费及佣金支出，不超过以下规定计算限额以内的部分，准予扣除；超过部分，不得扣除。

保险企业：财产保险企业按当年全部保费收入扣除退保金等后余额的15%（含本数，下同）计算限额，人身保险企业按当年全部保费收入扣除退保金等后余额的10%计算限额。金融代理，可据实扣除。

其他企业：按与具有合法经营资格中介服务机构或个人（不含交易双方及其雇员、代理人和代表人等）所签订的服务协议或合同中确认的收入金额的5%计算限额。

（2）企业应与具有合法经营资格的中介服务企业或个人签订代办协议或合同，并按国家有关规定支付手续费及佣金。除委托个人代理外，企业以现金等非转账方式支付的手续费及佣金不得在税前扣除。企业为发行权益性证券而支付给有关证券承销机构的手续费及佣金不得在税前扣除。

（3）企业不得将回扣、业务提成、返利、进场费等计入手续费及佣金支出中。

（4）企业已记入固定资产、无形资产等相关资产的手续费及佣金支出，应当通过折旧、摊销等

---

① 开（筹）办费既可以作为长期待摊费用处理，又可以在开始经营之日在当年一次扣除，但一经确定，不得改变。企业筹办期间发生的业务招待费按其实际发生额的60%、广告费和业务宣传费按其实际发生额计入开（筹）办费。

方式分期扣除，不得在发生当期直接扣除。

（5）企业支付的手续费及佣金不得直接冲减服务协议或合同金额，并如实入账。

（6）企业应当如实向当地主管税务机关提供当年手续费、佣金计算分配表和其他相关资料，并依法取得合法真实凭证。

18. 劳务服务

企业接受关联方提供的管理或其他形式的服务，按照独立交易原则支付的有关费用，准予扣除。电信企业在发展客户、拓展业务等过程中（如委托销售电话入网卡、电话充值卡等），需向委托经纪人、代办商支付手续费及佣金的，其实际发生额不超过企业当年收入总额5%的部分，准予在企业所得税前据实扣除。

（四）不得扣除项目

不得扣除项目主要包括如下几个。

① 向投资者支付的股息、红利等权益性投资收益款项。

② 企业所得税税款。

③ 税收滞纳金。

④ 罚金、罚款和被没收的违法所得①。

⑤ 不符合公益性捐赠规定条件的捐赠支出。

⑥ 赞助支出（即企业发生的各种非广告性质的支出）。

⑦ 未经核定的准备金支出（企业未经国务院财政、税务主管部门核定而提取的各项资产减值准备、风险准备等准备金）。

⑧ 因特别纳税调整而被加收的利息支出。

⑨ 不征税收入支出形成的费用不允许在税前扣除，但企业取得的各项免税收入所对应的各项成本费用，除另有规定者外，可以在计算企业应纳税所得额时扣除。

⑩ 与取得收入无关的其他支出。

除上述项目外，企业之间支付的管理费、企业内营业机构之间支付的租金和特许权使用费，以及非银行企业内营业机构之间支付的利息，不得扣除。企业对外投资期间，投资资产的成本在计算应纳税所得额时不得扣除。

（五）企业亏损的确认与弥补

企业开始生产经营的年度为开始计算企业损益年度。企业开（筹）办期间发生的筹办费用支出，不得计算为当期的亏损，即不做纳税调整。对于开（筹）办费用，企业可以在开始经营之日的当年一次性扣除，也可以作为"长期待摊费用"分期摊销，但一经选定，不得改变。

1. 亏损的确认计量

亏损是指企业年度收入总额减去不征税收入、免税收入和各项税前扣除额后的余额为负数的金额。

2. 亏损的计算方法

企业取得的免税收入，减计收入以及减征、免征所得额项目，不得弥补当期及以前年度应税项目亏损；当期形成亏损的减征、免征所得额项目，也不得用当期和以后纳税年度应税项目所得抵补。如果应税项目有所得，但不足弥补以前年度亏损，免税项目所得也可用于弥补以前年度亏损。

---

① 指行政机关依法没收的违法行为人取得的违法所得财物，不包括纳税人因被没收财物而造成的损失，如按经济合同规定支付的违约金、银行罚息、诉讼费等经营性罚款。

【例7-5】某企业某年实现利润50万元。其中，收入1 000万元，成本费用950万元，包括技术转让所得100万元（收入500万元，成本费用400万元）。假设没有其他纳税调整项目，则该企业当年应纳税所得额为-50万元［（1 000万元-500万元）-（950万元-400万元）］。

3. 亏损弥补的期限

企业纳税年度发生的应税亏损，准予在以后年度以应税所得弥补，弥补年限不得超过 5 年；应税项目所得与减免税项目所得盈亏可以互相弥补。自 2018 年 1 月 1 日起，当年具备高新技术企业或科技型中小企业资格的企业，其具备资格年度之前 5 个年度发生的尚未弥补完的亏损，准予结转以后年度弥补，最长结转年限为 10 年。

4. 应注意的问题

（1）在计算亏损额时，必须严格按照顺序计算，不得随意调整计算顺序。

（2）不征税收入和免税收入是指毛收入，其金额必然大于零。

（3）在计算亏损时，不减去免税所得大于零，以及税前扣除受盈利限制的加计扣除额，此类扣除额最多是将应纳税所得额扣除到零为止。

（4）在汇总计算缴纳企业所得税时，亏损额不包括境外所得或亏损，即境外所得不得用于弥补境内亏损，境外亏损也不能由境内所得来弥补。

四、资产的所得税处理

（一）资产的计税基础

企业所得税法中的"计税基础"与会计准则中的"计税基础"明显不同。在税务会计中，资产的计税基础是指企业取得某项资产时实际发生的支出。除盘盈固定资产外，企业的各项资产均应以历史成本为计税基础。对企业持有期间资产的增值或减值，除国务院财政、税务主管部门规定可以确认损益外，不得调整资产的计税基础。企业不能提供资产取得或持有时的支出以及税前扣除有效凭证的，税务机关有权采用合理方法估定其净值。资产的净值是指企业按税法规定确定的资产的计税基础扣除按税法规定计提的资产折旧、摊销、折耗、呆账准备后的余额。

计税基础

（二）固定资产的所得税处理

固定资产是指企业为生产产品、提供劳务、出租或经营管理而持有的，使用时间超过 12 个月（不含 12 个月）的非货币性资产，包括房屋等建筑物，机器，运输工具以及其他与生产经营有关的设备、器具、工具等。

1. 固定资产计税基础

（1）外购的固定资产，以购买价款、支付的相关税费及直接归属于使该资产达到预定用途而发生的其他支出为计税基础。

（2）自行建造的固定资产，以竣工结算前发生的支出为计税基础。

（3）企业固定资产投入使用后，若因工程款项尚未结清而未取得全额发票，则可暂按合同规定的金额计入固定资产计税基础计提折旧，待发票取得后进行调整（该项调整应在固定资产投入使用后的 12 个月内进行）。

（4）融资租入的固定资产，以租赁合同约定的付款总额和承租人在签订租赁合同过程中发生的相关费用为计税基础。租赁合同未约定付款总额的，以该资产的公允价值和承租人在签订租赁合同过程中发生的相关费用为计税基础。

（5）盘盈的固定资产。以同类固定资产的重置完全价值为计税基础。

（6）通过捐赠、投资、非货币性资产交换、债务重组等方式取得的固定资产，以该资产的公允价值和支付的相关税费为计税基础。

（7）改建的固定资产，除已足额提取折旧的固定资产的改建支出、租入固定资产的改建支出外，以改建过程中发生的改建支出计入计税基础。

2．固定资产折旧

固定资产按照直线法计算的折旧，准予在税前扣除。

企业应当从固定资产使用月份的次月起计算折旧；停止使用的固定资产，应当自停止使用月份的次月起停止计算折旧。企业应当根据固定资产的性质和使用情况，合理确定固定资产的预计净残值。固定资产的预计净残值一经确定，不得变更。

3．固定资产折旧年限

除国务院财政、税务主管部门另有规定外，固定资产计算折旧的最短年限如下。

（1）房屋等建筑物为 20 年。

（2）飞机、火车、轮船、机器、机械和其他生产设备为 10 年。

（3）与企业生产经营活动有关的器具、工具、家具等为 5 年。

（4）飞机、火车、轮船以外的运输工具为 4 年。

（5）电子设备为 3 年。

4．不得计提折旧的固定资产

（1）房屋等建筑物以外未投入使用的固定资产。

（2）以经营租赁方式租入的固定资产。

（3）以融资租赁方式租出的固定资产。

（4）已足额提取折旧，仍继续使用的固定资产。

（5）与经营活动无关的固定资产。

（6）单独估价，作为固定资产入账的土地。

（7）其他不得计提折旧的固定资产。

5．固定资产大修理支出

固定资产的大修理支出，是指同时符合以下条件的支出。

（1）修理支出达到取得固定资产时的计税基础的 50%以上。

（2）发生修理后固定资产的使用寿命延长 2 年以上。

固定资产的大修理支出，按照固定资产尚可使用年限分期摊销。

6．长期待摊费用

长期待摊费用应自支出发生的次月起分期摊销，摊销年限不得少于 3 年。

（三）递耗资产的所得税处理

从事石油、天然气等资源开采的企业所发生的矿区权益和勘探费用，可以在已经开始商业性生产后，在不少于 2 年的期限内分期计提折耗。

从事石油资源开采的企业，在开发阶段的费用支出和在采油气井上建造和安装的不可移作他用的建筑物、设备等固定资产，以油气井、矿区或油气田为单位，按以下方法和年限计提的折耗，准予扣除：①以油气井、矿区或油气田为单位，采用直线法综合计提折耗，折耗年限不少于 6 年；②以油气井、矿区或油气田为单位，按可采储量和产量法综合计提折耗。

采用上述方法计提折耗的，可以不留残值，从油气井或油气田开始商业性生产月份的次月起计提折耗。

（四）生产性生物资产的所得税处理

生产性生物资产是指企业为生产农产品、提供劳务或者出租等而持有的生物资产，包括经济林、薪炭林、产畜和役畜等。

1. 生产性生物资产的计税基础

生产性生物资产以实际发生的支出为计税基础。具体确认方法：①外购的生产性生物资产，以购买价款和支付的相关税费为计税基础；②通过捐赠、投资、非货币性资产交换、债务重组等方式取得的生产性生物资产，以该资产的公允价值和支付的相关税费为计税基础。

2. 生产性生物资产的折旧

生产性生物资产按照直线法计算的折旧，准予扣除。

企业应当自生产性生物资产投入使用月份的次月起计算折旧；停止使用的生产性生物资产，应当自停止使用月份的次月起停止计算折旧。企业应当根据生产性生物资产的性质和使用情况，合理确定生产性生物资产的预计净残值。生产性生物资产的预计净残值一经确定，不得变更。

3. 生产性生物资产的折旧年限

生产性生物资产计算折旧的最低年限如下：①林木类生产性生物资产为 10 年；②畜类生产性生物资产为 3 年。

（五）无形资产的所得税处理

无形资产是指企业为生产产品、提供劳务、出租或者经营管理而持有的，没有实物形态的非货币性长期资产，包括专利权、商标权、著作权、土地使用权、非专利技术、商誉等。

1. 无形资产的计税基础

无形资产以取得时的实际支出为计税基础，具体确认方法如下。

（1）外购的无形资产，以购买价款、支付的相关税费以及直接归属于使该资产达到预定用途而发生的其他支出为计税基础。

（2）自行开发的无形资产，以开发过程中该资产符合资本化条件后至达到预定用途前发生的支出为计税基础。

（3）通过捐赠、投资、非货币性资产交换、债务重组等方式取得的无形资产，以该资产的公允价值和支付的相关税费为计税基础。

2. 无形资产的价值摊销

无形资产按照直线法计算的摊销费用，准予扣除。

无形资产的摊销年限不得低于 10 年。作为投资或者受让的无形资产，有关法律规定或合同约定了使用年限的，可以按照规定或者约定的使用年限分期摊销。

外购商誉的支出，在企业整体转让或清算时，准予在税前扣除。

（六）存货的所得税处理

存货是指企业持有以备出售的产品或商品、处于生产过程中的在产品、在生产过程或提供劳务过程中耗用的材料和物料等。

1. 存货的计税基础

企业应以取得存货时的实际支出为计税基础，具体确认方法如下。

（1）通过支付现金方式取得的存货，以购买价款和支付的相关税费为成本。

（2）通过支付现金以外的方式取得的存货，以该存货的公允价值和支付的相关税费为成本。

（3）生产性生物资产收获的农产品，以产出或者采收过程中发生的材料费、人工费和分摊的间接费用等必要支出为成本。

2. 存货的计价方法

企业各项存货的使用或者销售实际成本的计算方法，可以在先进先出法、加权平均法、个别计价法中选用一种。计算方法一经选用，不得随意改变。

五、应纳税额的计算

（一）应纳税所得额的确定原则

1. 权责发生制原则

企业应纳税所得额的确定，一般应以权责发生制为基础。

2. 税法优先原则

应纳税所得额

税法优先原则是指企业在计算应纳税所得额时，企业财务、会计处理办法同税收法律、行政法规的规定不一致的，应当依照税收法律、行政法规的规定进行纳税调整，并据调整后的应纳税所得额计算缴税。

（二）居民企业及在我国境内设立机构、场所的非居民企业应纳税所得额的计算

企业应纳税所得额的计算方法有直接计算法和间接计算法两种。直接计算法是指按税法规定直接计算应纳税所得额的方法，即按税法规定的应税收入减去税法规定允许税前扣除项目金额计算应纳税所得额；间接计算法即在财务会计计算的账面利润（利润总额）的基础上，加减纳税调整项目金额，间接计算应纳税所得额的方法。

直接计算法的计算公式如下：

应纳税所得额=收入总额-不征税收入-减免税收入-扣除费用金额
-抵扣和减免所得、弥补以前年度亏损额

对征纳双方来说，企业所得税的直接计算法成本较高。因此，在企业所得税的年度纳税申报（A类）时，都是一般都是采用间接计算法，即在财务会计"利润总额"的基础上，再按税法规定调整计算应纳税所得额，其计算公式如下：

纳税调整后所得=利润总额-境外所得±纳税调整额-免税、减计收入及加计扣除
+境外应税所得抵减境内亏损额

应纳税所得额=纳税调整后所得-所得减免-抵扣应纳税所得额-弥补以前年度亏损

企业以公允价值计量的金融资产、金融负债及投资性房地产等，持有期间公允价值的变动不记入应纳税所得额。在实际处置或结算时，处置取得的价款扣除其历史成本后的差额应记入处置或结算期间的应纳税所得额。

（三）居民企业及在我国境内设立机构、场所的非居民企业应纳税额的计算

企业的应纳税所得额乘以适用税率为应纳所得税额，减去按税法规定的减免税额和抵免税额后的余额为应纳税额。其计算公式如下：

应纳税额=应纳税所得额×适用税率-减免税额-抵免税额
=应纳所得税额-减免税额-抵免税额

公式中的减免税额和抵免税额，是指根据税法规定减征、免征和抵免的应纳税额。

应纳所得税额与
应纳税额

【例7-6】某制造企业为居民企业，某年度实际发生的经营业务汇总资料如下：

产品销售收入8 400万元，产品销售成本6 000万元；其他业务收入1 200万元，其他业务成本990万元；固定资产出租收入90万元，非增值税销售税金及附加486万元；当期发生的管理费用1 290万元，其中新技术的研究开发费用450万元；财务费用300万元；权益性投资收益510万元，为居民企业之间的股利收益，已在投资方所在地按15%的税率缴纳了企业所得税；营业外收入150万元，营业外支出375万元（其中含公益性捐赠270万元）。

要求：计算该企业当年应纳税所得额和应纳企业所得税额。

（1）会计利润总额=8 400+1 200+90+510+150-6 000-990-486-1 290-300-375=909（万元）

（2）权益性投资调减所得额=510（万元）

技术开发费调减所得额=450×50%=225（万元）

捐赠扣除标准=909×12%=109.08（万元）

实际捐赠额270万元大于109.08万元，应按标准额扣除。

捐赠额应调增所得额=270-109.08=160.92（万元）

应纳税所得额=909-510-225+160.92=334.92（万元）

应交企业所得税=334.92×25%=83.73（万元）

（四）在我国境内未设立机构、场所的非居民企业应纳税所得额和应纳税额的计算

非居民企业取得的应税所得，按照下列方法计算其应纳税所得额。

① 股息、红利等权益性投资收益和利息、租金、特许权使用费所得，以收入全额为应纳税所得额。

② 转让财产所得，以收入全额减去财产净值后的余额为应纳税所得额。

③ 其他所得，参照前两项规定的方法计算应纳税所得额。

收入全额是指非居民企业向支付人收取的全部价款和价外费用。提供专利权、专有技术所收取的特许权使用费，包括特许权使用费收入及与其相关的图纸资料费、技术服务费和人员培训费等费用。

非居民企业应纳税额的计算公式如下：

应纳税额=应纳税所得额×适用税率-抵免税额

【例7-7】某外国企业在我国境内设立了一个分公司，该分公司可在我国境内独立开展经营活动，当年该分公司在我国境内取得营业收入200万元，发生成本费用150万元（其中有20万元不得税前扣除）。假设该分公司不享受税收优惠，则该分公司该年应在我国缴纳多少企业所得税？

非居民企业在我国境内设立机构、场所的，应当就其所设机构、场所取得的来源于我国境内的所得，以及发生在我国境外但与其所设机构、场所有实际联系的所得，按25%的税率计算缴纳企业所得税。

该分公司应纳税所得额=200-（150-20）=70（万元）

由于该分公司不享受税收优惠，故当年该分公司应在我国缴纳的所得税=70×25%=17.5（万元）。

（五）境外所得税的抵免

1. 抵免法及其优点

抵免法是指一国政府在优先承认其他国家的地域税收管辖权的前提下，在对本国纳税人来源于国外的所得征税时，以本国纳税人在国外缴纳的税款冲抵本国税收的方法。

抵免法能够较为彻底地消除国际重复征税，使投资者向国外投资与向国内投资的税收负担大致相同，有利于促进国际投资和各国对外经济关系的发展；既避免了同一笔所得的双重征税，又在一定程度上防止了国际逃税、避税，保证对一笔所得必征一次税；体现了公平税负的原则，有利于维护各国的税收管辖权和税收利益。因此，它是目前世界各国普遍采用的方法。

2. 抵免法的分类

（1）按计算方式划分为全额抵免与限额抵免。抵免法按计算方式不同，可分为全额抵免和限额抵免。全额抵免是指居住国政府对跨国纳税人在国外直接缴纳的所得税税款予以全部抵免。限额抵免也称普通抵免，是指居住国政府对跨国纳税人在国外直接缴纳的所得税税款给予抵免，但可抵免的数额不得超过国外所得额按本国税率计算的应纳税额。我国在参考国际惯例的基础上，出于维护本国税收利益的考虑，采用了限额抵免。

（2）按适用对象不同划分为直接抵免与间接抵免。抵免法按其适用对象不同，可以分为直接抵免和间接抵免。直接抵免是直接对本国纳税人在国外已经缴纳的所得税进行抵免，它一般适用于同一法人实体的总公司与海外分公司、总机构与海外分支机构之间的抵免。间接抵免是指母公司所在的居住国政府，允许母公司将其子公司已缴居住国的所得税中应由母公司分得股息承担的那部分税额，来冲抵母公司的应纳税额。我国税法在保留直接抵免的同时，又引入了间接抵免方式。

3. 境外所得税直接抵免的计算

（1）境外应纳税所得额的确认。

① 居民企业在境外投资设立的不具有独立纳税地位的分支机构，其来源于境外的所得，以境外收入总额扣除与取得境外收入有关的各项合理支出后的余额为应纳税所得额。各项收入、支出按我国企业所得税法及实施条例的有关规定确定。

② 居民企业在境外设立的不具有独立纳税地位的分支机构取得的各项境外所得，无论是否汇回我国境内，均应计入该企业所属纳税年度的境外应纳税所得额。

③ 居民企业应就其来源于境外的股息、红利等权益性投资收益，以及利息、租金、特许权使用费、转让财产等收入，扣除按照企业所得税法及实施条例等规定计算的与取得该项收入有关的各项合理支出后余额为应纳税所得额。来源于境外的股息、红利等权益性投资收益，应按被投资方做出利润分配决定的日期确认收入实现；来源于境外的利息、租金、特许权使用费、转让财产等收入，应按有关合同约定应付交易对价款的日期确认收入实现。

④ 非居民企业在境内设立机构、场所的，应就其发生在境外但与境内所设机构、场所有实际联系的各项应税所得，比照②的规定计算相应的应纳税所得额。

⑤ 在计算境外应纳税所得额时，企业为取得境内、境外所得而在境内、境外发生的共同支出，与取得境外应税所得有关的、合理的部分，应在境内、境外（分国、地区，下同）应税所得之间，按照合理比例进行分摊后扣除。

⑥ 在汇总计算境外应纳税所得额时，企业在境外同一国家（地区）设立的不具有独立纳税地位的分支机构，按照企业所得税法及实施条例的有关规定计算的亏损，不得抵减其境内或他国（地区）的应纳税所得额，但可以用同一国家（地区）其他项目或以后年度的所得按规定弥补。

（2）可抵免境外所得税税额的计算。

可抵免境外所得税税额是指企业来源于我国境外的所得依照我国境外税收法律以及相关规定应当缴纳并已实际缴纳的企业所得税性质的税款。但其不包括：①按照境外所得税法律及相关规定属于错缴或错征的境外所得税税款；②按照税收协定的规定不应征收的境外所得税税款；③因少缴或迟缴境外所得税而追加的利息、滞纳金或罚款；④境外所得税纳税人或者其利害关系人从境外征税主体处得到实际返还或补偿的境外所得税税款；⑤按照我国企业所得税法及其实施条例的规定，已经免征我国企业所得税的境外所得负担的境外所得税税款；⑥按照国务院财政、税务主管部门有关规定已经从企业境外应纳税所得额中扣除的境外所得税税款。

企业可以选择按国（地区）别分别计算[即"分国（地区）不分项"]或不按国（地区）别汇总

计算[即"不分国（地区）不分项"]其来源于境外的应纳税所得额，并按规定税率分别计算其可抵免境外所得税税额和抵免限额。一经选择，5年内不得改变。

$$境外所得税抵免限额=境内、境外所得按所得税法规定计算的应纳税总额×\frac{来源于境外的应纳税所得额}{我国境内、境外应纳税所得总额}$$

计算公式中"境内、境外所得按所得税法规定计算的应纳税总额"适用的税率，除国务院财政、税务主管部门另有规定外，应为企业所得税的基本税率（25%）。

在计算实际应抵免的境外已缴纳和间接负担的所得税税额时，企业在境外当年缴纳和间接负担的符合规定的所得税税额低于所计算的境外抵免限额的，应以该项税额为境外所得税抵免额从企业应纳税总额中据实抵免；超过抵免限额的，当年应以抵免限额为境外所得税抵免额进行抵免，超过抵免限额的部分允许从次年起在连续五个纳税年度内，在每年度抵免限额抵免当年应抵税额后的余额内进行抵补。

企业按有关规定计算的当期境内外应纳税所得总额小于零时，应以零计算当期境内外应纳税所得总额，其当期境外所得税的抵免限额也为零。

【例7-8】M国某银行在我国境内设立一家分行，该分行某年通过将在我国筹集的资金借给M国某一企业，取得利息收入100万元。假设M国针对利息收入的预提所得税税率为20%，则我国对该分行来自于M国的利息收入有无征税权？若当年该分行除来自M国的利息收入外，实现应纳税所得额1 000万元，适用税率为25%，则该分行当年应在我国缴纳多少企业所得税？

非居民企业在我国境内设立机构、场所的，应当就其取得的来自于我国境外但与该机构、场所有实际联系的所得缴纳企业所得税。该笔利息收入虽然是境外借款人因在我国境外使用该分行提供的借款而支付的，但因据以取得该笔利息收入的债权为我国境内的分行所拥有，因此，该笔利息收入应被认定为该分行取得的来自于我国境外但与其有实际联系的所得，故我国政府对该笔利息收入有征税权。

该分行来自M国的应纳税所得额=100÷（1-20%）=125（万元）

该笔利息收入在M国缴纳的预提所得税=125×20%=25（万元）

抵免限额=125×25%=31.25（万元）＞25（万元）

因此，允许抵免的税额为25万元。

该分行当年应在我国缴纳的所得税额=（1 000+125）×25%-25=256.25（万元）

（3）境外所得已纳税额抵免的简易计算。

企业从境外取得的营业利润所得以及符合境外税额间接抵免条件的股息所得，虽有所得来源国（地区）政府机关核发的具有纳税性质的凭证或证明，但若因客观原因无法真实、准确地确认应当缴纳并已经实际缴纳的境外所得税税额时，除就该所得直接缴纳及间接负担的税额在所得来源国（地区）的实际有效税率低于我国企业所得税法规定25%税率的50%以上的外，可以境外应纳税所得额的12.5%为抵免限额，企业按该国（地区）税务机关或政府机关核发具有纳税性质凭证或证明的金额，其不超过抵免限额的部分，准予抵免；超过的部分不得抵免。

4．境外所得税间接抵免的计算

居民企业从其直接或者间接控股的外国企业分得的来源于我国境外的股息、红利等权益性投资收益，外国企业在境外实际缴纳的所得税税额中属于该项所得负担的部分，可以作为该居民企业可抵免境外所得税的税额，在法定的抵免限额内抵免。

居民企业在按照企业所得税法的规定用境外所得间接负担的税额进行税收抵免时，其取得的境外投资收益实际间接负担的税额，是指根据直接或者间接持股方式合计持股20%（含20%，下同）以上的规定层级的外国企业股份，由此应分得的股息、红利等权益性投资收益中，从最低一层外国企业起逐层计算的属于由上一层企业负担的税额，其计算公式如下：

$$\begin{aligned}&\begin{array}{l}\text{本层企业所纳税额}\\\text{中属于由一家上一}\\\text{层企业负担的税额}\end{array}=\left(\begin{array}{l}\text{本层企业就利润和投资}\\\text{收益所实际缴纳的税额}\end{array}+\begin{array}{l}\text{符合规定的由本层企}\\\text{业间接负担的税额}\end{array}\right)\\&\qquad\times\begin{array}{l}\text{本层企业向一家上一层}\\\text{企业分配的股息（红利）}\end{array}\div\begin{array}{l}\text{本层企业所得}\\\text{税后利润额}\end{array}\end{aligned}$$

【例7-9】我国居民企业A拥有设立在甲国的B企业60%的有表决权股份。某年度A企业本部确认计量的应纳税所得额为1 000万元，收到B企业分回的股息90万元。A企业适用的所得税税率为25%，B企业实现应纳税所得额500万元，适用20%的比例所得税率，甲国规定的股息预提所得税税率为10%。假定B企业按适用税率在甲国已经实际缴纳了企业所得税，且A企业当年也无减免税和投资抵免，则A企业当年应在我国缴纳多少企业所得税？

B企业应支付给A企业的股息=90÷（1-10%）=100（万元）

B企业针对A企业股息代缴预提税=100×10%=10（万元）

B企业当年实现的税后利润=500×（1-20%）=400（万元）

B企业支付给A企业的股息所承担的所得税额=500×20%×100÷400=25（万元）

B企业支付给A企业的股息后的应税所得=100+25=125（万元）

A企业收到B企业分回的股息已在甲国纳税额=25+10=35（万元）

抵免限额=125×25%=31.25（万元）＜35（万元）

因此，允许抵免税额为31.25万元。

A企业当年应在我国缴纳企业所得税=（1 000+125）×25%-31.25=250（万元）

企业从境外取得的营业利润所得以及符合境外税额间接抵免条件的股息所得，就该所得缴纳及间接负担的税额在所得来源国（地区）的法定税率且其实际有效税率明显高于我国的（国家名单见财政部、国家税务总局的公布），可直接以按文件规定计算的境外应纳税所得额和我国企业所得税法规定的税率计算的抵免限额为可抵免的已在境外实际缴纳的企业所得税税额。

六、企业所得税的查账征收

企业所得税的征收有查账征收（核实征收）与核定征收两种方式。对会计核算和管理符合税法要求的企业，采用查账征收方式。在查账征收方式下，具有法人资格的企业都必须单独申报缴纳企业所得税（另有规定者除外），企业之间不得合并缴纳企业所得税。企业在进行所得税纳税申报时，应根据《企业所得税法》与《企业会计准则》，确认、计量两者之间的差异，将利润表中的收入、成本和费用项目调整为纳税申报表中的收入和扣除项目，进而计算应纳税所得额、应纳所得税额与应纳税额等。

查账征收

（一）企业所得税的预缴

企业所得税分月或者分季预缴，由主管税务机关具体核定每个企业的预缴期间。企业应当自月份或者季度终了之日起15日内，向主管税务机关报送企业所得税预缴纳税申报表。

企业预缴企业所得税时，应当按照月度或者季度的实际利润额预缴。实际利润额是按会计准则核算的利润总额减去以前年度待弥补亏损以及不征税收入、免税收入和减免的应税所得额后的余额①。按照月度或者季度的实际利润额预缴有困难的，可以按照上一纳税年度应纳税所得额的月度

---

① 凡不属于因企业所得税法与企业会计准则差异而导致的少计利润，多计免税收入、不征税收入等而少缴的税款，按规定加收滞纳金。

或者季度平均额预缴，或者按照经税务机关认可的其他方法预缴。预缴方法一经确定，该纳税年度内不得随意变更。小型微利企业预缴所得税按20%的优惠税率计算，符合减半征收条件的按20%的50%计算。

【例7-10】某公司按季度预缴企业所得税。某年第二季度会计利润总额为180万元（包括国债利息收入18万元），上年度未弥补亏损20万元，企业适用的所得税税率为25%。生产经营借款为：年初向银行借款100万元，年利率为5%；向甲公司借款40万元，年利率为9%。计提固定资产减值损失6万元，不考虑其他纳税调整事项，计算该公司第二季度预缴企业所得税的基数。

季度实际利润额= 180-18-20 =142（万元）

应预缴企业所得税=142×25%=35.5（万元）

对于其他永久性差异——长期借款利息超支的16万元[40万元×（9%-5%）]和暂时性差异（资产减值损失6万元），季度预缴时不做纳税调整。

（二）企业所得税的汇算清缴

企业所得税的汇算清缴是指纳税人在纳税年度终了后的5个月内[①]，依照税收法规的规定，自行计算全年应纳税所得额和应纳所得税额，根据月度或季度预缴所得税的数额，确定该年度应补或者应退税额，并填写年度企业所得税纳税申报表，向主管税务机关办理年度企业所得税纳税申报、提供税务机关要求提供的有关资料、结清全年企业所得税税款的行为。实行查账征收的企业（A类）适用汇算清缴办法，核定定额征收企业所得税的纳税人（B类）不进行汇算清缴。企业进行汇算清缴时应重点关注以下几个方面。

（1）收入。核查企业收入是否全部入账，特别是往来款项是否还存在该确认为收入而没有入账的情况。

（2）成本。核查企业成本结转与收入是否匹配，是否真实反映企业成本水平。

（3）费用。核查企业费用支出是否符合税法规定，计提费用项目和税前列支项目是否超过税法规定标准。

（4）税收。核查企业各项税款是否提取并缴纳。

（5）补亏。核查企业当年实现的利润对以前年度发生亏损的合法弥补（5年内）情况。

（6）调整。不论是正常纳税的企业，还是依法享受企业所得税减免的企业（事先应在税务机关备案），在汇算清缴时，均应在财务会计账面利润的基础上，依法进行企业所得税纳税调整。它是一般纳税调整，调表不调账，不对财务会计进行处理调整，只在纳税申报表中进行调整，影响的只是企业应纳所得税，不影响企业的账面利润。企业对以上项目按税法规定进行调增和调减后，依法计算本企业年度应纳税所得额，进而计算本年度应纳税额、应纳税额、实际应纳所得税额和应补（退）所得税额。

（三）固定资产折旧的纳税调整

（1）如果财务会计折旧年限短于税法最低折旧年限，则按财务会计折旧年限计提的年折旧额高于按税法规定的最低折旧年限计提的年折旧额，应调增年应纳税所得额；当财务会计折旧年限期满且提足折旧后，其未足额在税前扣除的部分，准予在剩余的税务会计折旧年限内按规定扣除，即准予将前期纳税调增的金额在后期进行纳税调减。

（2）如果财务会计折旧年限长于税法最低折旧年限，则视同财务会计与税法无差异，按财务会

---

① 企业在年度中间终止经营活动的，应当自实际经营终止之日起60日内，向税务机关办理当期企业所得税汇算清缴。企业应当在办理注销登记前，就其清算所得向税务机关申报并依法缴纳企业所得税。

计年限计算的折旧额在税前扣除，年度汇算清缴时无须进行纳税调减。但在适用税法规定的加速折旧政策时，其折旧额可以据实扣除，财务会计可做暂时性差异处理。

【例7-11】某建筑安装公司上年12月购买了一台大型塔吊，入账价值160万元（不考虑其他税费），从当年（第1年）1月开始，财务会计按8年计提折旧（不考虑残值）。税法规定，塔吊属于机械设备，最低折旧年限为10年。纳税调整计算见表7-2。

表7-2   固定资产折旧纳税调整表   单位：万元

项目	第1年	第2年至第8年（每年）	第9年	第10年
财务会计年折旧	20	20	0	0
税务会计年折旧	16	16	16	16
纳税调增（每年）	4	4	—	—
纳税调减（每年）	—	—	16	16

如果财务会计按20年计提折旧，长于税法规定的最低折旧年限10年，视同财务会计与税法无差异，按财务会计年限计算的每年折旧额8万元在税前扣除，不需要在年度汇算清缴时进行纳税调减。这样处理，可以降低纳税调整成本。

（3）企业按会计准则规定提取的固定资产减值准备，不得在税前扣除（需进行纳税调增），其折旧仍按税法确定的固定资产计税基础[①]计算扣除。

（4）企业按税法规定实行加速折旧的，其按加速折旧办法计算的折旧额可以全额在税前扣除，而不要求财务会计也按加速折旧处理。

七、企业所得税的核定征收

（一）企业所得税核定征收的范围

（1）依照税法规定可以不设账或应设而未设账。

（2）只能准确核算收入总额或收入总额能够查实，但其成本费用支出不能准确核算。

核定征收

（3）只能准确核算成本费用支出或成本费用支出能够查实，但其收入总额不能准确核算。

（4）收入总额、成本费用支出均不能正确核算，难以查实。

（5）虽然能够按规定设置账簿并进行核算，但未按规定保存有关凭证、账簿及纳税资料。

（6）未按规定期限办理纳税申报，经税务机关责令限期申报，逾期仍不申报。

（二）企业所得税征收方式的确定

（1）企业在每年第一季度填列"企业所得税征收方式鉴定表"（简称"鉴定表"）一式三份，报主管税务机关审核。所填"鉴定表"的五个项目依次是：①账簿设置情况；②收入总额核算情况；③成本费用核算情况；④凭证、账簿保存情况；⑤纳税义务履行情况。五项均合格，则实行纳税人自行申报、税务机关查账征收方式。有一项不合格，则实行核定征收方式，具体分为：若①、④、⑤项中有一项不合格或②、③项均不合格，实行定额征收办法；若②、③项中有一项合格，有一项不合格，则实行核定应税所得率办法征收。

---

    ① 企业持有固定资产期间，如果发生增值或减值，除国务院财政、税务主管部门规定可以确认损益外，不得调整该资产的计税基础。

（2）主管税务机关对"鉴定表"审核后，报县（市、区）级税务机关确定企业的所得税征收方式。

（3）征收方式确定后，在一个纳税年度内一般不得变更。

（4）对实行核定征收方式的纳税人，主管税务机关应该根据企业和当地的具体情况，按公平、公正、公开原则分类逐户核定其应纳税额或应税所得率。

（三）企业所得税的定额缴纳

定额缴纳是指主管税务机关按照一定的标准、程序和方法，直接核定纳税人的年度应纳所得税额，由纳税人按规定进行申报缴纳。实行定额缴纳办法的企业，参照以前年度经营情况，可先采用发票加定额的方法测算本年度应税收入总额，然后核定其应纳所得税额。

（四）按核定应税所得率计算缴纳

按核定征收方式缴纳企业所得税的企业，在其收入总额或成本费用支出额能够正确核算的情况下，可按国家规定的应税所得率计算应纳税所得额，再计算出应纳所得税额，据以申报纳税。也就是说，按应税所得率方法核定征收企业所得税的企业，其应交所得税的计算分三步：

（1）应税收入额=收入总额-不征税收入-免税收入

（2）应纳税所得额=应税收入额×应税所得率

或

应纳税所得额=成本（费用）支出额÷（1-应税所得率）×应税所得率

（3）应纳所得税额=应纳税所得额×适用税率

应税所得率不是税率，它是对采用企业所得税核定征收方式的企业，计算其应纳税所得额（不是应纳所得税额）时预先规定的比例，是企业应纳税所得额占其经营收入的比例。该比例根据各个行业的实际销售利润率或者经营利润率等情况分别测算得出。现行企业应税所得率如表7-3所示。

表7-3　　　　　　　　　　　　　现行企业应税所得率

行业	应税所得率（%）
农、林、牧、渔业	3～10
制造业	5～15
批发和零售贸易业	4～15
交通运输业	7～15
建筑业	8～20
饮食业	8～25
娱乐业	15～30
其他行业	10～30

主管税务机关根据纳税人的行业特点、纳税情况、财务管理、会计核算、利润水平等因素，结合本地实际情况，按公平、公正、公开原则分类逐户核定；应税所得率一经核定，除发生特殊情况，一个纳税年度内一般不得调整。

【例7-12】某采用企业所得税核定征收方式的企业年度实现收入150万元，成本费用为130万元，主管税务机关核定的应税所得率为10%。

如果以收入为核定基数，则其应交所得税=150×10%×25%=3.75（万元）。

如果以成本费用为核定基数，则其应交所得税=130÷（1-10%）×10%×25%=3.61（万元）。

如果采用定额征收方式，假定核定其全年交企业所得税4万元，则每季应交1万元。

（五）小型微利企业所得税预缴和汇算清缴

符合条件的小型微利企业，预缴和年度汇算清缴企业所得税时，通过填写纳税申报表的相关内容，即可享受减半征税政策。

统一实行按季度预缴企业所得税。第一季度预缴企业所得税时，如未完成上一纳税年度汇算清缴，无法判断上一纳税年度是否符合小型微利企业条件的，可暂按上一纳税年度第四季度的预缴申报情况判别。

本年度企业预缴企业所得税时，按照以下规定享受减半征税政策。

（1）查账征收企业。对上一纳税年度符合条件的小型微利企业，分按以下两种情况处理。

① 按实际利润额预缴的，预缴时本年度累计实际利润额不超过100万元的，可享受减半征税政策。

② 按上一纳税年度应纳税所得额平均额预缴的，预缴时可以享受减半征税政策。

（2）核定应税所得率征收企业。上一纳税年度符合条件的小型微利企业，预缴时本年度累计应纳税所得额不超过100万元的，可享受减半征税政策。

（3）核定应纳所得税额征收企业。根据减半征税政策规定需要调减定额的，由主管税务机关按程序调整，依规定征收。

（4）上一纳税年度不符合小型微利企业条件的企业，预计本年度符合条件的，预缴时本年度累计实际利润额或累计应纳税所得额不超过100万元的，可享受减半征税政策。

（5）本年度新成立的企业，预计本年度符合小型微利企业条件的，预缴时本年度累计实际利润额或者累计应纳税所得额不超过100万元的，可享受减半征税政策。

（6）企业预缴时享受了减半征税政策，年度汇算清缴时不符合小型微利企业条件的，应当按规定补缴税款。

第三节 企业所得税的会计处理

在企业所得税会计处理（记录）中，需要设置的最主要账户是"应交企业所得税"。它既可以作为"应交税费"总账账户下的一个二级账户，又可以作为总账账户，反映企业所得税的应交、实际上交和退补等情况。本账户的贷方反映应交和应补交的所得税，借方反映实际上交和补交的企业所得税；贷方余额反映应交未交的所得税，借方余额反映多交的所得税。企业各期应交所得税的金额是根据当期应纳税所得额与法定所得税率计算的企业应缴所得税税款，应借记"所得税费用——当期所得税费用"，贷记本（明细）账户。实际缴纳时，借记本（明细）账户，贷记"银行存款"。

执行《小企业会计准则》的企业，所得税的会计处理保持与税法的一致性，其会计记录体现两者合一；执行《企业会计准则》的企业，所得税的会计处理呈现与税法的差异，其会计记录体现两者分离。在一套账簿体系下，以借记"所得税费用"总账金额是否保持与贷记"应交税费——应交企业所得税"金额的一致性为识别标准。如果在贷记"应交税费——应交企业所得税"依税法确认计量后，借方账户金额不再重新确认计量，即服从贷方，说明两者合一。如果在贷记"应交税费——应交企业所得税"依税法确认计量后，借方账户金额按《会计准则》的规定重新确认计量，说明两者分离，其差额可以通过"递延税款"或"递延所得税资产""递延所得税负债"予以反映。

本节阐述的是税务会计范畴的所得税会计（Income Taxes Accounting），即以企业所得税税法为导向的所得税会计，旨在及时、正确地填报企业所得税纳税申报表（主表及其附表）。本章最后一节简述的则是以《企业会计准则》为规范标准的所得税会计处理（Accounting for Income Taxes）方法，本属财务会计范畴，之所以在本章一并阐述，是为了便于理解并掌握两者的联系和区别。

一、预缴企业所得税的会计处理

企业分月或季预缴企业所得税时，应当按照月度或季度的实际利润额预缴。按实际利润额预缴有困难的，可以根据上一纳税年度应纳税所得额的月度或者季度平均额预缴，或者按照经税务机关认可的其他方法预缴。预缴方法一经确定，该纳税年度内不得随意变更。

实际利润额为按会计准则核算的利润总额减去以前年度待弥补亏损以及不征税收入、免税收入后的余额。对于不征税收入，在所得税预缴或汇算清缴时，按照"调表不调账"的原则，应做纳税调减处理。对于免税收入，有的形成永久性差异（如国债利息收入），有的属于暂时性差异（投资收益），企业应视具体情况进行分析。

【例7-13】天明公司某年第一季度会计利润总额为100万元（含国债利息收入5万元），以前年度未弥补亏损20万元，企业所得税税率为25%。

企业"长期借款"账户记载：年初向工商银行借款50万元，年利率为6%；向B公司借款100万元，年利率为8%，上述款项全部用于生产经营。另外，计提固定资产减值损失4万元。假设无其他纳税调整事项。

（1）第一季度预缴所得税的计算和会计处理。

企业预缴的基数为会计利润总额100万元，扣除以前年度未弥补亏损20万元以及不征税收入和免税收入5万元后，实际利润额为75万元。对于其他永久性差异，如长期借款利息超支的2万元[100万元×（8%-6%）]和暂时性差异（固定资产减值损失4万元），季度预缴时不做纳税调整。做会计分录如下。

反映应交所得税时。

借：所得税费用　　　　　　　　　　　　　　　　　187 500
　　贷：应交税费——应交企业所得税　　　　　　　　　187 500

下月初，实际缴纳企业所得税时。

借：应交税费——应交企业所得税　　　　　　　　　187 500
　　贷：银行存款　　　　　　　　　　　　　　　　　187 500

（2）后三个季度预缴所得税的计算和会计处理。

假设第二季度企业累计实现利润135万元，第三季度累计实现利润-20万元，第四季度累计实现利润120万元，则每季度末会计处理如下。

第二季度末，做如下会计分录。

借：所得税费用　　　　　　　　　　　　　　　　　150 000
　　贷：应交税费——应交企业所得税[（1 350 000-750 000）×25%]　150 000

下月初缴纳企业所得税时。

借：应交税费——应交企业所得税　　　　　　　　　150 000
　　贷：银行存款　　　　　　　　　　　　　　　　　150 000

第三季度累计利润为亏损，不缴税也不做会计处理。

第四季度累计实现利润120万元，税法规定应先预缴税款，再汇算清缴。由于第四季度累计利润小于以前季度（第二季度）累计实现利润总额，暂不缴税也不做会计处理。

（3）会计准则规定，暂时性差异产生的对递延所得税的影响，应该在产生时立即确认，而非在季末或者年末确认。上述资产减值损失形成的暂时性差异在当月计提时，应做如下会计分录。

借：递延所得税资产   10 000

    贷：所得税费用——递延所得税费用   10 000

二、所得税纳税调整的会计处理

在资产负债表债务法下，当进行企业所得税纳税调整时，如果不通过"递延所得税资产（负债）"账户处理，则既不影响流转税的计缴，又不影响企业所得税的计缴。但若未通过"递延所得税资产（负债）"账户，则可能会出现因"遗忘"可抵扣暂时性差异而多缴企业所得税的情况。

纳税调整

【例7-14】税收征管人员到某公司进行税务检查时，发现在被检查年度的前一年，该公司将自产的成本为150万元、正常对外销售价格为180万元的产品用于制作产品宣传广告，仅做借记"销售费用"150万元、贷记"库存商品"150万元的会计处理。已知公司当年可税前列支的广告费是60万元。

因该公司将自产产品用于制作产品宣传广告时，未按税法规定作为视同销售计缴企业所得税，故税务部门要求该公司调增应税所得额30万元（180万元-150万元）。由于该公司当年可税前列支的广告费为60万元，实际扣除了150万元，税务部门还要求公司调增应税所得额90万元。两项合计调增应税所得额120万元。该公司在当年度按照25%的所得税税率补缴了30万元的企业所得税，做如下会计处理。

借：所得税费用——当期所得税费用   300 000

    贷：应交税费——应交企业所得税   300 000

借：本年利润   300 000

    贷：所得税费用   300 000

当时，该公司并不知道会计处理有误，此次税务部门再次检查，发现该公司并未将上一年度进行纳税调整的金额予以转回。这样，该公司因未转回上一年度的可抵扣暂时性差异，多计算了被检查年度的应税所得额90万元。

原因是在企业被检查年度的前一年进行所得税纳税调整时，未通过"递延所得税资产"账户进行核算。仍以上一年度调增应税所得额为例，第一年度汇算清缴时，公司应做如下会计分录。

借：所得税费用——当期所得税费用   300 000

    贷：应交税费——应交企业所得税   300 000

借：递延所得税资产——可抵扣暂时性差异   300 000

    贷：所得税费用——递延所得税费用   300 000

第二年度汇算清缴时，企业已经被认定为高新技术企业，所得税税率改为15%，应根据转回的可抵扣暂时性差异90万元，做如下会计分录。

借：应交税费——应交企业所得税   135 000

    贷：所得税费用——当期所得税费用   135 000

借：所得税费用——递延所得税费用   135 000

    本年利润   165 000

    贷：递延所得税资产——可抵扣暂时性差异   300 000

所得税税率的变化，使该公司的所得税产生了16.5万元的差额，此为永久性差异，应转入本年利润。

三、弥补亏损的所得税会计处理

根据企业所得税税法规定，企业纳税年度发生的亏损可以结转以后年度在税前扣除，但结转抵扣期限最长不得超过 5 年；按照《企业会计准则》的规定，企业预计在未来期间能够产生足够的应纳税所得额来抵扣亏损时，应确认相应的递延所得税资产，即将亏损视为可抵扣暂时性差异。因亏损弥补而产生的暂时性差异要在以后亏损抵扣期内持续反映，进行相关计算并做相应的会计处理。

【例7-15】某公司执行《企业会计准则》，企业所得税税率为25%，能够持续经营。如果发生亏损，则预计未来期间能够产生足够的应纳税所得额来利用该可抵扣的亏损。假定在相关业务中不存在永久性差异，此前没有产生过暂时性差异（时间性差异）。

第1年应税亏损80万元，没有产生其他暂时性差异；

第2年预计实现利润总额40万元，本年没有产生除上年度结转亏损之外的其他暂时性差异；

第3年预计实现利润总额6万元，计提30万元的坏账准备；

第4年预计实现利润总额70万元，转回第3年已计提的坏账准备10万元。

根据上述资料，按会计与税法的要求，分别对各年进行所得税会计处理。

第1年：按照所得税会计准则的规定，年末对因发生亏损而确认的递延所得税资产按照预期弥补该亏损期间适用的企业所得税税率进行计量。预计未来期间公司能够产生足够的应纳税所得额以抵扣亏损，年末确认因该亏损而产生的递延所得税资产=80×25%=20（万元）。做如下会计分录。

借：递延所得税资产——第1年亏损　　　　　　　　　　200 000
　　贷：所得税费用——递延所得税费用　　　　　　　　　　200 000

第2年：本年度的应纳税所得额为本年度的会计利润总额40万元，全部用于弥补上年度结转的亏损。弥补亏损后的应纳税所得额为负数，本年不需要缴纳企业所得税，但应转销上年度因该亏损而确认的递延所得税资产，转销金额=40×25%=10（万元）。

所得税费用按会计准则的要求计算，在没有发生永久性差异且不采用应付税款法核算所得税费用的情况下，企业当期的所得税费用等于当期的税前会计利润总额与适用的企业所得税税率的乘积，与当期是否需要弥补以前年度结转的税前亏损无关，因此，本年度的所得税费用为40×25%=10（万元）。做如下会计分录。

借：所得税费用——递延所得税费用　　　　　　　　　　100 000
　　贷：递延所得税资产——第2年亏损　　　　　　　　　　100 000

第3年：税法规定，企业计提的资产减值损失不得在税前扣除。该年度应纳税所得额=会计利润总额+计提的资产减值损失=6+30=36（万元）。36万元的应纳税所得额需要用于弥补第1年结转的税前亏损，弥补亏损后的应纳税所得额为负数，不需缴纳企业所得税，但应将第1年因发生该亏损而确认的递延所得税资产予以转销，转销的金额为36×25%=9（万元），应确认的所得税费用为9万元。相关会计分录如下。

借：所得税费用——递延所得税费用　　　　　　　　　　90 000
　　贷：递延所得税资产——第1年亏损　　　　　　　　　　90 000

同时，需要反映因计提坏账准备应确认的递延所得税资产和相应的递延所得税费用，做如下会计分录。

借：递延所得税资产——第3年坏账准备　　　　　　　　75 000
　　贷：所得税费用——递延所得税费用　　　　　　　　　　75 000

第4年：本年度弥补第1年结转亏损后的应纳税所得额=第1年亏损+第2年应纳税所得额+第3年应纳税所得额+第4年应纳税所得额=-80+40+6+30+（70-10）=56（万元），应缴纳企业所得税=56×25%=14（万元）。

转回第1年因发生亏损而确认递延所得税资产的金额为20-10-9=1（万元），或者等于至第3年年末尚未弥补的亏损额×25%，即（-80+40+36）×25%=-4×25%=-1（万元），转回第3年因计提坏账准备而确认的递延所得税资产金额为10×25%=2.5（万元）。

应确认的所得税费用为70×25%=17.5（万元），其中递延所得税费用为1+2.5=3.5（万元），当期所得税费用为（70-10-4）×25%=14（万元）。已将转回的坏账准备10万元对本期损益的影响剔除，因为按照税法的规定，转回的资产减值准备虽然增加了本期的会计利润，但该部分不属于应税所得额，在计算转回当期的应税所得额时应做纳税调减，其对损益的影响应通过递延所得税明细来反映。会计分录如下。

借：所得税费用——递延所得税费用   35 000
        ——当期所得税费用   140 000
   贷：递延所得税资产——第1年亏损   10 000
        ——第3年坏账准备   25 000
    应交税费——应交企业所得税   140 000

四、减免企业所得税的会计处理

纳税人符合减免所得税规定时，应在年度终了后的两个月内向主管税务机关提供以下书面资料：减免税申请报告（主要包括减免税依据、范围、年限、金额、企业的基本情况等）；同期财务会计报表；工商营业执照和税务登记证的复印件；根据不同减免税项目，税务机关要求提供的其他材料。

（一）直接减免

企业仍然需要计算应交所得税，待税务机关审批之后再确认减免税。企业在计算应纳所得税时，借记"所得税费用"，贷记"应交税费——应交企业所得税"；税务机关确认减免时，借记"应交税费——应交企业所得税"，贷记"所得税费用"。

（二）即征即退与先征后退

企业在计算应纳所得税时，借记"所得税费用"，贷记"应交税费——应交企业所得税"；缴纳时，借记"应交税费——应交企业所得税"，贷记"银行存款"；确认应退税额并收到退税款时，借记"银行存款"，贷记"所得税费用"。

（三）有指定用途的退税

所得税退税款作为国家投资的，形成国家资本。企业收到退税时，借记"银行存款"，贷记"实收资本——国家资本金"。对有指定用途的政策性减免，可将减免的所得税税额贷记"资本公积"。

企业按照国务院财政、税务主管部门有关文件的规定，实际收到具有专门用途的先征后返所得税税款时，按照会计准则的规定应计入当期取得的利润总额，但不作为当期的应纳税所得额。

五、企业所得税的汇算清缴

企业所得税的汇算清缴一般属于财务会计中的资产负债表日后事项。对资产

汇算清缴

负债表日后事项中的调整事项，凡涉及上年度损益调整的事项，均应通过"以前年度损益调整"账户调整纳税年度的利润，计算受此影响的企业所得税，进行所得税的退补，并做相关会计处理；之后，才能进行有关利润分配。

"以前年度损益调整"账户的运用：调整增加的以前年度利润或调整减少的以前年度亏损，借记有关账户，贷记本账户；调整减少的以前年度利润或调整增加的以前年度亏损，借记本账户，贷记有关账户。因调整增加以前年度利润或调整减少以前年度亏损而相应增加的所得税，借记本账户，贷记"应交税费——应交企业所得税"；因调整减少以前年度利润或调整增加以前年度亏损而相应减少的所得税，做相反方向的会计分录。经调整后，应将该账户的余额转入"利润分配——未分配利润"。如为贷方余额，借记本账户，贷记"利润分配——未分配利润"；如为借方余额，做相反会计分录。结转后，本账户无余额。

【例7-16】某企业某年末"利润分配——未分配利润"账户借方余额100万元，企业申报亏损也是100万元。税务机关进行纳税检查时发现，企业当年不得在税前列支的金额为110万元，扣除账面亏损后企业赢利10万元。应做如下会计处理。

应补缴所得税=100 000×25%=25 000（元）

企业当年不得在税前列支的金额110万元属永久性差异，企业仍在税前扣除，造成虚报亏损，按逃税定性，110万元视同应税所得。假定按逃税额的100%计算罚款，则应罚款=1 100 000×25%×100%=275 000（元）。

（1）补缴所得税。

借：所得税费用 25 000
　　贷：应交税费——应交企业所得税 25 000
借：应交税费——应交企业所得税 25 000
　　贷：银行存款 25 000

（2）缴纳罚款。

借：营业外支出——税收罚款 275 000
　　贷：银行存款 275 000

假定不是上述情况，而是查出企业将10万元收入未入账，存入了小金库。这就应该调减亏损10万元，调整后仍然亏损90万元。这种情况只罚不补。假定按逃税额的100%计算罚款，应做如下会计处理。

（1）将未入账现金入账。

借：银行存款 100 000
　　贷：以前年度损益调整 100 000

（2）缴纳罚款时。

借：营业外支出——税收罚款 25 000
　　贷：银行存款 25 000

六、预提所得税代扣代缴的会计处理

外国企业在我国境内未设立机构、场所，而有来源于我国境内的利润（股息）、利息、租金、特许权使用费和其他所得的，按规定其所得税应由支付人在每次支付的款额中扣除，并在7天内缴入国库。对非居民纳税人在我国境内从事劳务、服务的所得，税务机关可以指定工程价款或劳务费的支付人为所得税扣缴义务人，税款在支付的款额中扣缴。

扣缴时，借记"其他应付款"等，贷记"应交税费——应交预提所得税"；实际代缴时，借记"应交税费——应交预提所得税"，贷记"银行存款"。

【例7-17】天欣通用污水处理有限公司系境外KH公司和市政排水有限公司共同出资成立的合资企业。境外KH公司占51%的股权，以欧元注册资本，股权成本价为2 580 000欧元。今年1月10日，境外KH公司将其注册资本51%的股权转让给市政排水有限公司，51%股权的转让价为6 440 000欧元，并完成了相关变更手续。假设股权转让日的汇率中间价是1欧元=8.5元人民币。

股权转让所得=6 440 000-2 580 000=3 860 000（欧元）

股权转让收益（折合人民币）=3 860 000×8.5=32 810 000（元）

应交企业所得税=32 810 000×10%=3 281 000（元）

做如下会计分录。

（1）应交预提所得税。

借：其他应付款——境外KH公司　　　　　　　　　　　　3 281 000
　　贷：应交税费——应交预提所得税　　　　　　　　　　　　　3 281 000

（2）缴纳预提所得税。

借：应交税费——应交预提所得税　　　　　　　　　　　　3 281 000
　　贷：银行存款　　　　　　　　　　　　　　　　　　　　　　3 281 000

第四节　企业所得税的纳税申报

一、企业所得税的纳税地点、纳税年度和纳税申报

（一）纳税地点

除税收法律、行政法规另有规定外，居民企业以企业登记注册地为纳税地点，但登记注册地在境外的，以实际管理机构所在地为纳税地点。

非居民企业取得税法规定的所得，以机构、场所所在地为纳税地点。非居民企业在我国境内未设立机构、场所，或者虽设立了机构、场所，但取得的所得与其所设机构、场所没有实际联系的，其所得应缴纳的所得税以扣缴义务人所在地为纳税地点。

（二）纳税年度

企业所得税按纳税年度计征，分月或分季预缴，年终汇算清缴，多退少补。纳税年度自公历 1月 1 日起，至 12 月 31 日止。企业在一个纳税年度中间开业或者终止经营活动，使该纳税年度的实际经营期不足 12 个月的，应以其实际经营期为一个纳税年度。

（三）纳税申报

企业预缴企业所得税时，应当自月份或季度终了之日起 15 日内，向税务机关报送预缴企业所得税纳税申报表，预缴企业所得税。在正常情况下，企业自年度终了之日起 5 个月内，向税务机关报送年度企业所得税纳税申报表，并汇算清缴，结清应交或应退税款。企业在年度中间终止经营活动的，应自实际经营终止之日起 60 日内，向税务机关办理企业所得税汇算清缴。

企业在纳税年度内无论盈亏，均应依照税法规定期限，向税务机关报送预缴企业所得税纳税申报表、年度企业所得税纳税申报表、同期财务报告和税务机关要求报送的其他有关资料。

二、企业所得税纳税申报表的填制

企业所得税纳税申报表的填制是所得税会计的核心内容。企业所得税纳税申报表的填制一般以财务会计信息为基础，但这些信息往往要按税法的规定进行纳税调整或重新组织，以符合所得税会计报表的要求——及时、正确地提供税务会计信息。

企业进行所得税纳税申报时，必须正确填制并及时报送企业所得税纳税申报表，还应附送同期财务会计报告等资料。预缴企业所得税时应按规定填制"企业所得税月（季）度预缴纳税申报表"；年终进行企业所得税汇算清缴时，应按规定填制"企业所得税年度纳税申报表"及有关附表。

（一）企业所得税预缴纳税申报表及其填制

企业所得税预缴纳税申报表分 A 类申报表和 B 类申报表（2018 年版）两种。企业所得税月（季）度预缴纳税申报表（A 类），适用于实行查账（核实）征收企业所得税的居民企业纳税人在月（季）度预缴纳税申报时填报；跨地区经营汇总纳税企业的分支机构，在进行月（季）度预缴申报和年度汇算清缴时填报。企业所得税月（季）度预缴和年度纳税申报表（B 类）适用于核定征收企业所得税的居民企业在月（季）度预缴申报和年度汇算清缴申报时填报。扣缴义务人还应填报"扣缴报告表"，汇总纳税企业应填报"汇总纳税分支机构分配表"。A 类预缴纳税申报表、B 类预缴和年度纳税申报表格式分别见表 7-4 和表 7-5。

表 7-4　　　A200000 中华人民共和国企业所得税月（季）度预缴纳税申报表（A 类）

税款所属期间：　　年　月　日至　年　月　日

纳税人识别号（统一社会信用代码）：□□□□□□□□□□□□□□□□□□

纳税人名称：　　　　　　　　　　　　　　　　金额单位：人民币元（列至角分）

预缴方式	□ 按照实际利润额预缴	□ 按照上一纳税年度应纳税所得额平均额预缴	□ 按照税务机关确定的其他方法预缴
企业类型	□ 一般企业	□ 跨地区经营汇总纳税企业总机构	□ 跨地区经营汇总纳税企业分支机构
预缴税款计算			

行次	项目	本年累计金额
1	营业收入	
2	营业成本	
3	利润总额	
4	加：特定业务计算的应纳税所得额	
5	减：不征税收入	
6	减：免税收入、减计收入、所得减免等优惠金额（填写 A201010）	
7	减：固定资产加速折旧（扣除）调减额（填写 A201020）	
8	减：弥补以前年度亏损	
9	实际利润额（3+4-5-6-7-8）\按照上一纳税年度应纳税所得额平均额确定的应纳税所得额	
10	税率（25%）	
11	应纳所得税税额（9×10）	
12	减：减免所得税税额（填写 A201030）	
13	减：实际已缴纳所得税税额	
14	减：特定业务预缴（征）所得税税额	
15	本期应补（退）所得税税额（11-12-13-14）\税务机关确定的本期应纳所得税税额	

续表

行次		项目	本年累计金额
16	总机构填报	总机构本期分摊应补（退）所得税税额（17+18+19）	
17		其中：总机构分摊应补（退）所得税税额（15×总机构分摊比例__%）	
18		财政集中分配应补（退）所得税税额（15×财政集中分配比例__%）	
19		总机构具有主体生产经营职能的部门分摊所得税税额（15×全部分支机构分摊比例__%×总机构具有主体生产经营职能部门分摊比例__%）	
20	分支机构填报	分支机构本期分摊比例	
21		分支机构本期分摊应补（退）所得税税额	

附报信息			
高新技术企业	□ 是　□ 否	科技型中小企业	□ 是　□ 否
技术入股递延纳税事项	□ 是　□ 否		

按季度填报信息			
季初从业人数		季末从业人数	
季初资产总额（万元）		季末资产总额（万元）	
国家限制或禁止行业	□ 是　□ 否	小型微利企业	□ 是　□ 否

谨声明：本纳税申报表是根据国家税收法律法规及相关规定填报的，是真实的、可靠的、完整的。

纳税人（签章）：　　年　月　日

经办人：
经办人身份证号：
代理机构签章：
代理机构统一社会信用代码：

受理人：
受理税务机关（章）：
受理日期：　　年　月　日

表7-5　　B100000 中华人民共和国企业所得税月（季）度预缴和年度纳税申报表（B类）

税款所属期间：　　年　月　日至　　年　月　日

纳税人识别号（统一社会信用代码）：□□□□□□□□□□□□□□□□□□

纳税人名称：　　　　　　　　　　　　　　　金额单位：人民币元（列至角分）

核定征收方式	核定应税所得率（能核算收入总额的）核定应纳所得税税额	核定应税所得率（能核算成本费用总额的）

行次	项目	本年累计金额
1	收入总额	
2	减：不征税收入	
3	减：免税收入（4+5+8+9）	
4	国债利息收入免征企业所得税	
5	符合条件的居民企业之间的股息、红利等权益性投资收益免征企业所得税	
6	其中：通过沪港通投资且连续持有H股满12个月取得的股息红利所得免征企业所得税	
7	通过深港通投资且连续持有H股满12个月取得的股息红利所得免征企业所得税	
8	投资者从证券投资基金分配中取得的收入免征企业所得税	
9	取得的地方政府债券利息收入免征企业所得税	
10	应税收入额（1-2-3）\成本费用总额	
11	税务机关核定的应税所得率（%）	
12	应纳税所得额（第10×11行）\[第10行÷（1-第11行）×第11行]	

续表

行次	项目	本年累计金额
13	税率（25%）	
14	应纳所得税税额（12×13）	
15	减：符合条件的小型微利企业减免企业所得税	
16	减：实际已缴纳所得税税额	
	本期应补（退）所得税税额（14-15-16）\税务机关核定本期应纳所得税税额	
按季度填报信息		
季初从业人数		季末从业人数	
季初资产总额（万元）		季末资产总额（万元）	
国家限制或禁止行业	□ 是　□ 否	小型微利企业	□ 是　□ 否
按年度填报信息		
小型微利企业	□ 是　□ 否		

谨声明：本纳税申报表是根据国家税收法律法规及相关规定填报的，是真实的、可靠的、完整的。

纳税人（签章）：　　　年　月　日

经办人： 经办人身份证号： 代理机构签章： 代理机构统一社会信用代码：	受理人： 受理税务机关（章）： 受理日期：　年 月 日

（二）企业所得税年度纳税申报表（A类）及其填制

企业所得税年度纳税申报表（A类，2017年版）适用于查账征收企业，由37张表单组成。其中，必填表2张，选填表35张。从表单结构角度看，全套申报表分为基础信息表、主表（见表7-6）、一级明细表、二级明细表和三级明细表，表单数据逐级汇总。从填报内容角度看，全套申报表由反映纳税人整体情况（2张）、会计核算（6张）、纳税调整（13张）、弥补亏损（1张）、税收优惠（9张）、境外税收（4张）、汇总纳税（2张）等明细情况的表单（见表7-7）组成。企业所得税年度纳税申报表表单（A类）结构图如图7-1所示。

从使用频率角度看，绝大部分纳税人实际填报表单的数量为8~10张。除两张必填表外，"一般企业收入明细表""一般企业成本支出明细表""期间费用明细表""纳税调整项目明细表""职工薪酬支出及纳税调整明细表""减免所得税优惠明细表"等为常用表单。其余表单应根据纳税人所在行业类型、业务发生情况正确选择填报。

企业所得税的年度纳税申报以主表为核心，主表是以企业所得税的间接法原理为基础设计的。填制时，以利润表为起点，将财务会计利润按税法的规定调整为应纳税所得额，进而计算应纳所得税额，具体包括利润总额计算、应纳税所得额计算、应纳所得税额计算三部分。主表数据大部分从附表中生成，个别数据从财务报表中取得。纳税申报表的每张附表既独立体现现行企业所得税政策，又与主表密切相关。

企业在计算应纳税所得额及应纳所得税额时，对企业财务、会计处理方法与税法规定不一致的，应当按照税法的规定计算。税法规定不明确的，在未做出明确规定之前，可以暂按企业财务、会计规定计算。

填报完成的申报表可以揭示企业税收管理、财务管理中存在的问题，以正确处理所得税会计与财务会计的关系。正确填报纳税申报表，不仅是为了履行纳税义务，还可以揭示企业税收管理中存在的问题，防范企业税务风险。

表7-6   A100000 中华人民共和国企业所得税年度纳税申报表（A类）

所属期间：   ××××年1月1日至××××年12月31日

纳税人名称：

纳税人识别号：   金额单位：元（列至角分）

行次	类别	项目	金额
1	利润总额计算	一、营业收入（填写 A101010/101020/103000）	3 216 553.74
2		减：营业成本（填写 A102010/102020/103000）	2 589 241.83
3		减：税金及附加	39 900.96
4		减：销售费用（填写 A104000）	0.00
5		减：管理费用（填写 A104000）	458 598.68
6		减：财务费用（填写 A104000）	594.66
7		减：资产减值损失	0.00
8		加：公允价值变动收益	0.00
9		加：投资收益	0.00
10		二、营业利润（1-2-3-4-5-6-7+8+9）	128 217.61
11		加：营业外收入（填写 A101010/101020/103000）	0.00
12		减：营业外支出（填写 A102010/102020/103000）	0.00
13		三、利润总额（10+11-12）	128 217.61
14	应纳税所得额计算	减：境外所得（填写 A108010）	0.00
15		加：纳税调整增加额（填写 A105000）	37 287.69
16		减：纳税调整减少额（填写 A105000）	164 940.00
17		减：免税、减计收入及加计扣除（填写 A107010）	
18		加：境外应税所得抵减境内亏损（填写 A108000）	0.00
19		四、纳税调整后所得（13-14+15-16-17+18）	565.30
20		减：所得减免（填写 A107020）	0.00
21		减：弥补以前年度亏损（填写 A106000）	0.00
22		减：抵扣应纳税所得额（填写 A107030）	0.00
23		五、应纳税所得额（19-20-21-22）	565.30
24	应纳税额计算	税率（25%）	25%
25		六、应纳所得税额（23×24）	141.33
26		减：减免所得税额（填写 A107040）	0.00
27		减：抵免所得税额（填写 A107050）	0.00
28		七、应纳税额（25-26-27）	141.33
29		加：境外所得应纳所得税额（填写 A108000）	0.00
30		减：境外所得抵免所得税额（填写 A108000）	0.00
31		八、实际应纳所得税额（28+29-30）	141.33
32		减：本年累计实际已缴纳的所得税额	32 054.40
33		九、本年应补（退）所得税额（31-32）	-31 913.07
34		其中：总机构分摊本年应补（退）所得税额（填写 A109000）	0.00

续表

行次	类别	项目	金额
35		财政集中分配本年应补（退）所得税额（填写 A109000）	0.00
36		总机构主体生产经营部门分摊本年应补（退）所得税税额（填写 A109000）	0.00

　　谨声明：此纳税申报表是根据《中华人民共和国企业所得税法》《中华人民共和国企业所得税法实施条例》以及有关税收政策、国家统一会计制度的规定填报的，是真实的、可靠的、完整的。

法定代表人（签章）：　　　　　　　　　　　年　月　日

纳税人公章：	代理申报中介机构公章：	主管税务机关受理专用章：
会计主管：	经办人及执业证件号码：	受理人：
填表日期：　年　月　日	代理申报日期：　年　月　日	受理日期：　年　月　日

表 7-7　　　　　　　　　　企业所得税年度纳税申报表（A类）填报表单

表单编号	表单名称	选择填报情况	
		填报	不填报
A000000	企业基础信息表	√	×
A100000	中华人民共和国企业所得税年度纳税申报表（A类）	√	×
A101010	一般企业收入明细表	□	□
A101020	金融企业收入明细表	□	□
A102010	一般企业成本支出明细表	□	□
A102020	金融企业支出明细表	□	□
A103000	事业单位、民间非营利组织收入、支出明细表	□	□
A104000	期间费用明细表	□	□
A105000	纳税调整项目明细表	□	□
A105010	视同销售和房地产开发企业特定业务纳税调整明细表	□	□
A105020	未按权责发生制确认收入纳税调整明细表	□	□
A105030	投资收益纳税调整明细表	□	□
A105040	专项用途财政性资金纳税调整明细表	□	□
A105050	职工薪酬支出及纳税调整明细表	□	□
A105060	广告费和业务宣传费跨年度纳税调整明细表	□	□
A105070	捐赠支出及纳税调整明细表	□	□
A105080	资产折旧、摊销及纳税调整明细表	□	□
A105090	资产损失税前扣除及纳税调整明细表	□	□
A105100	企业重组及递延纳税事项纳税调整明细表	□	□
A105110	政策性搬迁纳税调整明细表	□	□
A105120	特殊行业准备金及纳税调整明细表	□	□
A106000	企业所得税弥补亏损明细表	□	×
A107010	免税、减计收入及加计扣除优惠明细表	□	□
A107011	符合条件的居民企业之间的股息、红利等权益性投资收益优惠明细表	□	□
A107012	研发费用加计扣除优惠明细表	□	□
A107020	所得减免优惠明细表	□	□
A107030	抵扣应纳税所得额明细表	□	□
A107040	减免所得税优惠明细表	□	□
A107041	高新技术企业优惠情况及明细表	□	□
A107042	软件、集成电路企业优惠情况及明细表	□	□

续表

表单编号	表单名称	选择填报情况	
		填报	不填报
A107050	税额抵免优惠明细表	☐	☐
A108000	境外所得税收抵免明细表	☐	☐
A108010	境外所得纳税调整后所得明细表	☐	☐
A108020	境外分支机构弥补亏损明细表	☐	☐
A108030	跨年度结转抵免境外所得税明细表	☐	☐
A109000	跨地区经营汇总纳税企业年度分摊企业所得税明细表	☐	☐
A109010	企业所得税汇总纳税分支机构所得税分配表	☐	☐

注：企业应当根据实际情况选择需要填报的表单。

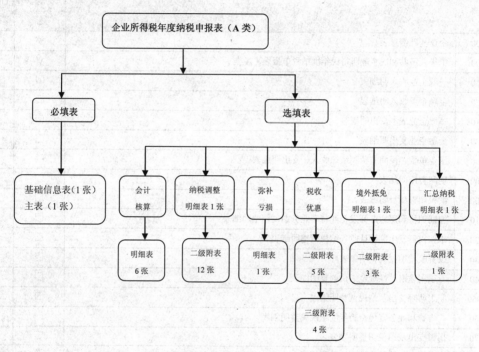

图 7-1　企业所得税年度纳税申报表表单（A 类）结构图

【例7-18】某家电生产企业系增值税一般纳税人，增值税税率为13%。8月，企业将其生产的100台彩色电视机通过某公益性组织捐赠给贫困地区的小学，并取得公益性捐赠票据，每台彩色电视机的生产成本为2 200元，市场价格为3 500元。该公司当年实现会计利润220万元。

按税法的规定，对外捐赠彩色电视机应视同销售货物行为计算缴纳增值税。但对外捐赠不会增加企业的现金流量，也不会增加企业的利润，即不符合财务会计的收入确认条件。

增值税销项税额=3 500×100×13%=45 500（元）

借：营业外支出——对外捐赠　　　　　　　　　　　　　265 500
　　贷：库存商品——彩电（2 200×100）　　　　　　　　220 000
　　　　应交税费——应交增值税（销项税额）　　　　　　 45 500

根据企业所得税法等有关规定，企业将资产用于对外捐赠，因资产所有权属已发生改变而不属于内部处置资产，应视同销售，确定收入。本例中，公司捐赠彩色电视机应确认商品销售收入35万元、销售成本22万元，应调增应纳税所得额13万元。

公益性捐赠限额=220×12%=26.4（万元），实际发生捐赠支出26.55万元，应调增应纳税所得额=26.55-26.4=0.15（万元）。

企业所得税纳税申报表相关附表的填报见表7-8至表7-10。

表7-8　　　　　　　　A105010 视同销售和房地产开发企业特定业务纳税调整明细表　　　　　单位：万元

行次	项目	税收金额	纳税调整金额
1	一、视同销售（营业）收入	35	35
	……		
7	（六）用于对外捐赠视同销售收入	35	35
	……		
11	二、视同销售成本	22	−22
	……		
17	（六）用于对外捐赠视同销售成本	22	−22

表7-9　　　　　　　　　　　A105070 捐赠支出及纳税调整明细表　　　　　　　　单位：万元

行次	受捐单位名称	公益性捐赠				非公益性捐赠	纳税调整金额
		账载金额	扣除限额	税收金额	纳税调整金额	账载金额	
1	某公益组织	26.55	*	*	*		*
	……						
20		26.55	26.4	26.4	0.15		0.15

表7-10　　　　　　　　　　A105000 纳税调整项目明细表　　　　　　　　单位：万元

行次	项目	账载金额	税收金额	调增金额	调减金额
1	一、收入类调整项目	*	*	35	
2	（一）视同销售收入	*	35	35	*
	……				
12	二、扣除类调整项目	*	*	0.15	22
13	（一）视同销售成本	*	22	*	22
	……				
17	（五）捐赠支出	26.55	26.4	0.15	*

第五节　财务会计中的所得税会计

对所得税的会计处理是财务会计中的一个专门处理会计收益与应税收益之间差异的会计程序。其目的在于协调财务会计与税务会计之间的关系，以保证财务会计报告充分揭示相关会计信息。现代所得税借助于财务会计才得以推行，财务会计则因企业所得税法而更加规范，当然也更为复杂。

一、基于资产负债观的所得税会计差异

收益的确认计量是财务会计的重要内容，主要有传统收益观和综合收益观（全面收益观）两大理论观。以利润表为重心的收入费用观体现传统收益理论，从资产和负债的角度确认计量收益的资

产负债观体现综合收益理论。目前，包括我国在内的大多数国家的所得税会计准则，均采用体现资产负债观的资产负债表债务法。

资产负债观是直接从资产和负债的角度确认与计量企业的收益，认为收益是企业期末净资产与期初净资产的差额，强调综合收益，收益由排除资本变动的净资产的期初、期末余额之差产生。按照资产负债观的理念，真正的利润本质上是净资产的增加，真正的亏损本质上是净资产的减少。要求在计量属性上尽可能采用公允价值，强调财务会计处理的重心应该是对资产和负债要素的确认与计量，而收入和费用要素则从属于资产和负债要素；在财务报告中，强调资产负债表在整体报告体系中的核心地位，利润表只是资产负债表的附表，是对资产负债观所确定的综合收益的明细说明。

（一）计税基础

在采用资产负债表债务法时，要求企业的资产及负债应根据会计准则与税法的不同要求分别计价，从而形成财务会计计价基础与税法计价基础两种计价基础。财务会计计价基础即资产（负债）的账面价值；税法计价基础即计税基础，是企业在资产负债表日根据税法规定，为计算应交所得税而确认的资产/负债的价值。

资产负债观

1. 资产的计税基础

资产的计税基础是指企业在收回资产账面价值的过程中，计算应纳税所得额时按照税法规定可以自应税经济利益中抵扣的金额，即某项资产在未来使用或最终处置时，允许作为成本或费用于税前列支的金额。

资产在初始确认时，其计税基础一般为取得成本，即企业为取得某项资产支付的成本在未来期间准予税前扣除的金额。在资产持续持有过程中，其计税基础是指资产的取得成本减去以前期间按照税法规定已经税前扣除金额后的余额。该余额代表的是按照税法的规定，所涉及的资产在未来期间计税时仍然可以在税前扣除的金额。如固定资产、无形资产等长期资产在某一资产负债表日的计税基础，是指其成本扣除按照税法的规定已在以前期间税前扣除的累计折旧额、摊销额，用公式表示为：

$$\frac{资产的}{计税基础} = \frac{未来可在税前}{扣除的金额} = \frac{资产的}{账面价值} - \frac{资产未来}{应税金额} + \frac{资产未来可}{抵扣金额}$$

一般情况下，资产在取得时，其入账价值与计税基础是相同的；在后续计量过程中，因企业会计准则与税法规定不同，可能会产生资产的账面价值与其计税基础的差异。

按照税法的规定，企业的各项资产应以历史成本为计税基础。企业持有期间资产的增值或者减值，除国务院财政、税务主管部门规定可以确认损益外，不得调整该资产的计税基础。现以简例进行说明。

（1）企业有一笔应收账款 2 000 元，其相应收入已包括在应税利润（可抵扣亏损）中，即该应收账款的相应收入已经通过销售（营业）收入计入应税收入并缴纳了流转税，计入应税所得并缴纳了所得税，因此，在该应收账款收回时不必再缴税了，其计税基础就是其账面价值（金额）。

（2）企业有一笔应收利息 1 500 元，相应利息收入按现金制缴税。就计税而言，该笔金额流入企业时无抵扣金额，故该应收利息的计税基础为零。

【例7-19】A公司的某项设备原价为3 000万元，财务会计的折旧年限为3年，税务会计的折旧年限为5年，两者均采用直线法计提折旧。第2年年末，公司对该项固定资产计提了60万元的固定资产减值准备。假设财务会计与税务会计预计净残值率均为0。

财务会计的账面价值=3 000-1 000-1 000-60=940（万元）

税务会计确认的计税基础=3 000-600-600=1 800（万元）

该例说明，固定资产账面价值与计税基础间存在差异的原因包括：一是折旧年限不同，财务会计的折旧年限为3年，税务会计的折旧年限为5年，每年因折旧年限不同会产生暂时性差异400万元，第2年会计期末因折旧年限不同而产生的暂时性差异合计800万元；二是计提固定资产减值准备造成的差异，2年后的会计期末由于财务会计计提了减值准备60万元，税法规定固定资产减值准备在计提时不允许在税前扣除，实际发生损失时才允许在税前扣除，由此产生差异60万元，两者合计为860万元。

2. 负债的计税基础

负债的计税基础是指负债的账面价值减去该负债在未来期间计算应纳税所得额时，按照税法规定可予以抵扣的金额。对于预收款项产生的负债，其计税基础为账面价值减去未来期间不征税的金额。可见，负债的计税基础是在未来期间计税时不可扣除的金额，用公式表示为：

　　负债的计税基础=账面价值-未来可税前扣除的金额

　　　　　　　　=负债的账面价值+负债未来应税金额-负债未来可抵扣金额

一般负债的确认和清偿不影响所得税的计算，差异主要是因从费用中提取的负债。现以简例进行说明。

（1）流动负债中包括账面金额为10 000元的应交罚款，税法规定该项罚款不可税前扣除，则该项罚款的税基为10 000-0=10 000（元）。该项差异仅影响罚款支出的当期，对企业未来期间计税不产生影响，因而不产生暂时性差异。

（2）企业一笔短期应计费用的账面金额为20 000元，计税时，相应的费用将在未来以现金予以抵扣，则该项流动负债应计费用的计税基础为零；计税时，如果相关的费用已抵扣，则该应计费用的计税基础就是20 000元。

（3）一项应付货款的账面价值为10万元。该货款的归还不会产生纳税后果，则该货款的计税基础为10万元。

【例7-20】B公司某年10月因销售产品承诺提供3年的保修服务，在当年度利润表中确认400万元的销售费用，同时确认等额的预计负债。当年实际发生保修支出80万元，预计负债的期末余额为320万元。假定税法规定与产品售后服务相关的费用在实际发生时准予在税前扣除。

该项预计负债在当年资产负债表日的账面价值为320万元。

该项预计负债的计税基础=账面价值-未来期间计算应纳税所得额时按税法规定准予扣除的金额=3 200 000-3 200 000=0（元）

（二）暂时性差异对未来应纳税金额的影响

暂时性差异（Temporary Differences）是指由于资产、负债的账面金额（在资产负债表中应列示的金额）与其计税基础不同而产生的差额。在以后年度，当财务报表上列示的资产收回或列示的负债偿还时，暂时性差异会使应税所得额增加或减少，即导致未来期间应交所得税增加或减少。基于资产负债观，在产生暂时性差异的当期，一般应当确认相应的递延所得税负债或递延所得税资产。未作为资产和负债确认的项目，如果按照税法规定可以确定其计税基础的，该计税基础与其账面价值之间的差额也属于暂时性差异。

时间性差异侧重于从收入或费用角度分析会计利润和应税利润之间的差异，揭示的是某个会计期间内产生的差异。暂时性差异侧重于从资产和负债的角度分析某个时点存在的账面价值与其计税基础之间的差异，这种差异可能会导致相关期间会计利润和应税利润之间发生差异，也可能并不会产生相关期间会计利润和应税利润的差异。

按照暂时性差异对未来期间应税所得额的影响方向（性质），暂时性差异可分为应纳税暂时性差异和可抵扣暂时性差异。

1. 应纳税暂时性差异

应纳税暂时性差异是指在未来收回资产或清偿负债时，会增加转回期间的应纳税所得额，即在未来期间不考虑该事项影响应纳税所得额的基础上，由于该项暂时性差异的转回，会进一步增加转回期间的应纳税所得额和应交所得税。

暂时性差异

当资产的账面价值大于其计税基础或者负债的账面价值小于其计税基础时，产生应纳税暂时性差异。即对于资产而言，当会计口径的价值大于税收口径的价值时，在纳税时可以在本期抵扣不缴税，等到以后再缴税；对于负债而言，当会计口径的价值小于税收口径的价值时，在纳税时可以在本期抵扣不缴税，等到以后再缴税。

资产的确认意味着该资产的账面金额在未来期间将以流入企业的经济利益的形式收回。当该资产的账面金额超过其计税基础时，应税经济利益的金额也将超过计税时允许抵扣的金额。该差额就是应税暂时性差异，它构成一项递延所得税负债。当企业收回该资产账面金额时，应税暂时性差异将转回，企业将获得应税利润，这使得经济利益很可能以税款支付的方式流出企业。因此，企业应确认所有递延所得税负债。

应纳税暂时性差异示例如下。

（1）某项固定资产的成本为 300 万元，账面价值为 200 万元。计税累计折旧为 180 万元，该项固定资产的计税基础为 120 万元。为收回账面金额，企业必须赚得应税收益 200 万元，但只能抵扣计税折旧 120 万元。如果税率为 25%，当企业收回该资产账面金额时，应支付所得税 20 万元（80 万元×25%）。因此，账面金额 200 万元与其计税基础 120 万元之间的差额 80 万元为应纳税暂时性差异。

（2）某企业拥有一项交易性金融资产，成本为 500 万元，期末公允价值为 750 万元。按照《企业会计准则》，交易性金融资产期末按公允价值计价，但依照税法，交易性金融资产持有期间，其公允价值的变动不计入应纳税所得额，即其计税基础不变。该项交易性金融资产账面价值大于计税基础的金额 250 万元为应纳税暂时性差异。

2. 可抵扣暂时性差异

可抵扣暂时性差异是指在未来期间收回资产或清偿负债时，会减少转回期间的应纳税所得额，进而减少未来期间的应交所得税。企业在可抵扣暂时性差异产生的当期，在符合条件的情况下，应当确认相关的递延所得税资产。"可抵扣"一般意味着款已经缴纳了，但按照税法规定不该在本期缴纳的，只有等到以后做抵扣处理。

当资产的账面价值小于其计税基础时，在经济含义上，表示资产在未来期间产生的经济利益少，而按税法规定允许税前扣除的金额多，则企业在未来期间可以减少应纳税所得额并相应减少应交所得税。

负债产生的暂时性差异实质上是税法规定该项负债可以在未来期间税前扣除的金额。当一项负债的账面价值大于其计税基础时，意味着在未来期间按税法规定构成负债的全部或部分金额可以从未来应税经济利益中扣除，即减少未来期间的应纳税所得额并相应减少应交所得税。

可抵扣暂时性差异示例如下。企业将产品保修费用 100 000 元确认为负债，计入当期损益。产品保修费用于实际支付时才能抵扣应纳税所得额。该项预计负债的计税基础是 0。在以账面金额清偿该负债时，企业的未来应纳税所得额会减少 100 000 元，如果税率为 25%，会相应减少未来所得税支出 25 000 元。账面金额与计税基础之间的差额 100 000 元是一项可抵扣暂时性差异。

应纳税暂时性差异与可抵扣暂时性差异的识别如表 7-11 所示。

表 7-11   应纳税暂时性差异与可抵扣暂时性差异的识别

资产/负债	账面价值与计税基础	暂时性差异的性质	递延所得税结果
资产	>	应纳税暂时性差异	递延所得税负债
	<	可抵扣暂时性差异	递延所得税资产
负债	>	可抵扣暂时性差异	递延所得税资产
	<	应纳税暂时性差异	递延所得税负债

（三）暂时性差异的产生

按照暂时性差异的产生情况，暂时性差异可分为以下三种类型。

1. 资产、负债的账面价值和计税基础不同而产生的差异

比较常见的有资产减值准备、具有融资性质的分期收款销售、固定资产折旧、无形资产的摊销、使用寿命不确定、公允价值计量的投资性房地产、公允价值计量且其变动计入当期损益的金融资产、权益法投资收益确认和补交所得税、售后服务等预计负债、某些预收账款、债务重组和应付薪酬延期支付等。

2. 企业合并中取得有关资产、负债产生的暂时性差异

企业合并准则指出，非同一控制下的吸收合并，购买方在购买日应当按照合并中取得的被购买方各项可辨认资产、负债的公允价值确定其入账价值。《国家税务总局关于企业合并分立业务有关所得税问题的通知》中规定，如果合并企业支付给被合并企业或其股东的收购价款中，除合并企业股权以外的现金、有价证券和其他资产不高于所支付的股权票面价值（或支付的股本的账面价值）20%，则被合并企业不确认全部资产的转让所得或损失，不计算缴纳所得税。合并企业接受被合并企业全部资产的计税成本，须以被合并企业原账面净值为基础确定。由此可见，如果符合上述条件，则合并方资产、负债的账面价值与其计税基础之间会产生暂时性差异。

3. 不属于资产、负债的特殊项目产生的暂时性差异

（1）某些交易或事项发生以后，因为不符合资产、负债的确认条件，账面价值为 0，但按照税法的规定能够确定其计税基础，其账面价值 0 与计税基础之间的差异会构成暂时性差异。例如，会计准则规定修理费作为当期费用，税法规定特定条件下修理费作为长期待摊费用；企业发生的广告费和业务宣传费，限额内的部分可以在税前扣除，超过部分准予在以后年度结转扣除。这类支出在发生时，按照会计准则、制度的规定，计入当期损益，不会形成资产，但因税法规定可以确定其计税基础，故两者之间的差异即为暂时性差异。

（2）按照税法的规定可以结转以后年度的未弥补亏损及税款递减，虽不是因资产、负债的账面价值与计税基础不同而产生的，但与可抵扣暂时性差异具有同样的作用，均能减少未来期间的应纳税所得额，进而减少未来期间的应交所得税。在会计处理上，其与可抵扣暂时性差异的处理方法相同，如按照税法规定允许用以后 5 年税前所得弥补的亏损。广告费和业务宣传费支出作为当期损益，税法规定年度广告费和业务宣传费支出不得超过销售收入的 15%（另有规定的除外），超过部分准许在以后纳税年度结转扣除。

【例7-21】某股份有限公司的所得税采用资产负债表债务法核算，所得税税率为 25%。该公司某年资产负债表的有关项目如表 7-12 所示。

表 7-12   资产负债表的有关项目   单位：万元

项目	年初数	年末数
存货	1 400	500
长期股权投资	0	400
固定资产	2 400	2 900
预计负债	0	480

续表

项目	年初数	年末数
递延所得税资产	75	—
递延所得税负债	50	—

（1）"存货跌价准备"账户年初贷方余额为300万元，年末贷方余额为120万元。

（2）长期股权投资系当年3月1日对甲公司的投资，初始投资成本为500万元，采用权益法核算。由于甲公司本年发生亏损，故该公司年末按应负担的亏损份额确认投资损失100万元，同时调整长期股权投资的账面价值。年末，未对长期股权投资计提减值准备。

（3）固定资产中包含一台B设备，系上年12月25日购入，原价1 000万元，预计净残值为零。计税采用年数总和法计提折旧，折旧年限为4年；财务会计采用直线法计提折旧，折旧年限为5年。

（4）预计负债为当年年末计提的产品保修费用480万元。假设除上述事项外，没有发生其他纳税调整事项。该公司当年利润表中"利润总额"项目的金额为2 000万元。

计算该公司年末暂时性差异及由此形成的应纳税暂时性差异、可抵扣暂时性差异。

存货产生的暂时性差异＝账面价值－计税基础＝500－（500+120）＝－120（万元）

长期股权投资产生的暂时性差异＝账面价值－计税基础＝400－500＝－100（万元）

固定资产产生的暂时性差异＝账面价值－计税基础＝800－600＝200（万元）

预计负债产生的暂时性差异＝（－1）×（账面价值－计税基础）

$$＝（－1）×（480－0）＝－480（万元）$$

存货、长期股权投资和预计负债三个项目产生的暂时性差异均为负数，属于可抵扣暂时性差异；固定资产产生的暂时性差异为正数，属于应纳税暂时性差异。

应纳税暂时性差异＝（正的）资产类差异+（正的）负债类差异＝200（万元）

可抵扣暂时性差异＝（负的）资产类差异+（负的）负债类差异

$$＝（－120）+（－100）+（－480）＝－700（万元）$$

二、所得税会计账户的设置

企业采用的所得税会计处理方法不同，企业所得税会计账户的设置也有所区别。一般应设置以下账户。

1. "所得税费用"

（1）采用应付税款法的企业，期末按税法规定计算的本期应交所得税，记入其借方。

（2）在资产负债表债务法下，在"所得税费用"账户下设置"当期所得税费用""递延所得税费用"两个明细账户。

所得税费用

在资产负债表日，企业按照税法计算确定的当期应交所得税金额借记本账户（当期所得税费用），贷记"应交税费——应交所得税"。

在确认相关资产、负债时，应予以确认的递延所得税资产，借记"递延所得税资产"，贷记本账户（递延所得税费用）、"资本公积——其他资本公积"等；应予以确认的递延所得税负债，借记本账户（递延所得税费用）、"资本公积——其他资本公积"等，贷记"递延所得税负债"。

在资产负债表日，对应予以确认的递延所得税资产大于"递延所得税资产"账户余额的差额，借记"递延所得税资产"，贷记本账户（递延所得税费用）、"资本公积——其他资本公积"等；对应予以确认的递延所得税资产小于"递延所得税资产"账户余额的差额，做相反的会计分录。

企业应予以确认的递延所得税负债的变动，应当比照上述原则调整"递延所得税负债"账户及有关账户。

期末，应将本账户的余额转入"本年利润"账户，结转后本账户应无余额。

2."递延所得税资产"

其用于核算企业根据所得税准则确认的可抵扣暂时性差异产生的所得税资产。根据税法的规定可用以后年度税前利润弥补的亏损产生的所得税资产，也在本账户核算；企业应当按照可抵扣暂时性差异等项目进行明细核算。

企业在确认相关资产、负债时，对应予以确认的递延所得税资产，借记本账户，贷记"所得税费用——递延所得税费用""资本公积——其他资本公积"等。

在资产负债表日，应予以确认的递延所得税资产大于本账户余额的，借记本账户，贷记"所得税费用——递延所得税费用""资本公积——其他资本公积"等；应予以确认的递延所得税资产小于本账户余额的，做相反的会计分录。

在资产负债表日，预计未来期间很可能无法获得足够的应纳税所得额用以抵扣可抵扣暂时性差异时，按应减记的金额，借记"所得税费用——当期所得税费用""资本公积——其他资本公积"，贷记本账户。

本账户期末借方余额反映企业已确认的递延所得税资产的余额。

3."递延所得税负债"

其用于核算企业根据所得税准则确认的应纳税暂时性差异产生的所得税负债，企业应当按照应纳税暂时性差异项目进行明细核算。

企业在确认相关资产、负债时，对应予以确认的递延所得税负债，借记"所得税费用——递延所得税费用""资本公积——其他资本公积"等账户，贷记本账户。

在资产负债表日，应予以确认的递延所得税负债大于本账户余额的，借记"所得税费用——递延所得税费用""资本公积——其他资本公积"等，贷记本账户；应予以确认的递延所得税负债小于本账户余额的，做相反的会计分录。

本账户期末贷方余额，反映企业已确认的递延所得税负债的余额。

4."应交税费——应交企业所得税"

其在本章第三节已经述及。财务会计与税务会计都需要设置该账户，但在财务会计报表中，"应交税费"仅反映其余额，而且是全部税种的余额，可以说没有多少信息含量；而在税务会计申报表中，不仅要反映其余额，还要反映其发生额，而且一定要分税种反映，其信息内容更为丰富、更具价值。

三、应付税款法的会计处理

应付税款法（Taxes Payable Method）是企业将本期税前会计利润与应税所得额之间的差额所造成的影响纳税的金额直接记入当期损益，而不递延到以后各期的一种所得税会计处理方法。应付税款法是税法导向的会计处理方法，执行《小企业会计准则》的企业可以采用该方法。

在应付税款法下，本期发生的时间性差异不单独核算，与本期发生的永久性差异一并处理，即"应税所得额=利润总额±永久性差异金额±时间性差异金额"。将税前会计利润调整为应税所得，再按应税所得计算应交所得税，并作为本期所得税费用，即本期所得税费用等于本期应交所得税。时间性差异产生的影响所得税的金额，在会计报表中不反映为一项负债或一项资产，仅在会计报表附注中说明其影响。

【例7-22】某企业全年发生超标业务招待费3.5万元。固定资产折旧采用直线法，本年折旧额为50 000元；计税采用双倍余额递减法，本年折旧额为65 000元。年度利润表上反映的税前会计利润为100万元，所得税税率为25%。该企业本期应交所得税和所得税费用计算如下。

税前会计利润	1 000 000
加：永久性差异	35 000
减：时间性差异	15 000
应税所得额	1 020 000
所得税率	25%
本期应交所得税	255 000
本期所得税费用	255 000

做如下会计分录。

借：所得税费用   255 000
    贷：应交税费——应交企业所得税   255 000

实际上交所得税时，做如下会计分录。

借：应交税费——应交企业所得税   255 000
    贷：银行存款   255 000

四、资产负债表债务法的会计处理

（一）资产负债表债务法的基本含义、计算公式和处理程序

资产负债表债务法

资产负债表债务法又称资产负债表法，是以估计转销年度的所得税税率为依据，计算递延税款的一种所得税会计处理方法。

资产负债表债务法从暂时性差异产生的本质出发，分析暂时性差额产生的原因及其对企业期末资产和负债的影响，体现"资产负债观"。资产负债表债务法以资产负债表为基础，注重暂时性差异。暂时性差异侧重于从资产和负债的角度分析某个时点上存在的账面价值与其计税基础之间的差异。这种差异可能导致相关期间会计利润和应税利润之间发生差异，也可能并不会产生相关期间会计利润和应税利润的差异。

资产负债表债务法仅确认暂时性差异的所得税影响，因为永久性差异不会产生资产、负债的账面价值与其计税基础的"差异"，即不会形成暂时性差异，对企业在未来期间的计税没有影响，不会产生递延所得税，因此，其"差异"应在发生当期进行所得税纳税调整。资产负债表债务法采用递延所得税资产和递延所得税负债的概念，使"递延税款"的外延大大扩展，并且更具实际意义。在资产负债表中，递延所得税资产和递延所得税负债应与当期所得税资产和负债分别列报。

在资产负债表债务法下，应根据《中华人民共和国企业所得税法》确认计量企业本期应纳税所得额，并按应纳税所得额和现行适用税率计算本期应交所得税；再根据《企业会计准则》确认、计量企业同期期末暂时性差异及结转以后年度的本期弥补亏损与所得税抵减，计算递延所得税负债（或资产）的期末余额，并将递延所得税负债（或资产）的期末余额与期初余额的差额作为递延税款费用（或收益）；最后用应交所得税加、减递延税款费用（或收益），即为所得税费用（或收益）。

按上述程序，在资产负债表债务法下，有关计算公式表示如下：

应交企业所得税即应纳税额的计算，见本章第二节。

期末递延所得税资产=可抵扣暂时性差异期末余额×预计税率

期末递延所得税负债=应纳税暂时性差异期末余额×预计税率

当期递延所得税负债（资产）=期末递延所得税负债（资产）-期初递延所得税负债（资产）

所得税费用（收益）=应交所得税+（期末递延所得税负债-期初递延所得税负债）-（期末递延所得税资产-期初递延所得税资产）

或　　　　所得税费用（收益）=应交所得税+期初递延所得税净资产-期末递延所得税净资产

或　　　　所得税费用（收益）=应交所得税+净递延所得税资产

或　　　　所得税费用（收益）=当期所得税费用±递延所得税费用（收益）

资产负债表债务法适用于对所有暂时性差异的处理，处理时应遵循以下步骤。

① 确定各项资产、负债的计税基础。

② 计算各项资产、负债的暂时性差异。

③ 确认计量暂时性差异的递延所得税负债或资产。

④ 将递延所得税负债或资产及相应的所得税费用（收益）在财务报表中予以列示。

（二）递延所得税负债的确认计量

在资产负债表债务法下，企业一般应于资产负债表日分析比较资产、负债的账面价值与其计税基础，将两者之间的应纳税暂时性差异与适用税率的乘积确认为递延所得税负债。对在企业合并等特殊交易或事项中取得的资产和负债，应于购买日确认相关的递延所得税负债。企业在确认计量递延所得税负债时，应遵循以下规则。

（1）适用税率的确定。应当采用预期清偿该负债期间的适用税率，即应纳税暂时性差异转回期间的适用税率。若预计在应纳税暂时性差异转回期间企业所得税税率不会发生变化，则可直接采用现行税率；若预计转回期间会发生税率变动，则采用变动后的税率。

（2）在确认递延所得税负债的同时，应确认相应的递延所得税费用，并分别以下情况。

① 在企业合并中产生的递延所得税费用，应调整企业合并中确认的商誉。如非同一控制下企业合并产生的应纳税暂时性差异或可抵扣暂时性差异，在确认递延所得税负债或递延所得税资产的同时，相关递延所得税费用（或收益）通常应调整企业合并中确认的商誉。

② 由直接计入所有者权益的交易或事项（如可供出售金融资产公允价值的变动），引起相关资产、负债的账面价值与计税基础的应纳税暂时性差异，进而产生的递延所得税费用，计入资本公积——其他资本公积。

③ 其他递延所得税费用均计入本期所得税费用。

（3）企业对与子公司、联营企业及合营企业投资相关的应纳税暂时性差异，应当确认相应的递延所得税负债，但同时满足下列条件者除外。

① 投资企业能够控制暂时性差异转回的时间。

② 该暂时性差异在可预见的未来很可能不会转回。

（4）对商誉的初始确认，对在会计利润、应纳税所得额和可抵扣亏损均无影响的交易（企业合并除外）中产生的资产或负债的初始确认，其所产生的应纳税暂时性差异不确认递延所得税负债。

（5）我国规定，企业不必对递延所得税负债折现。

（三）递延所得税负债的会计处理

对应予确认的递延所得税负债，应借记"所得税费用——递延所得税费用""其他综合收益""商誉"等账户，贷记"递延所得税负债"账户。

资产负债表日，对应予确认的递延所得税负债小于"递延所得税负债"账户余额的差额，借记

"递延所得税负债"账户，贷记"所得税费用——递延所得税费用""其他综合收益"等账户；对应予确认的递延所得税负债大于"递延所得税负债"账户余额的差额，做相反方向的会计分录。

【例7-23】第1年12月26日，AB公司购入一台价值80 000元、不需要安装的设备。该设备预计使用期限为4年，财务会计采用直线法计提折旧（不考虑残值），税务会计采用年数总和法计提折旧（不考虑残值）。假定AB公司每年的利润总额均为100 000元，无其他纳税调整项目，设每年所得税税率为25%。做如下会计处理。

第2年财务会计计提折旧20 000元（80 000元÷4），设备的账面价值为60 000元（80 000元-20 000元）；税务会计计提折旧32 000元[80 000元×4÷（1+2+3+4）]，设备的计税基础为48 000元（80 000元-32 000元）。设备的账面价值与计税基础之间的差额为12 000元（60 000元-48 000元）。确认的账面价值比资产的计税基础高，应确认为递延所得税负债3 000元（12 000元×25%）。第2年应缴企业所得税22 000元{[100 000元-（32 000元-20 000元）]×25%}。

借：所得税费用 25 000
　　贷：应交税费——应交企业所得税 22 000
　　　　递延所得税负债 3 000

第3年，财务会计计提折旧20 000元，设备的账面价值为40 000元；税务会计计提折旧24 000元[80 000元×3÷（1+2+3+4）]，设备的计税基础为24 000元（48 000元-24 000元）。设备的账面价值与计税基础之间的差额为16 000元（40 000元-24 000元），为累计应确认的应纳税暂时性差异。确认的账面价值比资产的计税基础高，应确认为递延所得税负债。年底应保留的递延所得税负债余额为4 000元（16 000元×25%），年初余额为3 000元，应再确认递延所得税负债1 000元（4 000元-3 000元）。第3年应缴企业所得税24 000元{[100 000元-（24 000元-20 000元）]×25%}。

借：所得税费用 25 000
　　贷：应交税费——应交企业所得税 24 000
　　　　递延所得税负债 1 000

第4年，财务会计计提折旧20 000元，设备的账面价值为20 000元；税务会计计提折旧16 000元[80 000元×2÷（1+2+3+4）]，设备的计税基础为8 000元（24 000元-16 000元）。设备的账面价值与计税基础之间的差额12 000元（20 000元-8 000元）为累计应确认的应纳税暂时性差异。第4年年底应保留的递延所得税负债余额为3 000元（12 000元×25%），年初余额为4 000元，应转回递延所得税负债1 000元（4 000元-3 000元）。第4年应缴企业所得税26 000元{[100 000元+（20 000元-16 000元）]×25%}。

借：所得税费用 25 000
　　递延所得税负债 1 000
　　贷：应交税费——应交企业所得税 26 000

第5年，财务会计计提折旧20 000元，设备的账面价值为0；税务会计计提折旧8 000元[80 000元×1÷（1+2+3+4）]，设备的计税基础为0（8 000元-8 000元）。设备的账面价值与计税基础之间的差额为0。年底，应保留的递延所得税负债余额也为0，年初余额为3 000元，应转回递延所得税负债3 000元。第5年，应缴企业所得税28 000元{[100 000元+（20 000元-8 000元）]×25%}。

借：所得税费用 25 000
　　递延所得税负债 3 000
　　贷：应交税费——应交企业所得税 28 000

（四）递延所得税资产的确认计量

在资产负债表债务法下，企业一般应于资产负债表日，分析比较资产、负债（包括筹建费用、税款抵减、未弥补亏损等）的账面价值与其计税基础，将两者之间的可抵扣暂时性差异与适用税率的乘积确认为递延所得税资产。对在企业合并等特殊交易或事项中取得的资产和负债，应于购买日确认相关的递延所得税资产。企业在确认计量递延所得税资产时，应遵循以下规则。

（1）适用税率的确定，参见递延所得税负债的确认计量。

（2）确认由可抵扣暂时性差异产生的递延所得税资产时，应当以未来期间很可能取得用以抵扣可抵扣暂时性差异的应纳税所得额为限。企业在确定未来期间很可能取得的应纳税所得额时，应当包括未来期间正常生产经营活动实现的应纳税所得额和在可抵扣暂时性差异转回期间因应纳税暂时性差异的转回而增加的应纳税所得额，并应提供相关的证据。

（3）在资产负债表日，若有确凿证据表明未来期间很可能获得足够的应纳税所得额用来抵扣可抵扣暂时性差异，则应当确认以前期间未确认的递延所得税资产。

（4）在资产负债表日，企业应当对递延所得税资产的账面价值进行复核。如果未来期间很可能无法获得足够的应纳税所得额用以抵扣递延所得税资产的利益，则应当减记递延所得税资产的账面价值；当很可能获得足够的应纳税所得额时，减记的金额应当转回。

（5）我国规定，企业不必对递延所得税资产折现。

（五）递延所得税资产的会计处理

在资产负债表日，根据所得税准则应予确认的递延所得税资产大于"递延所得税资产"账户余额的差额，借记"递延所得税资产"账户，贷记"所得税费用——递延所得税费用""其他综合收益"等账户；对应予确认的递延所得税资产小于"递延所得税资产"账户余额的差额，做相反的会计分录。

【例7-24】M公司第1年12月20日购置了一台设备，价值52万元。公司预计该设备的使用寿命为5年，预计净残值为2万元，采用年限平均法计提折旧。该公司第2年至第6年每年扣除折旧和所得税之前的利润为110万元，该项政策与税法要求相符。第4年12月31日，公司在进行检查时发现该设备发生减值，可收回金额为10万元。假设整个过程不考虑其他相关税费，该设备在第4年12月31日以前没有计提固定资产减值准备，重新预计净残值仍为2万元，预计使用寿命没有发生变更。假定按年度计提固定资产折旧，企业所得税税率为25%，有关会计处理如下。

第一步，确定一项资产或负债的税基及其暂时性差异（见表7-13）。

表7-13　　　　　　　　　　　　　　　　暂时性差异计算表　　　　　　　　　　　　　　单位：万元

年份	原值	净残值	本期计提折旧	累计折旧	本期计提减值准备	累计计提准备	账面价值	税基	暂时性差异
第2年	52	2	10	10	0	0	42	42	0
第3年	52	2	10	20	0	0	32	32	0
第4年	52	2	10	30	12	12	10	22	12
第5年	52	2	4	34	0	12	6	12	6
第6年	52	2	4	38	0	12	2	2	0

注：① 账面价值=资产原值-累计折旧-累计减值准备，如第4年的账面价值为52-10×3-12=10（万元）；累计折旧、累计减值准备与账面价值之和与原值相差2万元，是残值。本例中，残值不存在暂时性差异。

② 当企业收回该资产的账面金额时，税基为可抵扣未来流入企业的任何应税经济利益的金额，如第4年的税基为52-10×3=22（万元）

本例中，第2年1月1日至第3年12月31日，甲公司每年计提折旧金额10万元[（52万元-2万元）÷5]，2年累计折旧金额为20万元。每年做如下会计分录。

借：制造费用等　　　　　　　　　　　　　　　　　　　　　　100 000

　　贷：累计折旧　　　　　　　　　　　　　　　　　　　　　　100 000

设无其他纳税调整事项，在这2年内，无论是会计还是税法，均以10万元折旧计提数为利润的扣除额，会计的账面价值与税基间并不存在任何差异，均为32万元（52万元-20万元）。

计提所得税的会计分录如下。

借：所得税费用［（110万元-10万元）×25%］　　　　　　　　　　250 000
　　贷：应交税费——应交企业所得税［（110万元-10万元）×25%］　250 000

第二步，确认递延所得税资产或递延所得税负债。

本例中，第4年12月31日，在不考虑计提减值准备因素的情况下计算确定的固定资产账面净值为22万元（52万元-30万元），可收回金额为10万元，因此该公司应计提固定资产减值准备金额12万元。其会计分录如下。

借：资产减值损失　　　　　　　　　　　　　　　　　　　　　　　120 000
　　贷：固定资产减值准备　　　　　　　　　　　　　　　　　　　　120 000

第4年12月31日固定资产发生减值时，应先对固定资产计提折旧，然后才能进行计提固定资产减值准备的会计处理。

这时，资产的账面价值与其税基间产生了差异。资产的账面价值为10万元（52万元-30万元-12万元），税基为22万元，资产账面价值比资产的计税税基低，产生可抵扣暂时性差异12万元。应确认递延所得税资产3万元（12万元×25%），即递延所得税资产应记借方。

第三步，以所得税费用为轧平账，编制如下会计分录。

借：所得税费用（25万元-3万元）　　　　　　　　　　　　　　　　220 000
　　递延所得税资产　　　　　　　　　　　　　　　　　　　　　　　30 000
　　贷：应交税费——应交企业所得税［（110万元-10万元）×25%］　250 000

在资产负债表债务法中，当资产的账面价值低于资产的计税基础时，应确认为递延所得税资产，递延所得税资产记借方，所得税费用为应交所得税与递延所得税资产之差；反之，如果资产账面价值比资产的计税基础高，则应确认为递延所得税负债，递延所得税负债记贷方，所得税费用应为递延所得税负债与应交所得税之和。

第5年至第6年每年计提折旧时，应按该设备第4年12月31日计提减值准备后的固定资产账面价值10万元和尚可使用寿命2年、预计净残值2万元，重新计算确定折旧率和折旧额，即每年计提折旧额4万元［（10万元-2万元）÷2］。每年做如下会计分录。

借：制造费用等　　　　　　　　　　　　　　　　　　　　　　　　　40 000
　　贷：累计折旧　　　　　　　　　　　　　　　　　　　　　　　　　40 000

第5年账面价值为6万元，税基为12万元，暂时性差异为6万元，且账面价值低于税基，应确认为递延所得税资产1.5万元（6万元×25%）①。

借：所得税费用　　　　　　　　　　　　　　　　　　　　　　　　　265 000
　　贷：递延所得税资产　　　　　　　　　　　　　　　　　　　　　　15 000
　　　　应交税费——应交企业所得税［（110万元-10万元）×25%］　250 000

第6年设备报废前计提折旧4万元，其账面价值为2万元，税基为2万元，暂时性差异为零，转回递延所得税资产余额。报废时，残值2万元，应交所得税25.5万元［（110万元-10万元+2万元）×25%］，做如下会计分录。

借：制造费用等　　　　　　　　　　　　　　　　　　　　　　　　　40 000
　　贷：累计折旧　　　　　　　　　　　　　　　　　　　　　　　　　40 000
借：所得税费用　　　　　　　　　　　　　　　　　　　　　　　　　270 000

---

① 即期末应保留的账面余额，因期初递延所得税资产余额为30 000元，故本期应予以转回15 000元。

> 贷：递延所得税资产 15 000
> 应交税费——应交企业所得税 255 000

（六）所得税费用的会计处理

利润表中的所得税费用包括当期所得税费用和递延所得税费用（或收益）。当期所得税费用是指税务会计按税法规定计算的当期应交所得税；根据《企业会计准则》确认计量的递延所得税资产和递延所得税负债的所得税影响金额，即因确认计量递延所得税资产和递延所得税负债而产生的费用（或收益）为递延所得税费用（或收益），但直接计入所有者权益的交易事项所产生的递延所得税资产和递延所得税负债除外。

【例7-25】 MT公司税务会计年终经过纳税调整后，确定应纳税所得额800万元。财务会计预计公司未来期间能够产生足够的应纳税所得额用以抵扣暂时性差异。年末，根据公司资产、负债项目及其计税基础，暂时性差异计算见表7-14。

表 7-14 　　　　　　　　　　　　暂时性差异计算表 　　　　　　　　　　单位：万元

资产、负债项目	账面价值	计税基础	应纳税暂时性差异	可抵扣暂时性差异
固定资产	1 200	1 100	100	
无形资产	260	0	260	
预计负债	140	0		140
合计	—	—	360	140

假定除上述资产、负债项目外，其他资产、负债项目的账面价值与计税基础间不存在差异，而且递延所得税资产、递延所得税负债均不存在期初余额，适用的所得税税率为25%。所得税的有关计算如下。

应交企业所得税=800×25%=200（万元）

递延所得税负债=360×25%=90（万元）

递延所得税资产=140×25%=35（万元）

递延所得税费用=90-35=55（万元）

所得税费用合计=200+55=255（万元）

根据计算结果，做如下会计分录。

> 借：所得税费用——当期所得税费用 2 000 000
> 贷：应交税费——应交企业所得税 2 000 000
> 借：所得税费用——递延所得税费用 900 000
> 贷：递延所得税负债 900 000
> 借：递延所得税资产 350 000
> 贷：所得税费用——递延所得税费用 350 000

本章重点与难点

企业所得税的确认计量、会计处理和纳税申报，企业所得税年度纳税申报表（A类）的填制，资产负债表债务法及其应用。

思考题

1. 企业所得税的纳税人是否仅限于企业？

2．企业所得税中的收入总额与财务会计中的"收入"是否等同？

3．如何界定企业所得税的不征税收入与应税收入？

4．简述企业所得税的税前扣除原则、扣除项目及其扣除标准。

5．企业已经计提而未实际发放的工薪是否允许在税前扣除？

6．如何计算居民企业的应纳税所得额？

7．应纳税所得额与实际应纳税所得额间有何区别？

8．简述暂时性差异的产生过程及其分类。

9．简述资产负债表债务法的会计处理程序。

技能题

一、计算题

1．某市区汽车制造厂（增值税一般纳税人）全年实现小汽车不含税销售额 9 000 万元，取得送货的运输费收入 46.4 万元（含税）；购进各种料件，取得增值税专用发票，注明购货金额 2 400 万元、进项税额 384 万元；支付购货的运输费 50 万元，取得运输公司开具的普通发票。7 月 1 日，其将原值 200 万元的仓库出租给某商场存放货物（该仓库于营改增前取得），出租期限为 2 年，共计租金 48 万元。签订合同时预收半年租金 12 万元，其余在租用期的当月收取。其适用的消费税税率为 3%。

要求：计算所得税前可以扣除的税金及附加。

2．假定某企业为居民企业，某年经营业务如下。

（1）取得销售收入 2 500 万元。

（2）销售成本为 1 100 万元。

（3）发生销售费用 670 万元（其中广告费 450 万元）、管理费用 480 万元（其中业务招待费 15 万元）、财务费用 60 万元。

（4）销售税金为 160 万元（含增值税 120 万元）。

（5）营业外收入为 70 万元，营业外支出为 50 万元（含通过公益性社会团体向贫困山区捐款 30 万元，支付税收滞纳金 6 万元）。

（6）计入成本、费用中的实发工资总额为 150 万元，拨缴职工工会经费 3 万元，支出职工福利费和职工教育经费 29 万元。

要求：计算该企业该年度实际应缴纳的企业所得税。

二、会计核算题

1．甲企业于 12 月 31 日购入某机器设备，会计上采用直线法计提折旧，税法规定允许采用加速折旧。其取得成本为 100 万元，使用年限为 10 年，净残值为零，计税时按双倍余额递减法计提折旧。不考虑中期报告的影响。该企业适用的所得税税率为 25%。

要求：确认递延所得税资产或递延所得税负债并做会计处理。

2．某建筑安装公司 12 月购入一台大型机械设备，入账价值 200 万元（不考虑其他税费），2017 年 1 月开始按照折旧年限 8 年、残值率 5% 计提折旧。根据企业所得税法的规定，该机械设备的最低折旧年限为 10 年。假设该公司每年的利润总额均为 100 万元，无其他纳税调整项目，适用的所得税税率为 25%。

要求：根据上述资料，不考虑其他因素，确认递延所得税资产或递延所得税负债，并做会计处理。

第八章

个人所得税会计

学习目标

1. 了解个人所得税的税制要素；
2. 掌握预扣预缴个人所得税的计算和会计处理、扣缴申报表填报等知识；
3. 掌握居民企业个人所得税的计算、记录与纳税申报等知识。

本章导言

个人所得税的纳税人并非都是个人，正如企业所得税的纳税人并非都是企业。个人所得税会计是税务会计主体，而非财务会计主体。因此，对居民企业来说，其个人所得税会计主体，既是负税人，又是纳税人；对其他企业来说，个人所得税会计主体仅是扣缴义务人，而非负税人。

第一节

个人所得税的税制要素

2018 年 8 月 31 日，全国人民代表大会常务委员会表决通过关于修改《中华人民共和国个人所得税法》的决定，标志着我国在建立综合与分类相结合的个人所得税制上迈出了关键的一步。自然人纳税人将由被动扣缴向主动申报转变，这有利于增强纳税人的税收意识和税收认同感。

征收个人所得税有利于国家积累资金和平衡税收负担，也有利于在平等互利基础上的国际经济合作和技术交流；有利于维护国家权益，还有利于按照平等互利原则正确处理国际间双重征税和税收抵免等问题。

一、个人所得税的纳税人/扣缴义务人和纳税范围

个人所得税（Personal Income Tax）是对个人①取得的应税所得征收的一种直接税。个人所得税以所得人为纳税人，以支付所得的单位或个人为扣缴义务人。

扣缴义务人应依法履行预扣预缴、代扣代缴义务，纳税人不得拒绝；若纳税人拒绝，扣缴义务人应及时报告税务机关。扣缴义务人应依法对纳税人报送的专项附加扣除等相关涉税信息和资料保密。

居民个人从中国境内和境外取得的所得，应依法缴纳个人所得税；非居民个人从中国境内取得的所得，应依法缴纳个人所得税。下列所得，不论支付地点是否在中国境内，均为来源于中国境内的所得。

（1）因任职、受雇、履约等在中国境内提供劳务取得的所得。

（2）将财产出租给承租人在中国境内使用而取得的所得。

（3）许可各种特许权在中国境内使用而取得的所得。

---

① 亦称自然人（Natural Person），是在自然状态下作为民事主体存在的人，有权参加民事活动，享有权利并承担义务。所有公民都是自然人，但并不是所有自然人都是某一特定国家的公民。

（4）转让中国境内的不动产等财产或者在中国境内转让其他财产取得的所得。

（5）从中国境内企业、事业单位、其他组织以及居民个人取得的利息、股息、红利所得。

在中国境内有住所或无住所而一个纳税年度内在中国境内居住累计满183天的个人，为居民个人（居民纳税人）；在中国境内无住所又不居住，或无住所而一个纳税年度内在中国境内居住累计不满183天的个人，为非居民个人（非居民纳税人）。

无住所个人在一个纳税年度内在中国境内累计居住满183天的，如果此前六年①在中国境内每年累计居住天数都满183天而且没有任何一年单次离境超过30天，该纳税年度来源于中国境内、境外所得应当缴纳个人所得税；如果此前六年的任一年在中国境内累计居住天数不满183天或者单次离境超过30天，该纳税年度来源于中国境外且由境外单位或者个人支付的所得，免予缴纳个人所得税。

无住所个人一个纳税年度内在中国境内累计居住天数，按照个人在中国境内累计停留的天数计算。在中国境内停留的当天满24小时的，计入中国境内居住天数，在中国境内停留的当天不足24小时的，不计入中国境内居住天数。

纳税人有中国公民身份号码的，以公民身份号码为纳税人识别号；没有中国公民身份号码的个人，应在首次发生纳税义务时，由税务机关赋予其纳税人识别号。个人应当凭纳税人识别号实名办税。

二、个人所得税的应税项目

我国现行个人所得税实行分类（项）课征与综合课征相结合的征收制度。以下各项个人所得，应当缴纳个人所得税。

（1）工资、薪金所得。个人因任职或受雇取得的工资、薪金、奖金、年终加薪、劳动分红、津贴、补贴以及与任职或者受雇有关的其他所得。

（2）劳务报酬所得。个人从事劳务取得的所得，包括从事设计、装潢、安装、制图、化验、测试、医疗、法律、会计、咨询、讲学、翻译、审稿、书画、雕刻、影视、录音、录像、演出、表演、广告、展览、技术服务、介绍服务、经纪服务、代办服务以及其他劳务取得的所得。

（3）稿酬所得。个人因其作品以图书、报刊等形式出版、发表而取得的所得。

（4）特许权使用费所得。个人提供专利权、商标权、著作权②、非专利技术以及其他特许权的使用权取得的所得。

（5）经营所得。具体包括如下内容。

① 个体工商户从事生产、经营活动取得的所得，个人独资企业投资人、合伙企业的个人合伙人来源于境内注册的个人独资企业、合伙企业生产、经营的所得。

② 个人依法从事办学、医疗、咨询以及其他有偿服务活动取得的所得。

③ 个人对企业、事业单位承包经营、承租经营以及转包、转租取得的所得。

④ 个人从事其他生产、经营活动取得的所得。

（6）利息、股息、红利所得。个人拥有债权、股权等而取得的利息、股息、红利所得。

（7）财产租赁所得。个人出租不动产、机器设备、车船以及其他财产而取得的所得。

（8）财产转让所得。个人转让有价证券、股权、合伙企业中的财产份额、不动产、机器设备、

---

① 指该纳税年度的前一年至前六年的连续六个年度，此前六年起始年度自2019年（含）以后年度开始计算。
② 即提供其使用权所取得的所得，不包括稿酬所得。

车船以及其他财产取得的所得。

（9）偶然所得。个人得奖、中奖、中彩以及其他偶然性质的所得。

居民个人取得的第（1）项至第（4）项所得为"综合所得"，按纳税年度合并计算个人所得税；非居民个人取得的第（1）项至第（4）项所得，按月或者按次分项计算个人所得税。纳税人取得第（5）项至第（9）项所得，应依法分别计算个人所得税。

三、个人所得税的税率

1. 居民个人所得税税率

工资薪金所得适用 3%～45% 的七级超额累进税率，预扣率表如表 8-1 所示；劳务报酬所得预扣率表如表 8-2 所示。

表 8-1　　　　　个人所得税预扣率表（居民个人工资、薪金所得预扣预缴适用）

级数	累计预扣预缴应纳税所得额	预扣率（%）	速算扣除数
1	不超过 36 000 元的部分	3	0
2	超过 36 000 元至 144 000 元的部分	10	2 520
3	超过 144 000 元至 300 000 元的部分	20	16 920
4	超过 300 000 元至 420 000 元的部分	25	31 920
5	超过 420 000 元至 660 000 元的部分	30	52 920
6	超过 660 000 元至 960 000 元的部分	35	85 920
7	超过 960 000 元的部分	45	181 920

表 8-2　　　　　个人所得税预扣率表（居民个人劳务报酬所得预扣预缴适用）

级数	预扣预缴应纳税所得额	预扣率（%）	速算扣除数
1	不超过 20 000 元的部分	20	0
2	超过 20 000 元至 50 000 元的部分	30	2 000
3	超过 50 000 元的部分	40	7 000

2. 非居民个人所得税税率

扣缴义务人向非居民个人支付工资、薪金所得，劳务报酬所得，稿酬所得和特许权使用费所得时，适用 3%～45% 的七级超额累进税率，税率表如表 8-3 所示。

表 8-3　　　　　　　　　按月换算后的综合所得税率表

（非居民个人所得适用）

级数	应纳税所得额	税率（%）	速算扣除数
1	不超过 3 000 元的部分	3	0
2	超过 3 000 元至 12 000 元的部分	10	210
3	超过 12 000 元至 25 000 元的部分	20	1 410
4	超过 25 000 元至 35 000 元的部分	25	2 660
5	超过 35 000 元至 55 000 元的部分	30	4 410
6	超过 55 000 元至 80 000 元的部分	35	71 60
7	超过 80 000 元的部分	45	15 160

3. 经营所得

适用 5%~35% 的超额累进税率，税率表如表 8-4 所示。

表 8-4 　　　　　　　　　　　个人所得税税率表（经营所得适用）

级数	全年应纳税所得额	税率（%）	速算扣除数
1	不超过 30 000 元的部分	5	0
2	超过 30 000 元至 90 000 元的部分	10	1 500
3	超过 90 000 元至 300 000 元的部分	20	10 500
4	超过 300 000 元至 500 000 元的部分	30	40 500
5	超过 500 000 元的部分	35	65 500

四、个人所得税的减免

（一）免征个人所得税

对于下列各项个人所得，免征个人所得税。

（1）省级人民政府、国务院部委和中国人民解放军军以上单位，以及外国组织、国际组织颁发的科学、教育、技术、文化、卫生、体育、环境保护等方面的奖金。

（2）个人持有财政部发行的债券而取得的利息，个人持有经国务院批准发行的金融债券而取得的利息。

（3）按国务院规定发给的政府特殊津贴、院士津贴，以及国务院规定免予缴纳个人所得税的其他补贴、津贴。

（4）根据国家有关规定，从企业、事业单位、国家机关、社会组织提留的福利费或工会经费中支付给个人的生活补助费；各级人民政府民政部门支付给个人的生活困难补助费。

（5）保险赔款。

（6）军人的转业费、复员费、退役金。

（7）按照国家统一规定发给干部、职工的安家费、退职费、基本养老金或退休费、离休费、离休生活补助费。

（8）个人转让上市公司股票取得的所得（暂免）。

（9）依照有关法律规定应予免税的各国驻华使馆、领事馆的外交代表、领事官员和其他人员的所得。

（10）中国政府参加的国际公约、签订的协议中规定免税的所得。

（11）国务院规定的其他免税所得。

（二）减征个人所得税

有下列情形之一的，可减征个人所得税，具体幅度和期限，由省、自治区、直辖市人民政府规定，并报同级人民代表大会常务委员会备案。

（1）残疾、孤老人员和烈属的所得。

（2）因自然灾害遭受重大损失的。

（3）国务院规定的其他减税情形。

第二节 个人所得税的确认计量

一、个人所得税的计税依据

个人所得税的计税依据——应纳税所得额，是指个人取得的各项所得减去按规定项目、标准扣除费用之后的余额。个人所得的形式，包括现金、实物、有价证券和其他形式的经济利益。所得为实物的，应按取得的凭证上所注明的价格计算应纳税所得额；无凭证的实物或凭证上所注明的价格明显偏低的，参照市场价格核定应纳税所得额。所得为有价证券的，根据票面价格和市场价格核定应纳税所得额。所得为其他形式的经济利益，参照市场价格核定应纳税所得额。

所得为人民币以外货币的，按照办理纳税申报或扣缴申报的上一月最后一日人民币汇率中间价，折合成人民币计算应纳税所得额。年度终了后办理汇算清缴的，对已按月、季或按次预缴税款的人民币以外货币所得，不再重新折算；对应当补缴税款的所得部分，按上一纳税年度最后一日人民币汇率中间价，折合成人民币计算应纳税所得额。

1. 居民个人的综合所得

以每一纳税年度收入额减去费用 60 000 元（免征额）以及专项扣除、专项附加扣除和依法确定的其他扣除后的余额，为年度应纳税所得额。

（1）专项扣除，包括居民个人按照国家规定的范围和标准缴纳的基本养老保险、基本医疗保险、失业保险等社会保险费和住房公积金（简称"三险一金"）。

（2）专项附加扣除，具体包括以下六项。

① 子女教育。纳税人的子女接受学前教育、各层次的学历教育的相关支出，按照每个子女每月 1 000 元的标准定额扣除。父母可以选择由其中一方按扣除标准的 100%扣除，也可以选择由双方分别按扣除标准的 50%扣除，具体扣除方式在一个纳税年度内不能变更。

② 继续教育。纳税人在中国境内接受学历（学位）继续教育的支出，在学历（学位）教育期间按照每月 400 元定额扣除。同一学历（学位）继续教育的扣除期限不能超过 48 个月。纳税人接受技能人员职业资格继续教育、专业技术人员职业资格继续教育的支出，在取得相关证书的当年，按照 3 600 元定额扣除。

个人接受本科及以下学历（学位）继续教育，符合规定扣除条件的，可以选择由其父母扣除，也可以选择由本人扣除。

③ 大病医疗。在一个纳税年度内，纳税人发生的与基本医保相关的医药费用支出，扣除医保报销后个人负担（医保目录范围内的自付部分）累计超过 15 000 元的部分，由纳税人在办理年度汇算清缴时，在 80 000 元限额内据实扣除。

纳税人发生的医药费用支出，可以选择由本人或其配偶扣除；未成年子女发生的医药费用支出，可以选择由其父母一方扣除。纳税人及其配偶、未成年子女发生的医药费用支出，按规定分别计算扣除额。

④ 住房贷款利息。纳税人本人或者配偶单独或者共同使用商业银行或者住房公积金个人住房贷款为本人或者其配偶购买中国境内住房，发生的首套住房贷款①利息支出，在实际发生贷款利息的年

---

① 指购买住房享受首套住房贷款利率的住房贷款。

度，按照每月 1 000 元的标准定额扣除，扣除期限最长不超过 240 个月。纳税人只能享受一次首套住房贷款的利息扣除。

夫妻双方婚前分别购买住房发生的首套住房贷款，其贷款利息支出，婚后可以选择其中一套购买的住房，由购买方按扣除标准的 100%扣除，也可以由夫妻双方对各自购买的住房分别按扣除标准的 50%扣除，具体扣除方式在一个纳税年度内不能变更。

⑤ 住房租金。纳税人在主要工作城市没有自有住房而发生的住房租金支出，可按以下标准定额扣除：直辖市、省会城市、计划单列市以及国务院确定的其他城市，扣除标准为每月 1 500 元；其他城市、市辖区户籍人口超过 100 万的城市，扣除标准为每月 1100 元；市辖区户籍人口不超过 100万的城市，扣除标准为每月 800 元。纳税人配偶在纳税人主要工作城市有自有住房的，视同在主要工作城市有自有住房。

住房租金支出由签订租赁住房合同的承租人扣除。

⑥ 赡养老人。纳税人赡养一位及以上被赡养人①的赡养支出，按以下标准定额扣除：纳税人为独生子女的，按照每月 2 000 元的标准定额扣除；纳税人为非独生子女的，由其与兄弟姐妹分摊每月 2 000 元的扣除额度，每人分摊的额度不能超过每月 1 000 元。该支出可由赡养人均摊或者约定分摊，也可由被赡养人指定分摊。约定或者指定分摊的，须签订书面分摊协议（指定分摊优先于约定分摊）；分摊方式和额度在一个纳税年度内不得变更。

纳税人向收款单位索取发票、财政票据、支出凭证，收款单位不能拒绝提供。

纳税人首次享受专项附加扣除，应当将专项附加扣除相关信息提交扣缴义务人或税务机关，扣缴义务人应当及时将相关信息报送税务机关，纳税人对所提交信息的真实性、准确性、完整性负责。专项附加扣除信息发生变化的，纳税人应当及时向扣缴义务人或税务机关提供相关信息。

（3）其他扣除，包括个人缴付符合国家规定的企业年金、职业年金，个人购买符合国家规定的商业健康保险、税收递延型商业养老保险支出，以及国务院规定可以扣除的其他项目。

专项扣除、专项附加扣除和依法确定的其他扣除，以居民个人一个纳税年度的应纳税所得额为限额。本纳税年度扣除不完的，不得结转以后年度扣除。

2. 经营所得

以个体工商户、个人独资企业、合伙企业以及个人从事其他生产、经营活动每一纳税年度的收入总额减去成本、费用和损失后的余额，为应纳税所得额。

（1）成本、费用是生产、经营活动中发生的各项直接支出和分配计入成本的间接费用以及销售费用、管理费用、财务费用；损失是生产、经营活动中发生的固定资产和存货的盘亏、毁损、报废损失，转让财产损失，坏账损失，自然灾害等不可抗力因素造成的损失以及其他损失。

（2）取得经营所得的个人，若没有综合所得，计算其每一纳税年度应纳税所得额时，可扣除免征额 6 万元及专项扣除、专项附加扣除和依法确定的其他扣除，专项附加扣除在办理汇算清缴时减除。

（3）从事生产经营活动，未提供完整、准确的纳税资料，不能正确计算应纳税所得额的，由主管税务机关核定应纳税所得额或应纳税额。

3. 财产租赁所得

每次（以一个月内取得的收入为一次）收入不超过 4 000 元的，减去费用 800 元；4 000 元以上的，减去 20%的费用，其余额为应纳税所得额。

4. 财产转让所得

按一次转让财产的收入额减去财产原值和合理费用（卖出财产时按规定支付的相关税费）后的

---

① 是指年满 60 岁的父母，以及子女均已去世的年满 60 岁的祖父母、外祖父母。

余额计算纳税。两人以上共同取得同一项目收入的，应当对各自取得的收入分别按照税法的规定计算纳税。财产原值按下列方法确定。

（1）有价证券，为买入价以及买入时按照规定交纳的有关费用。

（2）建筑物，为建造费或者购进价格以及其他有关费用。

（3）土地使用权，为取得土地使用权所支付的金额、开发土地的费用以及其他有关费用。

（4）机器设备、车船，为购进价格、运输费、安装费以及其他有关费用。

纳税人未提供完整、准确的财产原值凭证，不能按规定方法确定财产原值的，由主管税务机关核定财产原值。

5. 利息、股息、红利所得和偶然所得

以每次（实际支付或取得）收入额为应纳税所得额。扣缴义务人若已将纳税人应得收入通过"利润分配"账户明确到个人名下，即属于挂账未分配的股息、红利等，应认定为所得的支付，进行个人所得税的代扣代缴。

6. 个人捐赠

个人将其所得通过中国境内的社会团体、国家机关向教育、扶贫、济困等公益慈善事业的捐赠，捐赠额未超过纳税人申报的应纳税所得额30%的部分，可以从其应纳税所得额中扣除（对公益慈善事业捐赠实行全额税前扣除的，从其规定）。

7. 居民个人从中国境内和境外取得的综合所得、经营所得

居民个人从中国境内和境外取得的综合所得、经营所得，应当分别合并计算应纳税额；从中国境内和境外取得的其他所得，应当分别单独计算应纳税额。

已在境外缴纳的个人所得税税额是居民个人来源于中国境外的所得，依照该所得来源国家（地区，下同）的法律应当缴纳并且实际已经缴纳的所得税税额。

纳税人境外所得依照税法规定计算的应纳税额，是居民个人抵免已在境外缴纳的综合所得、经营所得和其他所得的所得税税额的限额（以下简称抵免限额）。除另有规定外，来源于中国境外一个国家的综合所得抵免限额、经营所得抵免限额和其他所得抵免限额之和，为来源于该国家所得的抵免限额。

居民个人在中国境外某国实际已经缴纳的个人所得税税额，低于按规定计算的来源于该国所得抵免限额的，应在中国缴纳差额部分的税款；超过来源于该国所得抵免限额的，其超过部分不得在本纳税年度应纳税额中抵免，但可在以后纳税年度来源于该国所得抵免限额的余额中补扣，补扣期限最长不得超过 5 年。

居民个人申请抵免已在境外缴纳的个人所得税税额，应提供境外税务机关出具的税款所属年度的有关纳税凭证。

二、居民个人所得税应纳税额的计算

（一）工资、薪金所得应纳税额的计算

应纳税所得额=工资薪金应税收入额-专项扣除额[①]-免征额-专项附加扣除额

-依法确定的其他扣除额

1. 工资薪金所得的预扣预缴

扣缴义务人向居民个人支付工资薪金所得时，应按累计预扣法预扣预缴税款，并按月办理全员全额扣缴申报（另有规定的除外）。

[①] 即"三险一金"。根据实发金额，"三险一金"的提取比例分别是：养老保险 8%、医疗保险 2%、失业保险 0.4%、住房公积金为 12%，四者之和是职工工薪收入的 22.4%。

累计预扣法是扣缴义务人在一个纳税年度内预扣预缴税款时，以纳税人截至当前月份累计工资薪金所得收入额减去纳税人申报的累计减除费用（免征额）、专项扣除、专项附加扣除和依法确定的其他扣除后的余额为累计预缴应纳税所得额，根据工资、薪金所得预扣率表（见表 8-2）计算累计应预扣预缴税额，再减去已预扣预缴税额，以确定本期应预扣预缴税额的一种计算方法。当余额为负值时，暂不退税，纳税年度终了后余额仍为负值时，可通过年度汇算清缴、多退少补。计算公式如下。

本期应预扣预缴个人所得税=（累计预扣预缴应纳税所得额×预扣率-速算扣除数）

-累计减免税额-累计已预扣预缴税额

累计预扣预缴应纳税所得额=累计收入-累计免税收入-累计基本减除费用-累计专项扣除

-累计专项附加扣除-累计依法确定的其他扣除

累计免征额=5 000元/月×当期月份数

【例8-1】（1）A公司职工张强1月工资收入额18 000元，当月专项扣除额（"三险一金"）相当于职工工薪收入的22%，子女教育、继续教育、住房贷款利息和赡养老人等专项附加扣除额共计4 400元，无其他扣除额。计算应预扣预缴的张强当月应交个人所得税。

当月应纳税所得额=18 000-5 000-18 000×22%-4 400=4 640（元）

当月预扣预缴个人所得税=4 640×3%-0=139.2（元）

（2）2月工资收入额17 500元，专项扣除额、专项附加扣除额和免征额与1月相同。当月应预扣预缴的张强应交个人所得税计算如下。

累计应纳税所得额=（18 000+17 500）-5 000×2-（18 000+17 500）×22%-4 400×2=8 890（元）

当月预扣预缴个人所得税=8 890×3%-139.2=127.5（元）

2．工资薪金所得的汇算清缴

年度终了后，纳税人应在次年 3～6 月到主管税务机关进行个人所得税的汇算清缴。

【例8-2】仍以【例8-1】为例，假设张强当年全年工资收入总额为220 000元，全年专项附加扣除额共计52 800元，无其他扣除额；当年预扣预缴个人所得税合计1 680元。下年年初，张强到主管税务机关办理汇算清缴时，应退（补）的个人所得税计算如下。

全年应纳税所得额=220 000-220 000×22%-52 800-60 000=58 800（元）

全年应交个人所得税=58 800×10%-2 520=3 360（元）

应补交个人所得税=3 360-1 680=1 680（元）

3．全年一次性奖金收入的计税

在 2021 年 12 月 31 日前，全年一次性奖金收入不并入当年综合所得，以全年一次性奖金收入除以 12 个月得到的数额，以按月换算后的综合所得税率表（同表 8-3），确定适用税率和速算扣除数，单独计算纳税。计算公式如下。

应纳税额=全年一次性奖金收入×适用税率-速算扣除数

居民个人取得全年一次性奖金，也可以选择并入当年综合所得计算纳税。

自2022 年 1 月 1 日起，居民个人取得全年一次性奖金，应并入当年综合所得计算缴纳个人所得税。

（二）劳务报酬所得、稿酬所得、特许权使用费所得应纳税额的计算

扣缴义务人向居民个人支付劳务报酬所得、稿酬所得、特许权使用费所得，每次收入不超过 4 000（含）元的，扣除费用按 800 元计算；每次收入 4 000 元以上的，扣除费用按 20%计算；稿酬所得的收入额减按 70%计算，以每次收入额为应纳税所得额。

属于一次性收入的，以取得该项收入为一次；属于同一项目连续性收入的，以一个月内取得的收入为一次。

以每次收入额为预扣预缴应纳税所得额。劳务报酬所得适用 20%至 40%的超额累进预扣率（见表 8-2），稿酬所得、特许权使用费所得适用 20%的比例预扣率。

　　劳务报酬所得应预扣预缴税额=预扣预缴应纳税所得额×预扣率-速算扣除数

　　稿酬所得、特许权使用费所得应预扣预缴税额=预扣预缴应纳税所得额×20%

居民个人取得劳务报酬所得、稿酬所得、特许权使用费所得，在预扣预缴税款后，应当在年度终了后与工资薪金所得合并计税，进行汇算清缴，税款多退少补。

1．劳务报酬所得应纳税额的计算

劳务报酬所得以收入减去 20%的费用后的余额为收入额，以每次收入额为应纳税所得额。

【例8-3】某演员8月在A地演出2天，共获演出收入60 000元。计算其应缴纳的个人所得税。

应纳税所得额=60 000×（1-20%）=48 000（元）

应纳个人所得税=48 000×30%-2 000=12 400（元）

如果该演员通过民政部门将这笔收入税后全部捐赠给贫困地区，则应缴纳的个人所得税的计算如下。

可在税前扣除的捐赠额=48 000×30%=14 400（元）

实际应纳税所得额=48 000-14 400=33 600（元）

应纳个人所得税=36 600×30%-2 000=8 080（元）

◆假如该演员系非居民个人，取得60 000元演出收入，其应扣缴个人所得税的计算如下。

应纳税所得额=60 000×（1-20%）=48 000（元）

应纳个人所得税=48 000×30%-4 410=9 990（元）

2．稿酬所得、特许权使用费所得应纳税额的计算

【例8-4】某作家取得一笔稿酬收入20 000元，应缴纳的个人所得税的计算如下。

应纳税所得额=20 000×（1-20%）×70%=11 200（元）

应纳个人所得税=11 200×20%=2 240（元）

（三）财产租赁所得应纳税额的计算

按照每次租赁收入的多少，区别情况计算如下。

1．每次收入不超过 4 000 元的

　　应纳税额=（每次收入额-费用800元）×20%

2．每次收入 4 000 元以上的

　　应纳税额=每次收入额×（1-20%）×20%

（四）财产转让所得应纳税额的计算

　　应纳税额=（财产转让收入额-财产原值-合理费用）×20%

（五）利息、股息、红利所得应纳税额的计算

　　应纳税额=每次收入额×20%

（六）偶然所得应纳税额的计算

　　应纳税额=每次收入额×20%

三、非居民个人所得税应纳税额的计算

非居民个人所得税应纳税额的计算方法如下。

（1）非居民个人的工资、薪金所得

以每月收入额扣除免征额 5 000 元后的余额为应纳税所得额，适用按月换算后的综合所得税率

表，即月度税率表（见表 8-3）计算应纳税额。非居民个人综合所得应纳税额的计算公式如下：

$$非居民个人综合所得应纳税额=应纳税所得额×税率-速算扣除数$$

在一个纳税年度内，在境内累计居住不超过 90 天的非居民个人，仅就归属于境内工作期间并由境内雇主支付或者负担的工资薪金所得计算缴纳个人所得税。当月工资薪金收入额计算公式如下：

$$
\begin{array}{l}当月工资薪金\\收入额\end{array} = \begin{array}{l}当月境内外\\工资薪金总额\end{array} × \left(\dfrac{当月境内支付的工资薪金额}{当月境内外工资薪金总额}\right) × \left(\dfrac{当月工薪所属工作期间境内工作天数}{当月工薪所属工作期间公历天数}\right)
$$

在一个纳税年度内，在境内累计居住超过 90 天但不满 183 天的非居民个人，取得归属于境内工作期间的工资薪金所得，应计算缴纳个人所得税；其取得归属于境外工作期间的工资薪金所得，不缴纳个人所得税。当月工资薪金收入额计算公式如下：

$$
\begin{array}{l}当月工资薪金\\收入额\end{array} = \begin{array}{l}当月境内外工资\\薪金总额\end{array} × \left(\dfrac{当月工薪所属工作期间境内工作天数}{当月工薪所属工作期间公历天数}\right)
$$

（2）非居民个人一个月内取得股权激励所得

按规定单独计算当月收入额，不与当月其他工资薪金合并，按 6 个月分摊计税，不减除费用，适用表 8-3 计算应纳税额，计算公式如下：

$$
\begin{array}{l}当月股权激励所得\\应纳税额\end{array} = \left[\left(\dfrac{本公历年度内股权激励所得合计额}{6}\right) × \begin{array}{l}适用\\税率\end{array} - \begin{array}{l}速算\\扣除数\end{array}\right] × 6 - \begin{array}{l}本公历年度内\\股权激励所得已纳税额\end{array}
$$

（3）非居民个人取得来源于境内的劳务报酬所得、稿酬所得、特许权使用费所得

以税法规定的每次收入额为应纳税所得额，适用表 8-3 计算应纳税额。

（4）扣缴义务人向非居民个人支付上述所得时，应当按月或按次预扣预缴个人所得税。

四、个人所得税的纳税调整

居民个人从中国境外取得的所得，可以从其应纳税额中抵免已在境外缴纳的个人所得税税额，但抵免额不得超过该纳税人境外所得依照税法规定计算的应纳税额。对于下列情形，税务机关有权按照合理方法进行纳税调整。

（1）个人与其关联方之间的业务往来不符合独立交易原则而减少本人或其关联方应纳税额，且无正当理由。

关联方是指夫妻、直系血亲、兄弟姐妹及其他抚养、赡养、扶养关系的个人，在资金、经营、购销等方面有直接、间接控制关系，其他经济利益关系。独立交易原则是指没有关联关系的交易各方，按公平成交价格和营业常规进行业务往来应遵循的原则。

（2）居民个人控制的，或者居民个人和居民企业共同控制的设立在实际税负明显偏低的国家（地区）的企业，无合理经营需要，对应当归属于居民个人的利润不作分配或减少分配。

纳税人能够提供资料证明其控制的企业满足国务院财政、税务主管部门规定条件的，可免予纳税调整。

（3）个人实施其他不具有合理商业目的（以减少、免除或推迟缴纳税款为主要目的）的安排而获取不当税收利益。

税务机关按规定做出的纳税调整，需要对纳税人补征税款并依法加收利息时，纳税人应当补缴税款和利息[1]。有关部门依法将纳税人、扣缴义务人遵守税法的情况纳入信用信息系统，并实施联合激励或惩戒。

五、居民企业个人所得税的计算

（一）应交个人所得税的计算

个体工商户、个人独资企业的生产、经营所得，以每一纳税年度的收入总额，减去成本、费用、税金、损失、其他支出以及允许弥补的以前年度亏损后的余额为应纳税所得额；从事生产经营以及与生产经营有关的活动取得的货币形式和非货币形式的各项收入为收入总额，具体包括销售货物收入、提供劳务收入、转让财产收入、利息收入、租金收入、接受捐赠收入、其他收入。个人所得税的计算公式如下：

应纳税所得额=收入总额-（成本+费用+税金+损失+其他支出+允许弥补的以前年度亏损）

应交个人所得税=应纳税所得额×税率-速算扣除数

企业应当分别核算生产经营活动中的生产经营费用和个人、家庭费用。对于生产经营与个人、家庭混用难以分清的费用，其40%被视为与生产经营有关的费用，准予扣除。

纳税年度发生的亏损，准予向以后年度结转，用以后年度的生产经营所得弥补，但结转年限不得超过5年。

（二）税前扣除项目和标准

（1）企业向其从业人员实际支付的合理的工资薪金支出，允许在税前据实扣除。业主的工资薪金支出不得在税前扣除，业主的费用扣除标准，依照相关法律、法规和政策规定执行。

（2）按国务院有关主管部门或省级人民政府规定的范围和标准为其业主和从业人员缴纳的基本养老保险费、基本医疗保险费、失业保险费、生育保险费、工伤保险费和住房公积金，准予扣除。为从业人员缴纳的补充养老保险费、补充医疗保险费，分别在不超过从业人员工资总额5%标准内的部分据实扣除，超过部分不得扣除。

业主本人缴纳的补充养老保险费、补充医疗保险费，以当地（地级市）上年度社会平均工资的3倍为计算基数，分别在不超过该计算基数5%标准内的部分据实扣除，超过部分不得扣除。

（3）在生产经营活动中发生的下列利息支出准予扣除。

向金融企业借款的利息支出；向非金融企业和个人借款的利息支出，不超过按照金融企业同期同类贷款利率计算的数额的部分。

（4）向当地工会组织拨缴的工会经费、实际发生的职工福利费支出、职工教育经费支出分别在工资薪金总额[2]的2%、14%、8%的标准内据实扣除[3]。

（5）发生的与生产经营活动有关的业务招待费，按照实际发生额的60%扣除，但不得超过当年销售收入的5‰。

（6）每一纳税年度发生的与其生产经营活动直接相关的广告费和业务宣传费不超过当年销售收入15%的部分，可以据实扣除；超过部分，准予在以后纳税年度结转扣除。

（7）研究开发新产品、新技术、新工艺所发生的开发费用，以及研究开发新产品、新技术而购置单台价值在10万元以下的测试仪器和试验性装置的购置费准予直接扣除；单台价值在10万元以

---

[1] 按照税款所属纳税申报期最后一日中国人民银行公布的与补税期间同期的人民币贷款基准利率计算利息，自税款纳税申报期满次日起至补缴税款期限届满之日止按日加收。纳税人在补缴税款期限届满前补缴税款的，利息加收至补缴税款之日。

[2] 允许在当期税前扣除的工资薪金支出数额。

[3] 业主本人向当地工会组织交纳的工会经费、实际发生的职工福利费支出、职工教育经费支出（比例同上），以当地（地级市）上年度社会平均工资的3倍为计算基数。

上（含 10 万元）的测试仪器和试验性装置，按固定资产管理，不得在当期直接扣除。

【例8-5】某个体户业主准备添置1台测试仪器，以10万元价格成交。根据规定，单台价值10万元及其以上者，不得在当期直接扣除，应按固定资产管理办法逐年折旧。假设测试仪器寿命为5年，按直线法计提折旧，则每年计提折旧额2万元（不留残值）。

如果业主与卖家讨价还价最终以单台99 850元成交，所购仪器仅比原单台价值便宜150元，则可在当期直接扣除仪器购置费99 850元。

六、有限合伙企业出资人应纳税额的计算

（一）查账征收办法

凡实行查账征收办法的，根据有关规定，其下列项目的扣除标准如下。

（1）合伙企业的自然人业主费用扣除标准统一确定为 60 000 元/年（5 000 元/月）。

（2）合伙企业向其从业人员实际支付的合理的工资、薪金支出，允许在税前据实扣除。

（3）合伙企业拨缴的工会经费，发生的职工福利费、职工教育经费支出分别在工资、薪金总额2%、14%、8%的标准内据实扣除。

（4）合伙企业每一纳税年度发生的广告费和业务宣传费用不超过当年销售收入15%的部分，可据实扣除；超过部分，准予在以后纳税年度结转扣除。

（5）合伙企业每一纳税年度发生的与其生产经营业务直接相关的业务招待费支出，按照发生额的60%扣除，但最高不得超过当年销售收入的5‰。

（6）投资者及其家庭发生的生活费用不允许在税前扣除。投资者及其家庭发生的生活费用与企业生产经营费用混合在一起，并且难以划分的，全部视为投资者个人及其家庭发生的生活费用，不允许在税前扣除。

（7）企业生产经营和投资者及其家庭生活共用的固定资产难以划分的，由主管税务机关根据企业的生产经营类型、规模等具体情况，核定准予在税前扣除的折旧费用的数额或比例。

（8）企业计提的各种准备金不得扣除。

（二）核定征收方法

实行核定征收方法的，应交个人所得税计算公式如下。

应交个人所得税=应纳税所得额×适用税率

其中，应纳税所得额=收入总额×应税所得率

第三节 个人所得税的会计处理

一、企业预扣预缴个人所得税的会计处理

（一）支付工资、薪金预扣预缴所得税

企业作为个人所得税的扣缴义务人，应按规定扣缴职工应缴纳的个人所得税。预扣个人所得税时，借记"应付职工薪酬"账户，贷记"应交税费——应交预扣个人所得税"等账户。

【例8-6】A公司工程师彭诚1月工资收入额为25 000元，当月专项扣除额（"三险一金"）5 500元，专项附加扣除额4 000元，无其他扣除额。公司预扣预缴的彭诚当月应交个人所得税和相关会计分录如下。

当月应纳税所得额=25 000-5 500-4 000-5 000=10 500（元）

当月预扣预缴个人所得税=10 500×3%=315（元）

实际发放工资（实务中，会计分录当然是按总额反映，每人的信息在明细表中）时：

借：应付职工薪酬——工资薪金   25 000

    贷：库存现金/银行存款   19 185

       其他应付款   5 500

       应交税费——应交预扣个人所得税   315

财务会计反映当月应付职工薪酬时：

借：生产成本等   25 000

    贷：应付职工薪酬——工资薪金   25 000

（二）承包、承租经营所得应交所得税的会计处理

承包、承租经营有如下两种情况，个人所得税也相应涉及两个应税项目。

（1）承包、承租人对企业经营成果不拥有所有权，仅是按合同（协议）规定取得一定所得的，其所得按工资、薪金所得项目纳税，适用3%～45%的超额累进税率。

（2）承包、承租人按合同（协议）的规定只向发包、出租方交纳一定费用，后企业经营成果归其所有的，承包、承租人取得的所得，按对企事业单位的承包经营、承租经营所得项目，适用5%～35%的超额累进税率。

第一种情况的会计处理方法同工薪所得扣缴所得税的会计处理；第二种情况，应由承包、承租人自行申报缴纳个人所得税，发包、出租方不做扣缴所得税的会计处理。

【例8-7】4月1日，李某与原所在事业单位签订承包合同经营招待所，合同规定承包期为一年，李某全年上交费用100 000元，年终招待所实现利润400 000元。李某应缴的个人所得税计算如下。

应纳税所得额=承包经营利润-上交承包费-费用扣减额

            =400 000-100 000-5 000×12=240 000（元）

应交个人所得税=应纳税所得额×适用税率-速算扣除数

            =240 000×20%-10 500=37 500（元）

发包、出租方在收到李某交来的承包（租）费时，做如下会计分录。

借：银行存款   100 000

    贷：其他业务收入   100 000

二、居民企业个人所得税的会计处理

（一）账户设置

居民企业是指按税法规定缴纳个人所得税的企业，应设置"本年应税所得"账户。本账户下设"本年经营所得"和"应弥补的亏损"两个明细账户。

"本年经营所得"明细账户核算企业本年生产经营活动取得的收入扣除成本费用后的余额。如果收入大于应扣除的成本费用总额，即为本年经营所得，在不存在税前弥补亏损的情况下，即为本年经营所得，应由"本年应税所得——本年经营所得"账户转入"留存利润"账户。如果计算出的结果为经营亏损，则应将本年发生的经营亏损由"本年经营所得"明细账户转入"应弥补的亏损"明细账户。

"应弥补的亏损"明细账户，核算企业发生的、可由生产经营活动所得税前弥补的亏损。发生亏损时，亏损由"本年经营所得"明细账户转入本明细账户。生产经营过程中发生的亏损，可以由以后年度的生

产经营所得在税前弥补，但延续弥补期不得超过五年。超过弥补期的亏损，不能再以生产经营所得在税前弥补，应从"本年应税所得——应弥补的亏损"账户转入"留存利润"账户，减少企业的留存利润。

（二）本年应税所得的会计处理

年末，企业计算本年经营所得，应将"主营业务收入"和"其他业务收入"账户的余额转入"本年应税所得——本年经营所得"账户的贷方；将"主营业务成本""销售费用""税金及附加"账户余额转入"本年应税所得——本年经营所得"账户的借方。"营业外收支"账户余额如在借方，转入"本年应税所得——本年经营所得"账户的借方；如在贷方，转入"本年应税所得——本年经营所得"账户的贷方。

（三）应弥补亏损的会计处理

企业生产经营活动中发生的经营亏损，应由"本年经营所得"明细账户转入"应弥补的亏损"明细账户。亏损被弥补时，由"应弥补的亏损"明细账户转入"本年经营所得"明细账户；超过弥补期的亏损，由"应弥补的亏损"明细账户转入"留存利润"账户。

【例8-8】 某个人独资企业某年营业收入518 000元，营业成本380 000元，销售费用70 000元，税金及附加30 000元，没有其他项目。

结转本年的收入和成本费用时做会计分录如下。

借：主营业务收入　　　　　　　　　　　　　　　518 000
　　贷：本年应税所得——本年经营所得　　　　　　　　518 000
借：本年应税所得——本年经营所得　　　　　　　480 000
　　贷：主营业务成本　　　　　　　　　　　　　　　380 000
　　　　销售费用　　　　　　　　　　　　　　　　　70 000
　　　　税金及附加　　　　　　　　　　　　　　　　30 000

该企业本年应纳税所得额=518 000-380 000-70 000-30 000-5 000×12
　　　　　　　　　　　　=-22 000（元）

转入"应弥补的亏损"明细账户，做会计分录如下。

借：本年应税所得——应弥补的亏损　　　　　　　22 000
　　贷：本年应税所得——本年经营所得　　　　　　　22 000

（四）留存利润的会计处理

企业应设置"留存利润"账户核算非法人企业的留存利润。年度终了，计算有本年经营所得，应将本年经营所得扣除可在税前弥补的以期年度亏损后的余额转入该账户的贷方；同时计算确定本年应缴纳的个人所得税，计入该账户的借方，然后将税后列支费用及超过弥补期的经营亏损转入该账户的借方。该账户贷方金额减去借方金额后的余额，为留存利润额。

【例8-9】 某合伙企业年度收入总额为550 000元，可在税前扣除的成本费用为345 000元，税后列支费用为30 000元，超过弥补期而转入本账户的以前年度亏损为20 000元。以前年度留存利润为零。请计算该企业的留存利润，并列出相关会计分录。

转入经营所得：

借：本年应税所得——本年经营所得　　　　　　　205 000
　　贷：留存利润　　　　　　　　　　　　　　　　　205 000
　　　　　　　　　　　　　　　　　　　　（550 000-345 000）

计算应交个人所得税：

应交个人所得税=205 000×20%-10 500=30 500（元）

借：留存利润   30 500

  贷：应交税费——应交个人所得税   30 500

转入税后列支费用：

借：留存利润   30 000

  贷：税后列支费用   30 000

转入超过弥补期的亏损：

借：留存利润   20 000

  贷：本年应税所得——应弥补的亏损   20 000

留存利润=205 000-30 500-30 000-20 000=124 500（元）

（五）缴纳个人所得税的会计处理

1. 企业缴纳个人所得税

企业生产经营所得应缴纳的个人所得税，应按年计算、分月预交、年度终了后汇算清缴。企业应在"应交税费"账户下设置"应交个人所得税"明细账户，核算企业预交和应交的个人所得税，以及记录年终汇算清缴个人所得税的补交和退回情况，企业按月预交个人所得税时，借记"应交税费——应交个人所得税"账户，贷记"库存现金"等账户；年度终了，计算出全年实际应交的个人所得税，借记"留存利润"账户，贷记"应交税费——应交个人所得税"账户。"应交个人所得税"明细账户的贷方金额大于借方金额的差额，为预交数小于应交数的差额。

补交的个人所得税，记入"应交个人所得税"明细账户的借方；收到的退回的多交的个人所得税，记入"应交个人所得税"明细账户的贷方，如果多交的所得税不是被退回，而是用来抵顶以后期间的个人所得税，多交的个人所得税金额就作为下一年度的预交个人所得税金额。

【例8-10】某个体企业经过主管税务机关核定，按照上年度实际应交个人所得税税额，确定本年各月应预交税额。假设上年应交个人所得税为60 000元。

本年各月应预交个人所得税=60 000÷12=5 000（元）

（1）每月预交个人所得税时：

借：应交税费——应交个人所得税   5 000

  贷：库存现金   5 000

（2）年终，汇算清缴全年个人所得税，确定本年度生产经营活动应交个人所得税为80 000元。

借：留存利润   80 000

  贷：应交税费——应交个人所得税   80 000

全年1—12月已经预交个人所得税60 000元（5 000×12），记入"应交个人所得税"明细账户的借方，贷方与借方差额20 000元（80 000-60 000）为应补交的个人所得税。

（3）补交个人所得税时：

借：应交税费——应交个人所得税   20 000

  贷：库存现金   20 000

（4）如果汇算清缴确定的全年应交个人所得税为50 000元，则会计分录如下：

借：留存利润   50 000

  贷：应交税费——应交个人所得税   50 000

（5）已预交个人所得税60 000元，应交数为50 000元，应交数比已预交数少10 000元，该差额由主管税务机关按规定退回。企业收到退税时，会计分录如下。

借：现金库存   10 000

  贷：应交税费——应交个人所得税   10 000

如果将企业多交的10 000元抵顶下年的个人所得税，只需将该余额转入下一年度即可。

2. 企业预扣预缴个人所得税

企业对预扣预缴从业人员的个人所得税，应在"应交税费"账户下单独设置的"应交预扣个人所得税"明细账户中进行核算。应代扣的金额，记入该账户的贷方；实际上交时，将上交金额记入该账户的借方。

（六）合伙企业预扣预缴个人所得税的会计处理

合伙企业以每一个合伙人为纳税人。合伙企业的合伙者按照合伙企业的全部生产经营所得和合伙协议约定的分配比例确定应纳税所得额，合伙协议没有约定分配比例的，以全部生产经营所得（包括企业分配给投资者个人的所得和企业当年的留存利润）和合伙人数量平均计算每个投资者的应纳税所得额。投资者应纳的个人所得税税款，按年计算，分月或分季度预缴，年度终了后 3 个月内汇算清缴，多退少补。我国对合伙企业生产经营所得和其他所得采取"先分后税"的原则。

自然人合伙人缴纳的个人所得税不属于合伙企业的税款，不能计入合伙企业的费用。对合伙企业来说，该项税款属于预扣预缴税款，应记入"其他应收款"账户，以后从合伙企业向合伙人分配的利润中扣减①。合伙人为法人和其他组织的，该合伙人取得的生产经营所得和其他所得应缴纳企业所得税。

【例8-11】自然人王某和A有限责任公司各出资50%设立一家合伙企业——B酒楼，合伙协议约定按出资比例分配利润。某年度，B酒楼账面利润总额为100万元，经纳税调整后的生产经营所得为140万元。王某年应交个人所得税179 500元（700 000×35%-65 500），假设该年度王某每季度预缴个人所得税4.2万元，还应补缴个人所得税11 500元。年终，B酒楼向王某、A有限责任公司各分配利润40万元。请列出相关会计分录。

相关会计分录如下。

（1）每季计提应预缴个人所得税时：

借：其他应收款——王某 　　　　　　　　　　　　　　　　　42 000
　　贷：应交税费——应预代扣个人所得税　　　　　　　　　　　　　42 000

（2）每季预缴个人所得税时：

借：应交税费——应交预扣个人所得税 　　　　　　　　　　　　42 000
　　贷：银行存款　　　　　　　　　　　　　　　　　　　　　　　42 000

（3）年终汇算清缴，补缴个人所得税11 500元时：

借：其他应收款——王某 　　　　　　　　　　　　　　　　　11 500
　　贷：应交税费——应交预扣个人所得税　　　　　　　　　　　　　11 500

（4）缴纳应补缴税款时：

借：应交税费——应交预扣个人所得税 　　　　　　　　　　　　11 500
　　贷：银行存款　　　　　　　　　　　　　　　　　　　　　　　11 500

A有限责任公司当年从B酒楼取得的应税所得额70万元，应被并入该公司年度应纳税所得额计算缴纳企业所得税。

（5）年终B酒楼向王某、A有限责任公司分配利润时：

借：利润分配——未分配利润 　　　　　　　　　　　　　　　800 000
　　贷：应付利润——王某　　　　　　　　　　　　　　　　　　　400 000
　　　　　　　　——A有限责任公司　　　　　　　　　　　　　　400 000

---

① 该规定也适用于个人独资企业投资者缴纳个人所得税。

（6）向王某、A有限责任公司支付利润时：

借：应付利润——王某 400 000

    ——A有限责任公司 400 000

 贷：其他应收款——王某 179 500

  银行存款 620 500

第四节 个人所得税的缴纳与申报

一、个人所得税的缴纳

  个人所得税实行源泉分项/综合扣缴和纳税人自行申报两种缴纳办法，以支付所得的单位或个人为扣缴义务人。在两处以上取得应税所得和没有扣缴义务人的，纳税人应当自行申报纳税；自行申报纳税人，应在取得所得的所在地税务机关申报纳税。纳税人从中国境外取得所得的，应在户籍所在地税务机关或指定税务机关申报纳税。在两处以上取得的所得，需要合并计算纳税的，由纳税人申请、税务机关批准，可在其中一处税务机关申报纳税。纳税人要求变更纳税申报地点的，应经原主管税务机关批准。

  （1）综合所得的缴纳。居民个人取得综合所得，按年计算个人所得税。有扣缴义务人的，扣缴义务人在向个人支付①应税款项时，应按税法规定预扣或代扣税款，并专项记载备查。

  居民个人取得工资、薪金所得时，可向扣缴义务人提供专项附加扣除有关信息。扣缴义务人应按纳税人提供的信息计算办理扣缴申报，不得擅自更改纳税人提供的信息。

  纳税人发现扣缴义务人提供或者扣缴申报的个人信息、所得、扣缴税款等与实际情况不符的，有权要求扣缴义务人修改。扣缴义务人拒绝修改的，纳税人应当报告税务机关，税务机关应及时处理。

  税务机关发现纳税人提供虚假信息的，应当责令改正并通知扣缴义务人；对情节严重的，有关部门应当依法予以处理，纳入信用信息系统并实施联合惩戒。

  纳税人同时从两处以上取得工资、薪金所得，并由扣缴义务人减除专项附加扣除的，对同一专项附加扣除项目，在一个纳税年度内只能选择从一处取得的所得中减除。

  居民个人取得劳务报酬所得、稿酬所得、特许权使用费所得，应当在汇算清缴时向税务机关提供有关信息，减除专项附加扣除。

  年度预扣预缴税额与年度应纳税额不一致时，纳税人应于次年3月1日至6月30日向主管税务机关办理综合所得年度汇算清缴，税款多退少补。纳税人可以委托扣缴义务人或其他单位和个人办理汇算清缴。

  非居民个人取得工资、薪金所得，劳务报酬所得，稿酬所得和特许权使用费所得，有扣缴义务人的，由扣缴义务人按月或按次预扣预缴税款，不办理汇算清缴。

  （2）经营所得的缴纳。纳税人取得经营所得，按年计算个人所得税，由纳税人在月度或季度终了后15日内向税务机关报送纳税申报表，并预缴税款；在取得所得的次年3月31日前办理汇算清缴。

  （3）纳税人取得利息、股息、红利所得，财产租赁所得，财产转让所得和偶然所得，按月或按次计算个人所得税，有扣缴义务人的，由扣缴义务人按月或者按次代扣代缴税款。

  （4）扣缴义务人每月或每次预扣、代扣的税款，应当在次月15日内缴入国库，并向税务机关报送个人所得税扣缴申报表。

---

  ① 包括现金支付、汇拨支付、转账支付和以有价证券、实物以及其他形式的支付。

二、个人所得税的纳税申报

纳税年度自公历 1 月 1 日起至 12 月 31 日止。有下列情形之一的，纳税人应当依法办理纳税申报。

（1）取得综合所得，取得综合所得需要办理汇算清缴的情形包括如下几个。

① 从两处以上取得综合所得，且综合所得年收入额减去专项扣除的余额超过 6 万元。

② 取得劳务报酬所得、稿酬所得、特许权使用费所得中一项或者多项所得，且综合所得年收入额减去专项扣除的余额超过 6 万元。

③ 纳税年度内预缴税额低于应纳税额。

④ 纳税人申请退税。纳税人申请退税，应提供其在中国境内开设的银行账户，并在汇算清缴地就地办理税款退库。

（2）取得应税所得，扣缴义务人未扣缴税款，应当区别以下情形办理纳税申报。

① 居民个人取得综合所得的，按"综合所得"办理。

② 非居民个人取得工资、薪金所得，劳务报酬所得，稿酬所得，特许权使用费所得的，应在取得所得的次年 6 月 30 日前，向扣缴义务人所在地主管税务机关办理纳税申报，并报送《个人所得税自行纳税申报表（A 表）》。有两个以上扣缴义务人均未扣缴税款的，选择向其中一处扣缴义务人所在地主管税务机关办理纳税申报。

（3）取得经营所得的纳税申报。个体工商户业主、个人独资企业投资者、合伙企业个人合伙人、承包承租经营者个人以及其他从事生产、经营活动的个人取得经营所得，按年计算个人所得税，由纳税人在月度或季度终了后 15 日内，向经营管理所在地主管税务机关办理预缴纳税申报，并报送《个人所得税经营所得纳税申报表（A 表）》。在取得所得的次年 3 月 31 日前，向经营管理所在地主管税务机关办理汇算清缴，并报送《个人所得税经营所得纳税申报表（B 表）》；从两处以上取得经营所得的，选择向其中一处经营管理所在地主管税务机关办理年度汇总申报，并报送《个人所得税经营所得纳税申报表（C 表）》。

（4）取得境外所得。居民个人从中国境外取得所得的，应当在取得所得的次年 3 月 1 日至 6 月 30 日内，向中国境内任职、受雇单位所在地主管税务机关办理纳税申报；在中国境内没有任职、受雇单位的，向户籍所在地或中国境内经常居住地主管税务机关办理纳税申报。

（5）因移居境外注销中国户籍，应向税务机关申报下列事项。

① 注销户籍当年的综合所得、经营所得汇算清缴的情况。

② 注销户籍当年的其他所得的完税情况。

③ 以前年度欠税的情况。

（6）非居民个人在中国境内从两处以上取得工资、薪金所得。

三、个人所得税纳税申报表

个人所得税纳税申报表有个人所得税基础信息表（A、B 表）、个人所得税扣缴申报表、个人所得税自行纳税申报表（A 表）、个人所得税年度自行纳税申报表、个人所得税经营所得纳税申报表（A、B、C 表）、合伙制创业投资企业单一投资基金核算方式备案表、单一投资基金核算的合伙制创业投资企业个人所得税扣缴申报表。

（一）个人所得税基础信息表

个人所得税基础信息表（A 表）适用于扣缴义务人办理全员全额扣缴申报时，填报其支付所得的纳税人的基础信息。扣缴义务人首次向纳税人支付所得，或者纳税人相关基础信息发生变化的，应填写本表，并于次月扣缴申报时向税务机关报送。表中带"*"项目分为必填和条件必填，其余项目为选填。

个人所得税基础信息表（B 表）适用于自然人纳税人基础信息的填报。自然人纳税人初次向税务机关办理相关涉税事宜时填报本表；初次申报后，以后仅需在信息发生变化时填报。表中带"*"的项目为必填或者条件必填，其余项目为选填。

（二）个人所得税扣缴申报表

个人所得税扣缴申报表（见表 8-5）适用于扣缴义务人向居民个人支付工资、薪金所得，劳务报酬所得，稿酬所得和特许权使用费所得的个人所得税全员全额预扣预缴申报；向非居民个人支付工资、薪金所得，劳务报酬所得，稿酬所得和特许权使用费所得的个人所得税全员全额扣缴申报；向居民个人和非居民个人支付利息、股息、红利所得，财产租赁所得，财产转让所得和偶然所得的个人所得税全员全额扣缴申报。

扣缴义务人应专门设立预扣预缴税收账簿，正确反映个人所得税的扣缴情况，如实填写本表及其他相关资料，在每月或每次预扣、代扣税款的次月 15 日内，将已扣税款缴入国库，并向税务机关报送本表。

（三）个人所得税自行纳税申报表（A 表）和个人所得税年度自行纳税申报表

个人所得税自行纳税申报表（A 表）适用于纳税人向税务机关按月或按次办理自行纳税申报，包括居民个人取得综合所得以外的所得扣缴义务人未扣缴税款，非居民个人取得应税所得扣缴义务人未扣缴税款，非居民个人在中国境内从两处以上取得工资、薪金所得等。

（1）居民个人取得应税所得但扣缴义务人未扣缴税款的，居民个人应在取得所得的次年 6 月 30 日前办理纳税申报。

（2）非居民个人取得应税所得，但扣缴义务人未扣缴税款的，居民个人应在取得所得的次年 6 月 30 日前办理纳税申报。非居民个人在次年 6 月 30 日前离境（临时离境除外）的，应当在离境前办理纳税申报。

（3）非居民个人在中国境内从两处以上取得工资、薪金所得的，应在取得所得的次月 15 日内办理纳税申报。

（4）其他需要纳税人办理自行申报的情形，按规定的申报期限办理。

个人所得税年度自行纳税申报表适用于居民个人取得境内综合所得，纳税人按税法规定需要向主管税务机关办理汇算清缴时，应在取得所得的次年 3 月 1 日至 6 月 30 日内，报送本表。

（四）个人所得税经营所得纳税申报表

个人所得税经营所得纳税申报分为 A 表、B 表和 C 表三种。

1. 个人所得税经营所得纳税申报表（A 表）

个人所得税经营所得纳税申报表（A 表）（见表 8-6）由查账征收和核定征收的个体工商户业主、个人独资企业投资人、合伙企业个人合伙人、承包承租经营者个人以及其他从事生产、经营活动的个人在中国境内取得经营所得，办理个人所得税预缴纳税申报时，向税务机关报送。合伙企业有两个或者两个以上个人合伙人的，应分别填报本表。纳税人应在月度或季度终了后 15 日内，向税务机关办理预缴纳税申报。

表 8-5

个人所得税扣缴申报表

税款所属期: 　　年　　月　　日 至　　年　　月　　日

扣缴义务人名称:

扣缴义务人纳税人识别号（统一社会信用代码）: □□□□□□□□□□□□□□□□□□

金额单位: 人民币元（列至角分）

序号	姓名	身份证件类型	身份证件号码	纳税人识别号	是否为非居民个人	所得项目	收入额计算				本月（次）情况										累计情况（工资、薪金）											税款计算								备注
											专项扣除				其他扣除									累计专项附加扣除					累计其他扣除	减按计税比例	准予扣除的捐赠额								
							收入	费用	免税收入	减除费用	基本养老保险费	基本医疗保险费	失业保险费	住房公积金	年金	商业健康保险	税延养老保险	财产原值	允许扣除的税费	其他	累计收入额	累计减除费用	累计专项扣除	子女教育	赡养老人	住房贷款利息	住房租金	继续教育				应纳税所得额	税率／预扣率	速算扣除数	应纳税额	减免税额	已扣缴税额	应补（退）税额	
1	2	3	4	5	6	7	8	9	10	11	12	13	14	15	16	17	18	19	20	21	22	23	24	25	26	27	28	29	30	31	32	33	34	35	36	37	38	39	40
合计																																							

谨声明: 本扣缴申报表是根据国家税收法律法规及相关规定填报的, 是真实的、可靠的、完整的。

扣缴义务人（签章）:

代理机构签章:

代理机构统一社会信用代码:

经办人签字:

经办人身份证件号码:

受理人:

受理税务机关（章）:

受理日期: 　　年　　月　　日

表 8-6　　　　　　　　　　　　个人所得税经营所得纳税申报表（A表）

税款所属期：　　年　月　日至　　年　月　日

纳税人姓名：

纳税人识别号：□□□□□□□□□□□□□□□□□□　　金额单位：人民币元（列至角分）

被投资单位信息	名称		纳税人识别号（统一社会信用代码）	
征收方式	□查账征收（据实预缴） □核定应税所得率征收 □税务机关认可的其他方式 ＿＿＿＿		□查账征收（按上年应纳税所得额预缴） □核定应纳税所得额征收	

项目	行次	金额/比例
一、收入总额	1	
二、成本费用	2	
三、利润总额（3=1-2）	3	
四、弥补以前年度亏损	4	
五、应税所得率（%）	5	
六、合伙企业个人合伙人分配比例（%）	6	
七、允许扣除的个人费用及其他扣除（7=8+9+14）	7	
（一）投资者减除费用	8	
（二）专项扣除（9=10+11+12+13）	9	
1. 基本养老保险费	10	
2. 基本医疗保险费	11	
3. 失业保险费	12	
4. 住房公积金	13	
（三）依法确定的其他扣除（14=15+16+17）	14	
1.	15	
2.	16	
3.	17	
八、应纳税所得额	18	
九、税率（%）	19	
十、速算扣除数	20	
十一、应纳税额（21=18×19-20）	21	
十二、减免税额（附报《个人所得税减免税事项报告表》）	22	
十三、已缴税额	23	
十四、应补/退税额（24=21-22-23）	24	

谨声明：本表是根据国家税收法律法规及相关规定填报的，是真实的、可靠的、完整的。

　　　　　　　　　　　　纳税人签字：　　　　　　　年　月　日

经办人： 经办人身份证件号码： 代理机构签章： 代理机构统一社会信用代码：	受理人： 受理税务机关（章）： 受理日期：　　年　月　日

2. 个人所得税经营所得纳税申报表（B表）

个人所得税经营所得纳税申报表（B表）（见表8-7）适用于个体工商户业主、个人独资企业投资人、合伙企业个人合伙人、承包承租经营者个人以及其他从事生产、经营活动的个人在中国境内取得经营所得，且实行查账征收的，在办理个人所得税汇算清缴纳税申报时，向税务机关报送。合伙企业有两个或者两个以上个人合伙人的，应分别填报本表。纳税人应在取得经营所得的次年3月31日前，向税务机关办理汇算清缴。

表 8-7　　　　　　　　　个人所得税经营所得纳税申报表（B表）

税款所属期：　　年　月　日至　　年　月　日

纳税人姓名：

单位信息	名称		纳税人识别号（统一社会信用代码）	
项目			行次	金额/比例
一、收入总额			1	
其中：国债利息收入			2	
二、成本费用（3=4+5+6+7+8+9+10）			3	
（一）营业成本			4	
（二）营业费用			5	
（三）管理费用			6	
（四）财务费用			7	
（五）税金			8	
（六）损失			9	
（七）其他支出			10	
三、利润总额（11=1-2-3）			11	
四、纳税调整增加额（12=13+27）			12	
（一）超过规定标准的扣除项目金额（13=14至26之和）			13	
1. 职工福利费			14	
2. 职工教育经费			15	
3. 工会经费			16	
4. 利息支出			17	
5. 业务招待费			18	
6. 广告费和业务宣传费			19	
7. 教育和公益事业捐赠			20	
8. 住房公积金			21	
9. 社会保险费			22	
10. 折旧费用			23	
11. 无形资产摊销			24	
12. 资产损失			25	
13. 其他			26	
（二）不允许扣除的项目金额（27=28至36之和）			27	
1. 个人所得税税款			28	
2. 税收滞纳金			29	
3. 罚金、罚款和被没收财物的损失			30	
4. 不符合扣除规定的捐赠支出			31	
5. 赞助支出			32	
6. 用于个人和家庭的支出			33	
7. 与取得生产经营收入无关的其他支出			34	

续表

项目	行次	金额/比例
8. 投资者工资薪金支出	35	
9. 其他不允许扣除的支出	36	
五、纳税调整减少额	37	
六、纳税调整后所得（38=11+12-37）	38	
七、弥补以前年度亏损	39	
八、合伙企业个人合伙人分配比例（%）	40	
九、允许扣除的个人费用及其他扣除（41=42+43+48+55）	41	
（一）投资者减除费用	42	
（二）专项扣除（43=44+45+46+47）	43	
1. 基本养老保险费	44	
2. 基本医疗保险费	45	
3. 失业保险费	46	
4. 住房公积金	47	
（三）专项附加扣除（48=49+50+51+52+53+54）	48	
1. 子女教育	49	
2. 继续教育	50	
3. 大病医疗	51	
4. 住房贷款利息	52	
5. 住房租金	53	
6. 赡养老人	54	
（四）依法确定的其他扣除（55=56+57+58+59）	55	
1. 商业健康保险	56	
2. 税延养老保险	57	
3.	58	
4.	59	
十、投资抵扣	60	
十一、准予扣除的个人捐赠支出	61	
十二、应纳税所得额（62=38-39-41-60-61）或[62=（38-39）×40-41-60-61]	62	
十三、税率（%）	63	
十四、速算扣除数	64	
十五、应纳税额（65=62×63-64）	65	
十六、减免税额（附报《个人所得税减免税事项报告表》）	66	
十七、已缴税额	67	
十八、应补/退税额（68=65-66-67）	68	

谨声明：本表是根据国家税收法律法规及相关规定填报的，是真实的、可靠的、完整的。

纳税人签字：　　　　年　月　日

经办人： 经办人身份证件号码： 代理机构签章： 代理机构统一社会信用代码：	受理人： 受理税务机关（章）： 受理日期：　　年　月　日

3. 个人所得税经营所得纳税申报表（C表）

个人所得税经营所得纳税申报表（C表）（见表 8-8）由个体工商户业主、个人独资企业投资人、合伙企业个人合伙人、承包承租经营者个人以及其他从事生产、经营活动的个人在中国境内两处以上取得经营所得，办理合并计算个人所得税的年度汇总纳税申报时，向税务机关报送。

纳税人从两处以上取得经营所得，应当于取得所得的次年3月31日前办理年度汇总纳税申报。

表 8-8   个人所得税经营所得纳税申报表（C表）

税款所属期：   年 月 日至   年 月 日

纳税人姓名：

纳税人识别号：□□□□□□□□□□□□□□□□□□   金额单位：人民币元（列至角分）

被投资单位信息	单位名称		纳税人识别号（统一社会信用代码）	投资者应纳税所得额
	汇总地			
	非汇总地	1		
		2		
		3		
		4		
		5		

项目	行次	金额/比例
一、投资者应纳税所得额合计	1	
二、应调整的个人费用及其他扣除（2=3+4+5+6）	2	
（一）投资者减除费用	3	
（二）专项扣除	4	
（三）专项附加扣除	5	
（四）依法确定的其他扣除	6	
三、应调整的其他项目	7	
四、调整后应纳税所得额（8=1+2+7）	8	
五、税率（%）	9	
六、速算扣除数	10	
七、应纳税额（11=8×9-10）	11	
八、减免税额（附报《个人所得税减免税事项报告表》）	12	
九、已缴税额	13	
十、应补/退税额（14=11-12-13）	14	

谨声明：本表是根据国家税收法律法规及相关规定填报的，是真实的、可靠的、完整的。

纳税人签字：   年   月   日

经办人：	受理人：
经办人身份证件号码：	
代理机构签章：	受理税务机关（章）：
代理机构统一社会信用代码：	受理日期： 年 月 日

本章重点与难点

个人所得税的税目、税率，预扣预缴个人所得税的应纳税所得额及应交个人所得税的计算，居民企业个人所得税的会计处理，《扣缴个人所得税申报表》和《生产经营所得个人所得税纳税申报表》的填制。

思考题

1. 如何界定个人所得税的居民纳税人和非居民纳税人？两类纳税人承担的纳税义务有何不同？
2. 预扣预缴工资薪金个人所得税与预扣预缴劳务报酬个人所得税的计算有何不同？
3. 扣缴义务人如何进行预扣预缴工资薪金个人所得税的会计处理？
4. 对居民企业个人所得税如何进行会计处理？

技能题

一、计算题

1. 某高校老师李某 1 月各项收入如下。
（1）当月扣除"三险一金"后的工资收入为 12 000 元，专项附加扣除共计 4 300 元。
（2）房产转让收入 800 万元，支付相关税费 1.5 万元，该房产当初买价 450 万元。
（3）为某单位做专题讲座 1 次，取得收入 4 500 元。
要求：分别计算李某上述各项收入应交个人所得税。

2. 赵某 2019 年 1 月至 12 月从任职单位取得的工资收入合计 145 000 元，取得一笔税后稿酬收入 25 000 元。
要求：计算该纳税人当年应交的个人所得税。

3. 某个体工商户 8 月产品销售收入 18 万元，为生产应税产品耗用原材料、物料、电力等共计 4.5 万元，支付工人工资 3.8 万元，销售费用 0.6 万元，销售税金 0.5 万元，办公费用 0.2 万元。
要求：计算该个体工商户当月应交个人所得税。

二、会计核算题

1. 根据计算题"1.（1）"的计算结果，做当月预扣预缴个人所得税的相关会计分录。
2. 资料：某大型娱乐城因业务需要，聘请某设计师对该娱乐城进行装饰设计，一次性支付劳务费用 120 000 元。
要求：计算应预扣预缴设计师的个人所得税，并做相关会计分录。

第九章

土地增值税会计

学习目标
1. 了解土地增值税的意义和特点；
2. 理解土地增值税的税制要素；
3. 掌握土地增值税的确认、计量、记录与申报。

本章导言

企业缴纳了增值税，为什么还要缴纳土地增值税？土地增值税与增值税的性质是否相同？两者的计税依据是否相同？是否存在重复征税的问题？

第一节

土地增值税的税制要素

土地增值税是对有偿转让国有土地使用权及地上建筑物、其他附着物产权的单位和个人，按其取得的增值性收入所征收的一种收益税。

1993 年 11 月 26 日，《中华人民共和国土地增值税暂行条例》在国务院第十二次常务会议上通过，自 1994 年 1 月 1 日正式实施。此后，财政部又发布了《中华人民共和国土地增值税暂行条例实施细则》，自 1995 年 1 月 27 日施行。开征土地增值税，旨在规范土地、房地产市场的交易秩序，合理调节土地增值收益。

一、土地增值税的纳税人和纳税范围

有偿转让我国国有土地使用权、地上建筑物及附着物（以下简称"转让房地产"）产权，并且取得收入的单位和个人，为土地增值税的纳税人。

转让国有土地使用权，一并转让地上建筑物及附着物连同国有土地使用权时，均应缴纳土地增值税。"转让"是指以出售或其他方式进行的有偿转让，不包括以继承、赠予方式进行的无偿转让。出租房地产行为、受托代建工程由于产权没有转移，不属于该税的纳税范围。

二、土地增值税税率

土地增值税实行四级超率累进税率，即以纳税对象的增值率为累进依据，采用超率累进方式计算应纳税额的税率。采用超率累进税率，需要确定以下几项因素。一是纳税对象数额的相对率。土地增值税以增值额与扣除项目金额之比为相对率。二是把纳税对象的相对率由低到高划分为若干个级次。土地增值税按增值额与扣除项目金额的比率由低到高划分为四个级次，即增值额未超过扣除项目金额 50%的部分，增值额超过扣除项目金额 50%、未超过 100%的部分，增值额超过扣除项目金额 100%、未超过 200%的部分，增值额超过扣除项目金额 200%的部分。三是按各级次分别规定不同的税率。土地增值税税率见表 9-1。

表 9-1   土地增值税税率

级次	增值额占扣除项目金额的比例	税率（%）	速算扣除率（%）
1	50%（含）以下	30	0
2	50%以上～100%（含）	40	5
3	100%以上～200%（含）	50	15
4	200%以上	60	35

三、土地增值税的减免

以下项目享受土地增值税减免政策。

① 纳税人建造普通标准住宅出售，增值额未超过扣除项目金额 20%的。

② 因国家建设需要依法征用、收回的房地产。

③ 对于居民个人拥有的普通住宅，在其转让时，凡居住满 5 年（或以上）的，免缴土地增值税；居住满 3 年未满 5 年的，减半缴纳土地增值税；居住未满 3 年的，按规定缴纳土地增值税。

④ 以房地产进行投资、联营的，投资、联营的一方以土地（房地产）作价入股进行投资为联营条件，将房地产转让到所投资、联营的企业时，可免缴土地增值税；一方出地，一方出资金，双方合作建房，建成后按比例分房自用的，可免缴土地增值税。

第二节
土地增值税的确认计量

一、转让收入的确认

纳税人转让房地产取得的应税收入是扣除增值税后的收入（即不含增值税收入），包括全部价款和有关经济利益。其收入形式包括以下几种。

（1）货币收入。其指纳税人转让国有土地使用权、地上建筑物及附着物产权而取得的现金、银行存款、支票、银行本票、汇票等各种信用票据和国库券、金融债券、企业债券、股票等有价证券。

（2）实物收入。其指纳税人转让国有土地使用权、地上建筑物及附着物产权而取得的各种实物形态的收入，如钢材、水泥等建材，房屋、土地等不动产。

（3）其他收入。其指纳税人转让国有土地使用权、地上建筑物及附着物而取得的无形资产收入或具有财产价值的权利，如专利权、商标权。

销售额=（全部价款和价外费用-当期允许扣除的土地价款）÷（1+税率或征收率[①]）

增值税销项税额=销售额×税率或征收率

土地增值税应税收入=含税销售额-增值税销项税额

二、扣除项目金额的确认

（一）新建房扣除项目金额

（1）取得土地使用权所支付的金额。取得土地使用权所支付的金额是指纳税人为取得土地使用权而支付的地价款或出让金，以及按国家统一规定缴纳的

土地增值税
扣除项目

---

① 在一般计税方法下，增值税税率为 10%；在简易计税方法下，征收率为 5%。

有关费用和税金。

（2）开发土地和新建房及配套设施的成本。纳税人房地产开发项目实际发生的成本（房地产开发成本），包括土地征用及拆迁补偿费、前期工程费、建筑安装工程费、基础设施费、公共配套设施费、开发间接费。其中，土地征用及拆迁补偿费包括土地征用费，耕地占用税，劳动力安置费及有关地上、地下附着物拆迁补偿的净支出，安置动迁用房支出等；开发间接费是指直接组织、管理开发项目所发生的费用，如工资、福利费、折旧费、办公费、周转房摊销等。

（3）开发土地和新建房及配套设施的费用。此项费用亦称房地产开发费用。它是指与房地产开发项目有关的销售费用、管理费用、财务费用。其中，财务费用中的利息支出，在最高不超过按商业银行同类同期贷款利率计算金额的前提下，可以据实扣除；管理费用、销售费用，则按上述1、2项计算金额之和的5%以内计算扣除（具体比例由省级政府规定）。凡不能按转让房地产项目计算分摊利息支出以及不能提供金融机构证明的房地产开发费用，按上述1、2项计算金额之和的10%以内计算扣除（具体比例由省级政府规定）。

（4）与转让房地产有关的税金。其是指在转让房地产时缴纳的税金及附加，即城市维护建设费、印花税和教育费附加等。在转让房地产时涉及的增值税进项税额，若允许在销项税额中计算抵扣，则不计入扣除项目；若不允许在销项税额中计算抵扣，则可以计入扣除项目。免征增值税的，确定计税依据时，成交价格、租金收入、转让房地产取得的收入不得扣减增值税税额。

（5）其他扣除项目。根据现行规定，对从事房地产开发的企业，可按上述第1、2项金额之和加计20%扣除。这主要是考虑投资的合理回报和通货膨胀等因素。

（二）旧房及建筑物扣除项目金额

其扣除项目包括转让房地产的评估价格和转让中支付的相关税金。评估价格即在转让已使用的房屋及建筑物时，由政府批准设立的房地产评估机构评定的重置成本乘以成新度折扣率所得的价格，评估价格须经税务机关确认。

三、应交土地增值税的计算

土地增值税以纳税人转让房地产时取得的增值额为计税依据，增值额是指纳税人转让房地产所取得的收入减去规定扣除项目金额后的余额。

土地增值税采用超率累进税率计算，故只有先计算出增值率，即增值额占扣除项目金额的比例后，才能确定适用税率，计算应交土地增值税。其计算公式如下。

土地增值额=转让房地产的总收入-扣除项目金额

$$增值率=\frac{转让收入-扣除项目金额}{扣除项目金额}\times100\%=\frac{增值额}{扣除项目金额}\times100\%$$

应交土地增值税=$\sum$（每级距的土地增值额×适用税率）

这种方法要分段计算、汇总合计，比较烦琐，在实际工作中，一般采用速算扣除法计算。其计算公式如下：

应交土地增值税=土地增值额×适用税率-扣除项目金额×速算扣除率

【例9-1】天博房地产公司"营改增"后的新开工项目按一般计税方法计算增值税，符合土地增值税扣除项目的成本合计7 500万元（其中土地价款3 500万元），符合抵扣条件的抵扣进项税额为385万元，当年销售额为15 490万元。

公司无法按项目分摊利息支出，不能提供金融机构贷款证明，不考虑其他税费。不能按转让房地产项目计算分摊利息支出或不能提供金融机构证明的，房地产开发费用按规定计算金额之和的10%以内计算扣除；对从事房地产开发的纳税人可按规定计算金额之和，加计20%扣除，合计可以加计扣除30%的成本。相关计算如下。

销售额＝（15 490-3 500）÷1.09=11 000（万元）

应交增值税=11 000×9%-385=605（万元）

扣除项目金额=［（7 500-3 500）÷1.09+3 500］×（1+30%）

$\qquad$ =7 169.724 8×（1+30%）=9 320.642 2（万元）

增值额=11 000+3 500-9 320.642 2=5 179.357 8（万元）

增值率=517 9.357 8÷7 169.724 8×100%=72.24%

应交土地增值税=5 179.357 8×40%-9 320.642 2×5%=1 605.711（万元）

【例9-2】某房地产开发公司转让高级公寓一栋，共获得货币收入7 500万元，获得购买方原准备盖楼的钢材2 100吨，其价格为2 500元/吨。公司为取得土地使用权所支付的金额为1 450万元，开发土地、建房及配套设施等共支出2 110万元，开发费用共计480万元（其中利息支出295万元，未超过扣除标准），转让房地产时有关税金共付47万元。房地产开发费用按规定的最高比例计算。应交土地增值税计算如下。

（1）收入额=7 500+2 100×0.25=8 025（万元）

（2）扣除项目金额=（1 450+2 110）×（1+20%）+295+（1 450+2 110）×5%+47=4 792（万元）

其中，其他开发费用实际支出比例=（480-295）÷（1 450+2 110）×100%=5.2%，超过5%的限额，按5%计算如下：

（1 450+2 110）×5%=178（万元）

（3）增值额=8 025-4 792=3 233（万元）

（4）增值额占扣除项目金额的比例=3 233÷4 792×100%=67.47%

（5）应交土地增值税=3 233×40%-4 792×5%=1 053.6（万元）

四、预交土地增值税的计算

房地产开发企业预售房产时，不论企业增值税采用一般计税还是简易计税，预交增值税的计算公式如下。

应预交增值税=［预收款÷（1+税率或征收率）］×3%

预交土地增值税计征依据=预收款-应预交增值税

现房销售时，在土地增值税清算前，仍应预交土地增值税。适用增值税一般计税方法的纳税人，其转让房地产的土地增值税应税收入不含增值税销项税额；适用简易计税方法的纳税人，其转让房地产的土地增值税应税收入不含增值税应交税额。

（1）适用增值税简易计税的土地增值税预交计征依据。

预交土地增值税计征依据=价税合计-应交增值税

应交增值税=［价税合计÷（1+5%）］×5%

（2）适用增值税一般计税的土地增值税预交计征依据。

预交土地增值税计征依据=价税合计-销项税额

销项税额=［（价税合计-允许扣除的土地价款）÷（1+适用税率）］×适用税率

房地产开发企业实际缴纳的城市维护建设税、教育费附加，能够按清算项目准确计算的，允许据实扣除。不能按清算项目准确计算的，则按该清算项目预交增值税时实际缴纳的税费附加扣除。

五、土地增值税的清算

土地增值税清算是纳税人在符合清算条件后，按规定计算房地产开发项目应缴纳的土地增值税，并填写《土地增值税清算申报表》，向主管税务机关提供有关资料，办理土地增值税清算手续，结清该房地产项目应缴纳的土地增值税税款的行为。

土地增值税清算应该以有关部门审批的房地产开发项目为单位进行清算；对分期开发的项目，以分期项目为清算单位。如果开发项目中同时包含普通住宅和非普通住宅，应分别计算增值额。纳税人符合下列条件之一的，应进行土地增值税清算。

（1）房地产开发项目全部竣工、完成销售的。

（2）整体转让未竣工决算房地产开发项目的。

（3）直接转让土地使用权的。

对符合以下条件之一的，主管税务机关可要求纳税人进行土地增值税清算。

（1）已竣工验收的房地产开发项目，已转让的房地产建筑面积占整个项目可售建筑面积的比例在85%以上，或该比例虽未超过85%，但剩余的可售建筑面积已经出租或自用的。

（2）取得销售（预售）许可证满三年仍未销售完毕的。

（3）纳税人申请注销税务登记但未办理土地增值税清算手续的，应在办理注销登记前进行土地增值税清算。

（4）省级税务机关规定的其他情况。

第三节 土地增值税的会计处理

一、主营房地产企业土地增值税的会计处理

主营房地产企业既有房地产开发企业，又有对外经济合作企业、股份制试点企业和外商投资房地产企业等。这些企业的房地产经营收入占其全部经营收入的较大比重，直接影响企业的经营业绩。

（一）现货房地产销售

在现货房地产销售情况下，采用一次性收款、房地产移交使用、发票账单提交买主、钱货两清的，应将房地产移交和发票结算账单提交买主时作为销售实现，借记"银行存款"等，贷记"主营业务收入"等；同时，计算应交土地增值税，借记"税金及附加"，贷记"应交税费——应交土地增值税"。

采用赊销、分期收款方式销售房地产的，应以合同规定的收款时间为销售实现时间，分次结转收入。

【例9-3】以【例9-2】为例，不考虑其他相关税金，做如下会计分录。

（1）收入实现时。

借：银行存款   75 000 000

    贷：主营业务收入   75 000 000

借：原材料   5 250 000

    贷：主营业务收入   5 250 000

（2）缴纳土地增值税时。

借：税金及附加   10 536 000

  贷：应交税费——应交土地增值税   10 536 000

（二）预售商品房

商品房可以预售，但应符合下列规定条件：已交付全部土地使用权出让金，取得土地使用权证书；持有建设工程规划许可证；按提供预售的商品房计算，投入开发建设的资金达到总投资的25%以上，并已经确定工程进度和竣工交付日期；向县级以上人民政府房产管理部门办理了预售登记，取得了商品房预售许可证明。

在商品房预售情况下，商品房交付使用前采取一次性收款或分次收款的，收到购房款时，借记"银行存款"，贷记"预收账款"；按规定预缴土地增值税时，借记"应交税费——应交土地增值税"，贷记"银行存款"等；待该商品房交付使用后，开出发票结算账单交给买主时，作为收入实现，借记"预收账款"，贷记"主营业务收入"等；同时，计算由实现的销售收入负担的土地增值税，借记"税金及附加"等，贷记"应交税费——应交土地增值税"。按照税法的规定，该项目全部竣工、办理决算后进行清算，企业收到退回多缴的土地增值税时，借记"银行存款"等，贷记"应交税费——应交土地增值税"；补缴土地增值税时，做相反的会计分录。

【例9-4】某房地产开发公司在某项目竣工前，预先售出部分房地产，取得收入200万元，假设应预缴土地增值税20万元；项目竣工后，工程全部收入500万元，应交土地增值税80万元。做如下会计分录。

（1）收到预收款时。

借：银行存款   2 000 000

  贷：预收账款——××买主   2 000 000

（2）预缴土地增值税时。

借：应交税费——应交土地增值税   200 000

  贷：银行存款   200 000

（3）实现收入、进行结算时。

借：预收账款——××买主   2 000 000

  银行存款   3 000 000

  贷：主营业务收入   5 000 000

（4）按土地增值税规定，计算整个工程项目收入应交土地增值税时。

借：税金及附加   800 000

  贷：应交税费——应交土地增值税   800 000

（5）缴清应交土地增值税时。

借：应交税费——应交土地增值税   600 000

  贷：银行存款   600 000

【例9-5】天湖房地产公司7月销售A项目取得普通住宅预收款8 880万元，开工许可证在"营改增"后取得，适用增值税一般计税方法，本省规定的土地增值税预征率为2%。

预缴增值税=8 880÷（1+10%）×3%=242.18（万元）

预缴土地增值税=（8 880-242.18）×2%=172.76（万元）

做如下会计分录。

（1）收到预收款时。

借：银行存款 88 800 000

贷：预收账款 88 800 000

（2）次月预缴增值税时。

借：应交税费——预缴增值税 2 421 800

贷：银行存款 2 421 800

（3）预缴土地增值税时。

借：应交税费——土地增值税 1 727 600

贷：银行存款 1 727 600

可见，预缴增值税与预缴土地增值税的计税依据并不一致。

二、非主营房地产企业转让房地产时土地增值税的会计处理

企业转让国有土地使用权连同地上建筑物及其附着物时应通过"固定资产清理"等账户核算，取得的转让收入记入"固定资产清理"等账户的贷方；应缴纳的土地增值税，借记"固定资产清理"等，贷记"应交税费——应交土地增值税"等。转让以行政划拨方式取得的国有土地使用权时也应缴纳土地增值税。企业先将缴纳的土地出让金作为"无形资产"入账，按转让无形资产进行会计处理。

【例9-6】AB公司（增值税一般纳税人）因企业现金流量不足，长期拖欠CD公司商品价款3 000万元，CD公司已计提坏账准备450万元。经双方商议，于5月10日（"营改增"后）签订债务重组协议，AB公司用其一栋商品房抵顶商品价款。商品房于"营改增"前购置，买价1 923.08万元，缴纳契税76.92万元（税率4%），原价2 000万元，已提折旧50万元，市场公允价值2 500万元（含税），AB公司另支付银行存款250万元，经税务机关认定的重置成本价为3 000万元，成新度折扣率为65%。CD公司对该商品房重新装修后销售，取得销售收入3 300万元（含税），发生装修费支出330万元（含税）。不考虑附加税费。

（1）AB公司的相关会计处理。

① 应交相关税金的计算。增值税一般纳税人销售"营改增"前取得的不动产，可以选择按简易计税方法适用征收率5%缴纳增值税，开具增值税专用发票。

应交增值税=（2 500-1 923.08）÷1.05×5%=27.47（万元）

应交土地增值税的计算如下。

评估价格=3 000×65%=1 950（万元）

增值额=2 500÷1.05-1 950=430.95（万元）

增值率=430.95÷1 950×100%=22.1%

应交土地增值税=430.95×30%-1 950×0%=129.29（万元）

② 将抵债房产转入清理。

借：固定资产清理 19 500 000

累计折旧 500 000

贷：固定资产 20 000 000

③ 计提应交税费。

借：固定资产清理 1 567 600

| 贷：应交税费——应交增值税（销项税额） | 274 700 |
| ——应交土地增值税 | 1 292 900 |

④ 抵偿债务。

借：应付账款——CD公司　30 000 000
　　贷：固定资产清理　25 000 000
　　　　银行存款　2 500 000
　　　　营业外收入——债务重组收益　2 500 000
借：固定资产清理　3 932 400
　　贷：资产处置损益　3 932 400

（2）CD公司的相关会计处理。

① 收到抵债资产，冲销债权。

借：库存商品——待售房产（25 000 000元÷1.05）　23 809 524
　　应交税费——应交增值税（进项税额）（25 000 000元÷1.05×5%）　1 190 476
　　库存现金　2 500 000
　　坏账准备　4 500 000
　　贷：应收账款——AB公司　30 000 000
　　　　资产减值损失　2 000 000

② 将待售房产转入在建工程。

借：在建工程　23 809 524
　　贷：库存商品——待售房产　23 809 524

③ 发生工程支出。

借：在建工程　3 000 000
　　应交税费——应交增值税（进项税额）　300 000
　　贷：库存现金等　3 300 000

④ 工程完工转入库存商品，待售房产转入在建工程。

借：库存商品——待售房产　26 809 524
　　贷：在建工程　26 809 524

⑤ 开具增值税专用发票进行销售。

借：应收账款（或银行存款）　33 000 000
　　贷：其他业务收入　30 000 000
　　　　应交税费——应交增值税（销项税额）　3 000 000

⑥ 计算应交土地增值税。

扣除项目金额=2 680.952 4万元

增值额=3 300÷1.1-2 680.952 4=319.047 6（万元）

增值率=319.047 6÷2 680.952 4×100%≈11.9%

应交土地增值税=319.047 6×30%-2 680.952 4×0%=95.714 3（万元）

借：税金及附加　957 143
　　贷：应交税费——应交土地增值税　957 143

⑦ 结转出售抵债资产成本。

借：其他业务成本　26 809 524

贷：库存商品——待售房产	26 809 524

【例9-7】某企业于"营改增"后转让以行政划拨方式取得的土地使用权，转让土地使用权应补交土地出让金5万元，取得土地使用权转让收入21.8万元（含税），增值税税率为9%。有关税务会计处理如下。

（1）补交出让金。

借：无形资产	50 000
贷：银行存款	50 000

（2）计算应交土地增值税。

增值额=220 000÷1.1-50 000=150 000（元）

增值率=150 000÷50 000×100%=300%

应交土地增值税=150 000×60%-50 000×35%=72 500（元）

借：银行存款	218 000
贷：应交税费——应交增值税（销项税额）	20 000
——应交土地增值税	72 500
无形资产	50 000
资产处置损益	75 500

上交土地增值税。

借：应交税费——应交土地增值税	72 500
贷：银行存款	72 500

第四节 土地增值税的纳税申报

一、土地增值税的纳税期限和纳税地点

土地增值税的纳税人应于转让房地产合同签订之日起 7 日内到房地产所在地的税务机关办理纳税申报，并向税务机关提交建筑物产权、土地使用权证书，土地转让、房产买卖合同，房地产评估报告以及其他与转让房地产有关的资料。

纳税人因经常发生房地产转让而难以在每次转让后申报的，经税务机关审核同意后，可以定期进行纳税申报，具体期限由税务机关根据具体情况确定。

房地产所在地是指房地产的坐落地。纳税人转让的房地产坐落在两个或两个以上地区的，应按房地产所在地分别纳税。

纳税人应按照税务机关核定的税额及规定的期限缴纳土地增值税。

纳税人没有依法缴纳土地增值税，土地管理部门、房产管理部门可以拒办权属变更手续。

二、土地增值税的纳税申报

土地增值税的纳税主体不同，其申报表也不相同。现行申报表有七种，另外还有相关附表，本章仅列示前三种申报表（见表9-2～表9-4）。

表 9-2

土地增值税纳税申报表（一）
（从事房地产开发的纳税人预征适用）

税款所属时间： 年 月 日至 年 月 日 填表日期： 年 月 日

项目名称： 项目编号： 金额单位：元至角分 面积单位：平方米

纳税人识别号

房产类型	房产类型子目	收入					应纳税额	税款缴纳	
		应税收入	货币收入	实物收入及其他收入	视同销售收入	预征率（%）		本期已缴税额	本期应缴税额计算
一	1	2=3+4+5	3	4	5	6	7=2×6	8	9=7-8
普通住宅									
非普通住宅									
其他类型房地产									
合计	—					—			

以下由纳税人填写：

纳税人声明	此纳税申报表是根据《中华人民共和国土地增值税暂行条例》及其实施细则和国家有关税收规定填报的，是真实的、可靠的、完整的。			
纳税人签章		代理人签章		代理人身份证号

以下由税务机关填写：

受理人		受理日期	年 月 日	受理税务机关签章	

本表一式两份，一份纳税人留存，一份税务机关留存。各栏中的"收入"不含增值税。

表 9-3

土地增值税纳税申报表（二）
（从事房地产开发的纳税人清算适用）

税款所属时间： 年 月 日至 年 月 日 填表日期： 年 月 日

金额单位：元至角分 面积单位：平方米

纳税人识别号

纳税人名称		项目名称		项目编号		项目地址	
所属行业		登记注册类型		纳税人地址		邮政编码	
开户银行		银行账号		主管部门		电话	
总可售面积				自用和出租面积			
已售面积		其中：普通住宅已售面积		其中：非普通住宅已售面积		其中：其他类型房地产已售面积	

项目	行次	金额			
		普通住宅	非普通住宅	其他类型房地产	合计
一、转让房地产收入总额 1=2+3+4	1				
其中 货币收入	2				
实物收入及其他收入	3				
视同销售收入	4				
二、扣除项目金额合计 5=6+7+14+17+21	5				
1. 取得土地使用权所支付的金额	6				
2. 房地产开发成本 7=8+9+10+11+12+13	7				
其中 土地征用及拆迁补偿费	8				
前期工程费	9				
建筑安装工程费	10				
基础设施费	11				
公共配套设施费	12				
开发间接费用	13				

续表

项目		行次	金额			
			普通住宅	非普通住宅	其他类型房地产	合计
3. 房地产开发费用　14=15+16		14				
其中	利息支出	15				
	其他房地产开发费用	16				
4. 与转让房地产有关的税金等　17=18+19+20		17				
其中	营业税	18				
	城市维护建设税	19				
	教育费附加	20				
5. 财政部规定的其他扣除项目		21				
6. 代收费用		22				
三、增值额　23=1-5		23				
四、增值额与扣除项目金额之比（%）24=23÷5		24				
五、适用税率（%）		25				
六、速算扣除系数（%）		26				
七、应缴土地增值税税额　27=23×25-5×26		27				
八、减免税额　28=30+32+34		28				
其中	减免税（1） 减免性质代码	29				
	减免税额	30				
	减免税（2） 减免性质代码	31				
	减免税额	32				
	减免税（3） 减免性质代码	33				
	减免税额	34				
九、已缴土地增值税税额		35				
十、应补（退）土地增值税税额　36=27-28-35		36				

以下由纳税人填写			
纳税人声明	此纳税申报表是根据《中华人民共和国土地增值税暂行条例》及其实施细则和国家有关税收规定填报的，是真实的、可靠的、完整的。		
纳税人签章		代理人签章	代理人身份证号
以下由税务机关填写			
受理人		受理日期　年　月　日	受理税务机关签章

本表一式两份，一份纳税人留存，一份税务机关留存。第2~4行中的"收入"不含增值税。

表9-4　　　　　　　　　　　土地增值税纳税申报表（三）

（非从事房地产开发的纳税人适用）

税款所属时间：　年　月　日至　　年　月　日　　　　填表日期：　年　月　日

金额单位：元至角分　　　　　　　　　　面积单位：平方米

纳税人识别号

纳税人名称		项目名称		项目地址	
所属行业		登记注册类型		纳税人地址	邮政编码
开户银行		银行账号		主管部门	电话

项目		行次	金额
一、转让房地产收入总额　1=2+3+4		1	
其中	货币收入	2	
	实物收入	3	
	其他收入	4	

续表

项目			行次	金额
二、扣除项目金额合计 （1）5=6+7+10+15 （2）5=11+12+14+15			5	
（1）提供评估价格	1. 取得土地使用权所支付的金额		6	
	2. 旧房及建筑物的评估价格 7=8×9		7	
	其中	旧房及建筑物的重置成本价	8	
		成新度折扣率	9	
	3. 评估费用		10	
（2）提供购房发票	1. 购房发票金额		11	
	2. 发票加计扣除金额 12=11×5%×13		12	
	其中：房产实际持有年数		13	
	3. 购房契税		14	
	4. 与转让房地产有关的税金等 15=16+17+18+19		15	
其中	营业税		16	
	城市维护建设税		17	
	印花税		18	
	教育费附加		19	
三、增值额 20=1-5			20	
四、增值额与扣除项目金额之比（%）21=20÷5			21	
五、适用税率（%）			22	
六、速算扣除系数（%）			23	
七、应缴土地增值税税额 24=20×22-5×23			24	
八、减免税额（减免性质代码：　　）			25	
九、已缴土地增值税税额			26	
十、应补（退）土地增值税税额 27=24-25-26			27	
以下由纳税人填写				
纳税人声明	此纳税申报表是根据《中华人民共和国土地增值税暂行条例》及其实施细则和国家有关税收规定填报的，是真实的、可靠的、完整的。			
纳税人签章		代理人签章		代理人身份证号
以下由税务机关填写				
受理人		受理日期	年　月　日	受理税务机关签章

本表一式两份，一份纳税人留存，一份税务机关留存。第2~4行中的"收入"不含增值税。

本章重点与难点

　　土地增值税的增值额与增值率的计算，扣除项目金额的确认计量，应交土地增值税的计算，土地增值税的清算，相关会计处理和纳税申报表的填制。

思考题

　　1. 简述土地增值税的纳税范围。

2．简述土地增值税的计算步骤。

3．如何计算土地增值税的增值额和应交土地增值税税额？

4．土地增值税的会计处理与增值税有何联系？

技能题

一、计算题

1．某房地产开发公司 8 月销售其新建商品房一幢，取得不含增值税销售收入 14 000 万元，已知该公司支付与商品房相关的土地使用费及开发成本合计为 4 800 万元；该公司没有按房地产项目计算分摊银行借款利息；该商品房所在地的省政府规定计征土地增值税时房地产开发费用扣除比例为最高比例；准予扣除的有关税金为 770 万元。

要求：计算该商品房应交土地增值税。

2．某工业企业 5 月 1 日转让其位于县城的一栋办公楼，取得不含增值税销售收入 12 000 万元。十年前建造该办公楼时，为取得土地使用权支付金额 3 000 万元，发生建造成本 4 000 万元。转让时经政府批准的房地产评估机构评估，确定该办公楼的重置成本价为 8 000 万元。

其他相关资料：产权转移书据印花税税率为 0.5‰，成新度折扣率为 60%，纳税人选择简易计税方法缴纳增值税。

要求：根据上述资料，回答下列问题，如有计算需计算出合计数。

（1）请解释重置成本价的含义。

（2）计算土地增值税时该企业办公楼的评估价格。

（3）计算土地增值税时允许扣除的税金及附加。

（4）计算土地增值税时允许扣除的印花税。

（5）计算土地增值税时允许扣除项目金额的合计数。

（6）计算转让办公楼应交土地增值税。

二、会计核算题

资料：（1）某房地产公司销售营改增前自行建造的普通标准住宅楼一栋，取得售房款 560 万元。该公司为建房支付地价款 98 万元，建楼成本为 280 万元，开发费用按地价款和建楼成本的 10% 计算，增值税税率为 5%，城建税税率为 7%，教育费附加征收率为 3%。

（2）假定取得售房款 1 000 万元，其他资料同（1）。

（3）某房地产公司采用预缴土地增值税的方法，主管税务机关核定，先按预收款的 10% 预缴土地增值税，公司当月预收售房款 300 万元。下月工程竣工，确认全部收入应为 650 万元。按税法规定，该工程项目应交土地增值税 75 万元。

要求：根据上述资料，计算应交土地增值税，并做相应的会计处理。

第十章

其他税会计

学习目标

1. 了解本章各税种课征的意义和特点；
2. 理解本章各税种的计税依据；
3. 掌握本章各税种的会计记录方法和纳税申报要求。

本章导言

"其他税会计"是前述税种之外几个比较常见税种的会计，其共同点是比较小、比较简单，但它们在税务会计中也是不可或缺的。小税种可以发挥大效应，小税种也可能存在大风险。

第一节 城市维护建设税会计

一、城市维护建设税概述

在我国境内缴纳增值税、消费税的单位和个人为城市维护建设税的纳税人。城市维护建设税扣缴义务人为负有增值税、消费税扣缴义务的单位和个人。城市维护建设税（以下简称"城建税"）对组织财政收入、加强城市维护建设具有重要作用。

城建税是以纳税人实际缴纳的增值税、消费税以及出口货物、劳务或者跨境销售服务、无形资产增值税免抵税额为计税依据（不包括税务机关对纳税人加收的滞纳金和罚款等非税款项）征收的一种附加税。

城建税以跨境为界，对跨境进口不征城建税，对跨境出口征收城建税，出口退税不退城建税。

纳税人所在地在市区的，城建税税率为7%；所在地不在市区的，城建税税率为5%。

城建税的纳税环节与增值税、消费税纳税环节相同，即只要发生增值税、消费税的纳税义务，纳税人就应在缴纳增值税、消费税的同时计算缴纳城建税。

城建税纳税义务的发生时间为缴纳增值税、消费税当日，纳税地点与增值税、消费税的缴纳地点相同。扣缴义务发生时间为扣缴增值税、消费税当日，扣缴义务人应向其机构所在地或居住地主管税务机关申报缴纳其扣缴的税款。

企业预缴增值税时，也应同时按预缴增值税所在地的适用税率、征收率就地计算缴纳城建税和教育费附加。以预缴增值税为依据计算缴纳的城建税和教育费附加不属预缴，不存在抵税的问题。在机构所在地应缴纳的城建税和教育费附加是以实缴增值税为基数，再依照机构所在地的适用税率、征收率就地计算应缴纳的城建税和教育费附加。如果建筑服务发生地与机构所在地城建税税率存在差异，不再补缴或退税。

对实行增值税期末留抵退税的纳税人，允许其从城建税的计税依据中扣除退还的增值税税额。对于享受增值税优惠政策（如即征即退、先征后返）的退税，不能同时退还城建税。

城建税按月或按季计征；不能按固定期限计征的，按次计征。

城建税实行按月或按季计征的，纳税人应于月度、季度终了之日起 15 日内申报并缴纳税款；按次计征的，纳税人应于纳税义务发生之日起 15 日内申报并缴纳税款。

二、城市维护建设税的会计处理

企业应通过"应交税费——应交城市维护建设税"账户，对城市维护建设税进行会计处理。

【例10-1】某汽车厂所在地为省会城市，当月实际缴纳增值税275万元、消费税400万元。

（1）计提应交城市维护建设税时。

应交城市维护建设税=（275+400）×7%=47.25（万元）

借：税金及附加　　　　　　　　　　　　　　　472 500

　　贷：应交税费——应交城市维护建设税　　　　　　　472 500

（2）缴纳税款时。

借：应交税费——应交城市维护建设税　　　　　472 500

　　贷：银行存款　　　　　　　　　　　　　　　　472 500

（3）计提教育费附加。教育费附加的计征率为3%，地方教育费附加的计征率为2%。

应交教育费附加=（275+400）×（3%+2%）=33.75（万元）

借：税金及附加　　　　　　　　　　　　　　　337 500

　　贷：应交税费——应交教育费附加　　　　　　　　337 500

【例10-2】5月月底，退税机关已审批某企业"免、抵、退"税额100万元。其中，退税额40万元，免抵税额60万元。该企业在收到退税机关返还的"生产企业出口货物免、抵、退税申报汇总表"后，依据免抵税额计算城市维护建设税（税率为7%）和教育费附加（地方教育费附加略），有关计算和账务处理如下。

月底，收到"生产企业出口货物免、抵、退税申报汇总表"时。

借：其他应收款——应收出口退税（增值税）　　400 000

　　应交税费——应交增值税（出口退税抵减应纳税额）　600 000

　　贷：应交税费——应交增值税（出口退税）　　　　1 000 000

计提城市维护建设税。

应交城市维护建设税=600 000×7%=42 000（元）

借：税金及附加　　　　　　　　　　　　　　　42 000

　　贷：应交税费——应交城市维护建设税　　　　　　42 000

计提教育费附加。

教育费附加=600 000×3%=18 000（元）

借：税金及附加　　　　　　　　　　　　　　　18 000

　　贷：应交税费——应交教育费附加　　　　　　　　18 000

上缴税费时。

借：应交税费——应交城市维护建设税　　　　　42 000

　　　　　　——应交教育费附加　　　　　　　18 000

　　贷：银行存款　　　　　　　　　　　　　　　　60 000

第二节 房产税会计

一、房产税的纳税人

房产税是以房屋为征税对象，按照房屋的计税余值或租金收入对产权所有人征收的一种财产税。凡在我国境内拥有房屋产权的单位和个人均为房产税的纳税人。产权国有的，其经营管理单位和个人为纳税人；产权出典的，承典人为纳税人；产权所有人、承典人不在房产所在地，或者产权未确定或租典纠纷未解决的，房产代管人或者使用人为纳税人。

二、房产税的纳税范围和计税依据

房产税的纳税范围为城市、县城、工矿区、建制镇，不涉及农村，而且仅限于经营性房产。

房产税以房产评估值（现按原值）为计税依据。房产评估值是指房产在评估时的市场价值。房产评估值由省级人民政府认定的资产评估机构进行评估，每3～5年评估一次，具体时间由省级人民政府确定。

对按照房产原值计税的房产，无论财务会计如何核算，房产原值均应包含地价，包括为取得土地使用权而支付的价款、开发土地发生的成本费用等。宗地容积率低于0.5的，按房产建筑面积的2倍计算土地面积并据此确定计入房产原值的地价。

与地上房屋相连的地下建筑，如房屋的地下室、地下停车场、商场的地下部分等，应将地下部分与地上房屋视为一个整体，按照地上房屋建筑的有关规定计算缴纳房产税。

三、房产税的税率

房产税以房产的计税余值或租金收入为计税依据，采用比例税率。按房产余值计征的，税率为1.2%；按租金收入计征的，税率为12%。

对个人出租住房，不区分用途，按4%的税率征收房产税；对企事业单位、社会团体以及其他组织按市场价格向个人出租用于居住的住房，减按4%的税率征收房产税。

四、房产税的减免

免缴房产税的房产是：国家机关、人民团体、军队的房产；由国家财政部门拨付事业经费单位的房产；高校学生公寓（为高校学生提供住宿服务，按照国家规定收费标准收取住宿费的学生公寓）；宗教寺庙、公园、名胜古迹的房产；个人的房产。上述单位和个人用于生产经营的房产除外。房地产开发企业建造的商品房，在售出前免缴房产税，但在售出前本企业已使用或出租、出借的商品房，应按规定缴纳房产税。

房产原值与
房产余值

五、房产税的确认计量

购置新建商品房、存量房，出租、出借房产，房地产开发企业自用、出租、出借自建商品房，自交付使用或办理权属转移之次月起，计缴房产税和城镇土地使用税。纳税人因房产、土地的实物或权利状态发生变化而依法终止房产税、城镇土地使用税纳税义务的，其应纳税款的计算应截止到房产、土地的实物或权利状态发生变化的当月末。房产税的基本计算公式如下。

应交房产税=房产评估值×适用税率

实务中，房产税有以下两种计算方法。

① 按房产原值一次减除10%～30%后的余值计算。

应交房产税=房产账面原值×（1-一次性减除率）×1.2%

② 按租金收入计算。

应交房产税=年租金收入÷（1+9%）×适用税率（12%）

对自用地下建筑，按以下方法计税。

① 工业用途房产，以房屋原价的50%～60%为应税房产原值。

应交房产税=应税房产原值×[1-（10%～30%）]×1.2%

② 商业和其他用途房产，以房屋原价的70%～80%为应税房产原值。

应交房产税=应税房产原值×[1-（10%～30%）]×1.2%

房产税按年计算，分期（月、季、半年）缴纳。

【例10-3】天河公司为扩大生产规模，去年9月取得一块面积为5万平方米的土地用于建厂房，支付的9 000万元地价款计入无形资产。厂房建筑面积为11万平方米，建筑成本为5 200万元，今年11月交付使用。

新建厂房宗地容积率为2.2（11万平方米÷5万平方米），大于0.5，应将全部地价款一并计入房产原值。

当年应交房产税=（9 000+5 200）×（1-30%）×1.2%=119.28（万元）

六、房产税的会计处理

企业按规定计算或预提的房产税，应借记"税金及附加"等，贷记"应交税费——应交房产税"。

【例10-4】在天河公司当年1月1日的"固定资产"分类账中，房产原值为2 400万元。2月，企业将500万元的房产租给其他单位使用，每年收租金60万元。3月，房产无变化。当地政府规定，企业自用房屋按房产原值一次减除20%后作为房产余值纳税。按年计算、分季缴纳房产税。

1. 房产税的计算

（1）1月按房产余值计算应交房产税。

年应交房产税=24 000 000×（1-20%）×1.2%=230 400（元）

月应交房产税=230 400÷12=19 200（元）

（2）2月应交房产税的计算。

① 按房产余值计算。

年应交房产税=（24 000 000-5 000 000）×（1-20%）×1.2%=182 400（元）

月应交房产税=182 400÷12=15 200（元）

② 按租金收入计算。

月应交房产税=600 000÷（1+9%）×12%÷12=5 505（元）

2月应交房产税合计=15 200+5 505=20 705（元）

（3）3月应交房产税与2月相同。

2. 相关会计分录

（1）1月预提税金时

借：税金及附加   19 200

贷：应交税费——应交房产税　　　　　　　　　　　　　　　19 200

（2）2月预提税金时

借：税金及附加（15 200+5 410）　　　　　　　　　　　　　20 705

　　贷：应交税费——应交房产税　　　　　　　　　　　　　20 705

3月与2月相同（分录略）。

（3）缴纳第一季度房产税时

借：应交税费——应交房产税　　　　　　　　　　　　　　　60 610

　　贷：银行存款　　　　　　　　　　　　　　　　　　　　60 610

【例10-5】某企业系一般纳税人，5月购进房产用作仓储，取得的增值税专用发票上注明金额1 000万元、税额90万元。假设房产折旧年限为20年，残值为0。每月应交房产税计算如下。

应交房产税=1 000×（1-30%）×1.2%÷12=0.7（万元）

借：税金及附加　　　　　　　　　　　　　　　　　　　　　7 000

　　贷：应交税费——应交房产税　　　　　　　　　　　　　7 000

一年后，企业将该房产改作职工食堂。改变用途后，每月应交房产税计算如下。

房产累计折旧=1 090÷20×1=54.5（万元）

房产净值=1 090-54.5=1 035.5（万元）

房产净值率=1 035.5÷1 090×100%=85.5%

不得抵扣进项税额=1 090×95%=85.5（万元）

改变用途后房产账面价值=1 090-85.5=1 004.5

改变用途后每月应交房产税=1 004.5×（1-30%）×1.2%÷12=7 032（万元）

借：税金及附加　　　　　　　　　　　　　　　　　　　　　7 032

　　贷：应交税费——应交房产税　　　　　　　　　　　　　7 032

第三节　车船税会计

一、车船税的纳税人和扣缴义务人

车船税是对在我国境内规定车辆和船舶的所有人或管理人征收的一种财产税。

在我国境内，车辆、船舶（以下简称车船）的所有人或者管理人为车船税的纳税人。从事机动车第三者责任强制保险业务的保险机构为机动车车船税的扣缴义务人，应当在收取保险费时依法代收车船税，并出具代收税款凭证。扣缴义务人在代收车船税时，应当在机动车交通事故责任强制保险的保险单以及保费发票上注明已收税款信息，作为代收税款凭证。

二、车船税的计税依据和单位税额

车船税属于财产税类，本应按其价值采用比例税率计税，但鉴于车船种类繁多、变动频繁，如若每次都按其价格或评估价值计税，则难度大，不易操作，因此采用从量定额计税。计税依据是车船的排气量、整备质量、核定载客人数、净吨位、千瓦、艇身长度，以车船登记管理部门核发的车船登记证书或者行驶证所载数据为准；依法不需要办理登记的车船和应依法登记而未办理登记或者不能提供车船登记证书、行驶证的车船，以车船出厂合格证明或者进口凭证上标注的技术参数、数据为准；不能提供车船出厂合格证明或者进口凭证的，由主管税务机关参照国家相关标准核定，没有国家相关标准的参照同类车船核定。

国务院财政部门、税务主管部门在车船税税目税额表（见表10-1）规定的税目范围和税额幅度内划分子税目，并明确车辆的子税目税额幅度和船舶的具体适用税额。车船的具体适用税额由省、自治区、直辖市人民政府在规定的子税目税额幅度内确定。

表 10-1　　　　　　　　　　　　车船税税目税额表

税目		计税单位	年基准税额（元）	备注
乘用车按发动机气缸容量（排气量）分档	1.0 升（含）以下的	每辆	60～360	核定载客人数 9 人（含）以下
	1.0 升以上至 1.6 升（含）		360～660	
	1.6 升以上至 2.0 升（含）		660～960	
	2.0 升以上至 2.5 升（含）		960～1 620	核定载客人数 9 人（含）以下
	2.5 升以上至 3.0 升（含）		1 620～2 460	
	3.0 升以上至 4.0 升（含）		2 460～3 600	
	4.0 升以上的		3 600～5 400	
商用车	客车	每辆	480～1 440	核定载客人数 9 人（包括电车）
	货车	整备质量每吨	16～120	1. 包括半挂牵引车、挂车、客货两用汽车、三轮汽车和低速载货汽车 2. 挂车按照货车税额的50%计算
其他车辆	专用作业车	整备质量每吨	16～120	不包括拖拉机
	轮式专用机械车	整备质量每吨	16～120	
摩托车		每辆	36～180	
船舶	机动船舶	净吨位每吨	3～6	拖船、非机动驳船分别按机动船舶税额的 50%计算，游艇的税额另行规定
	游艇	艇身长度每米	600～2 000	

三、车船税的减免

捕捞、养殖渔船，军队、武警专用的车船，其他警用车船，依照法律规定应当予以免税的外国驻华使领馆、国际组织驻华代表机构及其有关人员的车船免征车船税。

对符合条件的新能源车船、节约能源车船，减半征收车船税。对受严重自然灾害影响纳税困难以及由于其他特殊原因确需减税、免税的，可以减征或者免征车船税。具体办法由国务院规定，并报全国人民代表大会常务委员会备案。

省、自治区、直辖市人民政府根据当地实际情况，可以对公共交通车船，农村居民拥有并主要在农村地区使用的摩托车、三轮汽车和低速载货汽车定期减征或者免征车船税。

临时入境的外国车船和我国香港、澳门、台湾地区的车船，不征收车船税。按照规定缴纳船舶吨税的机动船舶，自车船税法实施之日起 5 年内免征车船税。依法不需要在车船登记管理部门登记的在机场、港口、铁路站场内部行驶或者作业的车船，自车船税法实施之日起 5 年内免征车船税。

四、车船税纳税期限、纳税地点

车船税按年申报，分月计算，一次性缴纳。纳税年度为公历 1 月 1 日至 12 月 31 日。

车船税的纳税地点为车船的登记地或者车船税扣缴义务人所在地。依法不需要办理登记的车船，车船税的纳税地点为车船所有人或者管理人所在地。

五、车船税的确认计量

（一）纳税义务的确认

车船税纳税义务发生时间为取得车船所有权或者管理权的当月（以购买车船的发票或者其他证明文件所载日期为准）。纳税人在购车缴纳交强险的同时，由保险机构代收代缴车船税。

（二）应纳税额的计算

（1）乘用车、商用车（客车）、摩托车。

应交车船税=应税车辆数×单位税额

（2）商用车（货车）、挂车、其他车辆。

应交车船税=整备质量吨数×单位税额

（3）船舶（机动船舶）。

应交车船税=净吨位数×单位税额

（4）购置的新车船，购置当年应纳税额自纳税义务发生的当月起按月计算。应纳税额为年应纳税额除以 12 再乘以应纳税月份数。

【例10-6】某运输公司拥有商用货车10辆（整备质量20吨）、商用客车30辆、乘用车5辆。

假设商用货车每吨征收车船税60元，商用客车每辆征收车船税1 000元，乘用车每辆征收车船税500元。公司年应交车船税计算如下。

商用货车应交车船税=10×20×60=12 000（元）

商用客车应交车船税=30×1 000=30 000（元）

乘用车应交车船税=5×500=2 500（元）

应交车船税合计44 500元。

【例10-7】某船务公司3月购入一艘净吨位为10 050的船舶、一艘20 000千瓦拖船，发票日期为当月。拖船按照发动机功率每千瓦折合净吨位0.67吨计缴车船税。计算新增船舶、拖船当年应交车船税。

将拖船的功率数折合为净吨位数=0.67×20 000=13 400（吨）

船舶、拖船相应税目的具体适用税额为每吨6元，则：

船舶当年应交车船税=10 050×6×10/12=50 250（元）

拖船当年应交车船税=13 400×6×10/12×50%=33 500（元）

应交车船税合计=50 250+33 500=83 750（元）

六、车船税的会计处理

企业按规定缴纳的车船税，一般可在"税金及附加"账户中列支。

【例10-8】根据【例10-6】中的计算结果，该运输公司做如下会计分录。

（1）反映应交车船税时。

借：税金及附加 44 500

  贷：应交税费——应交车船税 44 500

（2）实际缴纳车船税时。

借：应交税费——应交车船税 44 500

  贷：银行存款 44 500

第四节 | 印花税会计

一、印花税的性质和意义

印花税是一种行为税，因其采用在应税凭证上粘贴印花税票的方法作为完税的标记，故称印花税。对应税凭证征税，实质上就是对经济行为课税。

1624年，荷兰首创印花税。新中国成立后，1950年1月，政务院颁布了《全国税政实施要则》，规定印花税为全国统一开征的税种。2018年11月1日，财政部、国家税务总局发布了《中华人民共和国印花税法》（征求意见稿）。

征收印花税，可以调节和规范市场经济行为，使之在保护财产权利、促进市场在资源配置中发挥重要作用，同时也是政府了解微观经济运行的一种有力手段；也有利于在对外经济活动中维护我国的经济权益。

征收印花税，可以加强国家对应税凭证的监督管理，及时了解和掌握纳税人的经济活动情况和税源变化情况，有助于对其他税种的征管；可促使各种经济活动合法化、规范化，促进经济往来各方信守合同，提高合同兑现率。

二、印花税的纳税人和计税依据

1. 纳税人和纳税义务确认

印花税的纳税人是订立、领受在我国境内具有法律效力的应税凭证，或者在我国境内进行证券交易的单位和个人。证券交易印花税的扣缴义务人是证券登记结算机构。

应税凭证是指《印花税税目税率表》规定的书面形式的合同、产权转移书据、营业账簿和权利、许可证照；证券交易是指在依法设立的证券交易所上市交易或者在国务院批准的其他证券交易场所转让公司股票和以股票为基础发行的存托凭证。

印花税纳税义务发生时间为纳税人订立、领受应税凭证或者完成证券交易的当日，证券交易印花税扣缴义务发生时间为证券交易完成的当日。

2. 计税依据

（1）应税合同的计税依据为合同列明的价款或者报酬（不含增值税税款）；合同中价款或者报酬与增值税税款未分开列明的，按照合计金额确定。

（2）应税产权转移书据的计税依据为产权转移书据列明的价款（不含增值税税款）。产权转移书据中价款与增值税税款未分开列明的，按照合计金额确定。

（3）应税营业账簿的计税依据为营业账簿记载的实收资本（股本）、资本公积合计金额。

（4）应税权利、许可证照的计税依据按件确定。

（5）证券交易的计税依据为成交金额。

（6）应税合同、产权转移书据未列明价款或者报酬的，按照订立合同、产权转移书据时市场价格确定；依法应当执行政府定价的，按照其规定确定。

除上述情况外，按照实际结算的价款或者报酬确定。

（7）以非集中交易方式转让证券时无转让价格的，按办理过户登记手续前一个交易日收盘价计算确定计税依据；办理过户登记手续前一个交易日无收盘价的，按证券面值计算确定计税依据。

三、印花税的税目、税率

印花税的税目分为五大类，即经济合同，产权转移书据，权利、许可证照，营业账簿，证券交易。印花税采用比例税率和定额税率两种税率。

（1）比例税率。印花税的比例税率共有五个档次，即 1‰，0.5‰，0.3‰，0.25‰，0.05‰。按比例税率征税的有各类经济合同、产权转移书据、营业账簿、证券交易等。

（2）定额税率。印花税的定额税率是按件定额贴花，每件 5 元。适用于权利、许可证照。这些凭证不属资金账或没有金额记载，对其按件定额征税，可方便纳税和简化征管。

印花税税目、税率如表 10-2 所示。

表 10-2 　　　　　　　　　　　　　印花税税目、税率

税目		税率	备注
合同	买卖合同	支付价款的 0.3‰	指动产买卖合同
	借款合同	借款金额的 0.05‰	指银行业金融机构和借款人（不包括银行同业拆借）订立的借款合同
	融资租赁合同	租金的 0.05‰	
	租赁合同	租金的 1‰	
	承揽合同	支付报酬的 0.3‰	
	建筑工程合同	支付价款的 0.3‰	
	运输合同	运输费用的 0.3‰	指运货合同和多式联运合同（不包括管道运输合同）
	技术合同	支付价款、报酬或使用费的 0.3‰	
	保管合同	保管费的 1‰	
	仓储合同	仓储费的 1‰	
	财产保险合同	保险费的 1‰	不包括再保险合同
产权转移书据	土地使用权出让和转让书据；房屋等建筑物、构筑物所有权、股权（不包括上市和挂牌公司股票）、商标专用权、专利权、著作权、专有技术使用权转让书据	支付价款的 0.5‰	
权利、许可证照	不动产权证书、营业执照、商标注册证、专利证书	每件 5 元	
营业账簿		实收资本（股本）、资本公积[①]合计金额的 0.25‰	
证券交易		成交金额的 1‰	仅对证券交易的出让方征收

① 企业在实际收到出资时确认纳税义务，即以实际投入的资本或股本为实收资本。企业可供出售金融资产按公允价值变动而增加的"资本公积"，应按年补交印花税。

四、印花税的计算

应交印花税的基本计算公式如下：

应交印花税=计税依据×适用税率（或适用单位税额）

（1）应税合同的应纳税额为价款、报酬、租金等乘以适用税率。

（2）应税产权转移书据的应纳税额为支付价款乘以适用税率。

（3）应税营业账簿的应纳税额为实收资本（股本）、资本公积合计金额乘以适用税率。

（4）应税权利、许可证照的应纳税额为适用税额。

（5）证券交易的应纳税额为成交金额或者按规定计算确定的计税依据乘以适用税率。

（6）同一应税凭证载有两个或两个以上经济事项并分别列明价款或报酬的，按各自适用税目税率计算应纳税额；未分别列明价款或报酬的，按税率高的计算应纳税额。

（7）同一应税凭证由两方或者两方以上当事人订立的，应按各自涉及的价款或报酬分别计算应纳税额。

印花税票面额最低为 0.10 元，按适用税率计算出的应纳税额不足 0.10 元的凭证，免贴印花。应纳税额在 0.10 元以上的，按四舍五入规则，尾数不满 0.05 元的不计，满 0.05 元的按 0.10 元计算。财产租赁合同最低纳税起点为 1 元，即税额超过 0.10 元，但不足 1 元的，按 1 元纳税。

【例10-9】某企业在与客户签订的房租租赁合同中，约定年租金为10万元（不含税），增值税税额为0.9万元。以10万元为印花税的计税依据，财产租赁合同按租赁金额的1‰贴花，则：

应交印花税=100 000×1‰=100（元）

如果在合同中约定年租金为10.9万元（含税），未单独记载增值税税额，则：

应交印花税=109 000×1‰=109（元）

【例10-10】某企业于某年1月1日新启用"实收资本"和"资本公积"账簿，期初余额分别为240万元和80万元。年初，计算该企业"实收资本"和"资本公积"账簿应纳印花税为：

应交印花税=（2 400 000+800 000）×0.5‰=1 600（元）

当年年末，"实收资本"和"资本公积"账簿的余额分别是280万元和120万元，则应按增加金额计税（如果年末该账簿的金额减少，则不退印花税）：

年交印花税=（2 800 000-2 400 000+1 200 000-800 000）×0.5‰=400（元）

五、印花税的贴花和免税

（一）印花税贴花

（1）纳税人在应纳税凭证书立或领受时即行贴花完税，不得延至凭证生效日期贴花。

（2）印花税票应贴在应纳税凭证上，并由纳税人在每枚税票的骑缝处盖戳注销或划销，严禁揭下重用。

（3）已贴花的凭证，修改后所载金额增加的部分，应补贴印花。

（4）对已贴花的各类应纳税凭证，纳税人须按规定期限保管，不得私自销毁。

（5）合同在签订时无法确定计税金额时，采取两次纳税方法。签订合同时，先对每件合同定额贴花 5 元；结算时，再按实际金额和适用税率计税，补贴印花。

（6）高校学生签订的高校学生公寓租赁合同，免征印花税。

（7）未贴或少贴印花税票时，除补贴印花税票外，还应处以应补印花税票金额 3～5 倍的罚款；

已粘贴的印花税票，未注销或未划销的，处以未注销、未划销印花税票金额1~3倍的罚款；已贴用的印花税票揭下重用的，处以重用印花税票金额5倍或2 000元以上、10 000元以下的罚款。

（二）印花税减免

（1）对应税凭证的副本或者抄本，免征印花税。

（2）对农民、农民专业合作社、农村集体经济组织、村民委员会购买农业生产资料或者销售自产农产品订立的买卖合同和农业保险合同，免征印花税。

（3）对无息、贴息借款合同、国际金融组织向我国提供优惠贷款订立的借款合同、金融机构与小型微型企业订立的借款合同，免征印花税。

（4）对财产所有权人将财产赠与政府、学校、社会福利机构订立的产权转移书据，免征印花税。

（5）对军队、武警部队订立、领受的应税凭证，免征印花税。

（6）高校学生签订的高校学生公寓租赁合同，免征印花税。

（7）国务院规定免征或者减征印花税的其他情形。

六、印花税的会计处理

企业在发生纳税义务时，凡是不需要预计应交税款的，或者与税务机关不存在结算、清算关系的（不会形成税款债务），即直接计算缴纳的税金，在进行会计处理时，可以不通过"应交税费"账户核算，如印花税、车辆购置税、耕地占用税、契税等。这样进行会计处理固然可以简化工作量，但"应交税费"及其二级账户不能反映企业缴纳的全部税种及其金额，不能通过一个账户了解企业纳税的全貌，从而不便于分析企业的整体税负。因此，本书对包括印花税在内的所有税种，不论大小（税种、金额），不论是否会形成税金负债，均通过"应交税费"账户核算。

印花税的适用范围较广，其应记入账户可视业务具体情况予以确定：若是固定资产、无形资产的转让和租赁，作为购买方或承受方、承租方，其支付的印花税应借记"固定资产""无形资产""税金及附加"等；作为销售方或转让方、出租方，其支付的印花税应借记"固定资产清理""其他业务支出"等。在其他情况下，企业支付的印花税应借记"税金及附加"（如果一次购买印花税和缴纳税额较大，需分期摊入费用，则可通过"待摊费用"账户分摊）。企业在债务重组时，债务人应交的印花税应借记"税金及附加"，贷记"银行存款"；债权人则应借记"长期股权投资"，贷记"银行存款"。

【例10-11】某建筑安装公司8月承包某工厂建筑工程一项，工程造价为6 000万元，按照经济合同法，双方签订建筑承包工程合同。订立建筑承包工程合同时，应按合同金额的0.3‰贴花。计算应纳税款，并做如下会计分录。

应交印花税=60 000 000×0.3‰=18 000（元）

借：税金及附加　　　　　　　　　　　　　　　　　　　　　18 000
　　贷：应交税费——应交印花税　　　　　　　　　　　　　　　　18 000

同时，做如下会计分录。

借：应交税费——应交印花税　　　　　　　　　　　　　　　　18 000
　　贷：银行存款　　　　　　　　　　　　　　　　　　　　　　18 000

各种合同应于合同正式签订时贴花。建筑公司应在自己的合同正本上贴花18 000元，由于该份合同应纳税额超过500元，故该公司应向税务机关申请填写缴款书或完税证，将其中一联粘贴在合同上或由税务机关在合同上加注完税标记。

【例10-12】某厂经营情况良好，但某年初仅就5份委托加工合同（合同总标的150万元）按每份

5元粘贴了印花税票。经税务机关稽查，委托加工合同不能按件贴印花税票。该企业在此期间还与其他企业签订了购销合同20份，合同总标的800万元。税务机关做出补缴印花税并对逃税行为做出应补缴印花税票款四倍罚款的决定。

购销合同应补缴印花税额为：

$8\ 000\ 000 \times 0.3‰ = 2\ 400$（元）

委托加工合同应补缴印花税额为：

$1\ 500\ 000 \times 0.3‰ - 25 = 425$（元）

补缴印花税款时，应做如下会计分录。

借：税金及附加   2 825

  贷：银行存款   2 825

上缴罚款时，应做如下会计分录。

借：营业外支出——税收罚款   11 300

  贷：银行存款   11 300

【例10-13】M公司向N公司转让专利权一项，转让价格为45万元，已提减值准备8 000元，账面余额38万元，M公司适用的增值税税率为9%。

双方各自应交印花税=$450\ 000 \times 0.5‰ = 225$（元）

M公司应交增值税=$450\ 000 \div (1+9\%) \times 9\% = 37\ 156$（元）

（1）M公司做如下会计分录。

借：银行存款   450 000

  无形资产减值准备   8 000

  贷：应交税费——应交增值税   37 156

    无形资产   380 000

    资产处置损益   40 844

借：税金及附加   225

  贷：银行存款   225

（2）N公司做如下会计分录（价款及税款）。

借：无形资产——××专利权   450 225

  贷：银行存款   450 225

【例10-14】某企业根据其日常经营情况，当月向主管税务机关购买印花税票11 000元备用，并在当月应税凭证上粘贴2 500元，做如下会计分录。

借：待摊费用   11 000

  贷：银行存款   11 000

借：税金及附加   2 500

  贷：待摊费用   2 500

第五节

契税会计

一、契税的纳税人和征收范围

契税是以境内权属发生转移的不动产（土地、房屋）为征税对象，以当事人双方签订的合同契约为依据，向产权承受人一次性征收的一种财产税。

买卖、典当、赠予、交换房产的当事人双方订立契约后的承受人为契税纳税人。若是买卖契约，则纳税人为买者；若是房产典当，则纳税人为受典人；若是将房产赠送给他人，则纳税人是受赠人。

转移土地、房屋权属（即契税的征收范围）是指以下行为。

（1）国有土地使用权出让。

（2）土地使用权转让（包括出售、赠予和交换，不包括农村集体土地承包经营权的转移）。

（3）房屋买卖。

（4）房屋赠予。

（5）房屋交换。

二、契税的计税依据

契税的计税依据如下。

（1）国有土地使用权出让、土地使用权出售、房屋买卖时，计税依据为成交价格；以竞价方式取得国有土地使用权的，按土地成交总价（不得从中扣除前期开发成本）计缴契税。

（2）土地使用权赠予、房屋赠予时，由征收机关参照土地使用权出售、房屋买卖的市场价格核定。

（3）土地使用权交换、房屋交换时，为所交换的土地使用权、房屋价格的差额；交换价格不相等时，由多交方按差额缴纳；交换价格相等时，免缴契税。

（4）精装修房的计税依据为装修价款。

契税的计税依据（成交价格）不含增值税；若免征增值税，则其成交价格、租金收入、转让房地产收入不得扣减增值税。若成交价格明显低于市场价格并且无正当理由，或者所交换土地使用权、房屋的价格差额明显不合理并且无正当理由，则由税务机关核定其计税依据（不含增值税）。

三、契税的税率和计算

契税实行幅度比例税率，税率为3%～5%。其计算公式如下：

应交契税=计税依据×税率

四、契税的一般减免

契税的一般减免规定如下。

（1）国家机关、事业单位、社会团体、军事单位承受土地、房屋用于办公、教学、医疗、科研和军事设施的，免征契税。

（2）城镇职工按规定第一次购买公有住房的，免征契税。第一次购买公有住房是指经县级以上人民政府批准，在国家法规标准面积以内购买的公有住房，超过国家法规标准面积的部分，仍需按规定缴纳契税。

（3）个人购买家庭（家庭成员包括购房人、配偶以及未成年子女，下同）唯一住房及个人购买家庭第二套改善性住房，面积在90平方米及以下的，减按1%的税率征收；面积在90平方米以上的，减按2%的税率征收。

（4）因不可抗力灭失住房而重新购买住房的，酌情准予减征或者免征契税。

（5）土地、房屋被县级以上人民政府征用、占用后，重新承受土地、房屋权属的，是否减征或者免征契税，由省、自治区、直辖市人民政府确定。

（6）纳税人承受荒山、荒沟、荒丘、荒滩土地使用权，用于农、林、牧、渔业生产的，免征契税。

（7）依照我国有关法律规定以及我国缔结或参加的双边和多边条约或协定的规定，应当予以免税的外国驻华使馆、领事馆、联合国驻华机构及其外交代表、领事官员和其他外交人员承受土地、房屋权属的，经外交部确认，可以免征契税。

五、契税的缴纳

契税的纳税义务发生时间，为纳税人签订土地、房屋权属转移合同的当天，或者纳税人取得其他具有土地、房屋权属转移合同性质凭证的当天。

纳税人应当自纳税义务发生之日起 10 日内，向土地、房屋所在地的契税征收机关办理纳税申报，并在契税征收机关核定的期限内缴纳税款。

纳税人办理纳税事宜后，契税征收机关应当向纳税人开具契税完税凭证。

纳税人应当持契税完税凭证和其他规定的文件材料，依法向土地管理部门、房产管理部门办理有关土地、房屋的权属变更登记手续。

纳税人未出具契税完税凭证的，土地管理部门、房产管理部门不予办理有关土地、房屋的权属变更手续。企业应按规定填写契税纳税申报表（见表 10-3）。

表 10-3   契税纳税申报表

填表日期：　年　月　日 　　　　　　金额单位：元至角分 　　面积单位：平方米

纳税人识别号 ☐☐☐☐☐☐☐☐☐☐☐☐☐☐☐☐☐☐

	名称			☐单位 ☐个人	
承受方信息	登记注册类型			所属行业	
	身份证件类型	身份证☐ 护照☐ 其他☐		身份证件号码	
	联系人			联系方式	
转让方信息	名称			☐单位 ☐个人	
	纳税人识别号		登记注册类型	所属行业	
	身份证件类型		身份证件号码	联系方式	
土地房屋权属转移信息	合同签订日期		土地房屋坐落地址	权属转移对象	
	权属转移方式		用途	家庭唯一住房	☐90 平方米以上 ☐90 平方米及以下
				家庭第二套住房	☐90 平方米以上 ☐90 平方米及以下
	权属转移面积		成交价格	成交单价	
税款征收信息	评估价格		计税价格	税率	
	计征税额		减免性质代码	减免税额	应纳税额

以下由纳税人填写：

纳税人声明	此纳税申报表是根据《中华人民共和国契税暂行条例》和国家有关税收规定填报的，是真实的、可靠的、完整的。		
纳税人签章		代理人签章	代理人身份证号

以下由税务机关填写：

受理人		受理日期　年 月 日	受理税务相关签章

注：本表一式两份，一份纳税人保存，一份税务机关留存

六、契税的会计处理

企业按规定计算应交契税后，应借记"固定资产""无形资产"等，贷记"应交税费——应交契税"。企业也可以不通过"应交税费——应交契税"账户核算，在实际缴纳契税时，借记"固定资产""无形资产"等，贷记"银行存款"。

【例10-15】某企业以1 000万元购得一块土地的使用权，当地规定契税税率为3%，应做如下会计分录。

应交契税=1 000×3%=30（万元）

借：无形资产——土地使用权   300 000

 贷：银行存款   300 000

【例10-16】M公司接受张某赠予房屋一栋，赠予契约未标明价格。经主管税务机关核定，房屋现值为460万元（假定评估价值与此相同），设契税税率为4%，则M公司应做如下会计分录。

应交契税=460×4%=18.4（万元）

借：固定资产   4 784 000

 贷：营业外收入   3 450 000

  递延所得税负债   1 150 000

  应交税费——应交契税   184 000

上交契税时。

借：应交税费——应交契税   184 000

 贷：银行存款   184 000

【例10-17】A企业以一栋房屋换取B公司一栋房屋，房屋契约上写明：A企业的房屋价值为5 000万元，B公司的房屋价值为3 800万元。经税务机关核定，认为A、B双方房屋价值与契约写明价值基本相符。此项房屋交换，B公司应是房屋产权的承受人，是多得的一方，应为契税的纳税人。假设B公司所在地契税税率为5%。B公司应做如下会计处理。

应交契税=（5 000-3 800）×5%=60（万元）

借：固定资产   12 600 000

 贷：应付账款——A企业   12 000 000

  应交税费——应交契税   600 000

第六节 车辆购置税会计

一、车辆购置税的纳税人

为进一步规范政府行为，深化财税体制改革，正确处理税费关系，以税收为主体筹集交通基础设施维护和建设资金，促进汽车工业及道路、水路等相关事业的健康发展，2018年12月29日第十三届全国人民代表大会常务委员会第七次会议通过了《中华人民共和国车辆购置税法》。

在我国境内购置汽车、有轨电车、汽车挂车、排气量超过一百五十毫升的摩托车（以下统称"应税车辆"）的单位和个人，为车辆购置税的纳税人。购置包括购买、进口、自产、受赠、获奖或以其他方式取得并自用应税车辆的行为。

二、车辆购置税的计税价格

车辆购置税的计税价格为纳税人购买应税车辆而支付给销售者的全部价款和价外费用（不包括增值税税款）。应税车辆的计税价格，根据以下规定确定。

（1）纳税人购买自用应税车辆的计税价格，为纳税人实际支付给销售者的全部价款（不包括增值税税款）。

（2）纳税人进口自用应税车辆的计税价格，为关税完税价格加上关税和消费税。

（3）纳税人自产自用应税车辆的计税价格，按照纳税人生产的同类应税车辆的销售价格确定（不包括增值税税款）。

（4）纳税人以受赠、获奖或者其他方式取得自用应税车辆的计税价格，按照购置应税车辆时相关凭证载明的价格确定（不包括增值税税款）。

（5）纳税人以外汇结算应税车辆价款的，按照申报纳税日的人民币汇率中间价折合成人民币计算缴纳税款。

（6）免税、减税车辆因转让、改变用途等原因不再属于免税、减税范围的，纳税人应在办理车辆转移登记或变更登记前缴纳车辆购置税。计税价格以免税、减税车辆初次办理纳税申报时确定的计税价格为基准，每满一年扣减10%。

（7）纳税人将已征车辆购置税的车辆退回原生产企业或销售企业，可向主管税务机关申请退还车辆购置税。退税额以已缴税款为基准，自缴纳税款之日至申请退税之日，每满一年扣减百分10%。

（8）纳税人申报的应税车辆计税价格明显偏低，又无正当理由的，由税务机关依照《中华人民共和国税收征收管理法》的规定核定其应纳税额。

车辆购置税计税价格计算公式如下：

$$计税价格 = \frac{价税合计额}{1+增值税税率或征收率}$$

进口自用应税车辆的组成计税价格 = 关税完税价格 + 关税 + 消费税

三、车辆购置税的税率和应纳税额的计算

车辆购置税实行从价定率方法计算应纳税额，计算公式如下：

应交车辆购置税 = 计税价格 × 税率

车辆购置税税率为10%。纳税人购买应税车辆的计税价格，为购买应税车辆所支付的全部价款和价外费用，但不包括增值税税款。因发票上的价格包括增值税，在计算车购税时要先减去增值税，然后再乘以10%的税率，具体计算公式如下：

$$应交车辆购置税 = \frac{车价}{(1+16\%) \times 10\%}$$

式中的"车价"并非消费者购车时的实际成交价，而是指税务部门规定的车辆购置税的最低计税价格，其计算遵循"就高不就低"的原则，即最低计税价格不等于计税价格。由此可见，车辆购置税的征收实际上有两种计算基准，即购车价格和最低计税价格，哪个价格高，就以哪个价格为计税价格计算应纳车购税。

【例10-18】某公司9月购买一辆进口轿车，关税完税价格为50万元，消费税税率为12%，关税税率为15%。应纳车辆购置税计算如下。

应交关税=50×15%=7.5（万元）

应交消费税=（50+7.5）÷（1-12%）×12%=7.8409（万元）

应交车辆购置税=（50+7.5+7.8409）×10%=6.5341（万元）

四、车辆购置税的减免

1. 车辆购置税的减免规定

（1）依照法律规定应当予以免税的外国驻华使馆、领事馆和国际组织驻华机构及其有关人员自用的车辆。

（2）中国人民解放军和中国人民武装警察部队列入装备订货计划的车辆。

（3）悬挂应急救援专用号牌的国家综合性消防救援车辆。

（4）设有固定装置的非运输专用作业车辆。

（5）城市公交企业购置的公共汽电车辆。

（6）自2018年1月1日至2020年12月31日购置的新能源汽车。

2. 国务院规定的其他减征或免征车辆购置税的情形

减免税车辆因转让、改变用途等原因不再属于减免税车辆时，纳税人应在办理过户手续前或办理变更注册登记手续前缴纳车辆购置税，其最低计税价格按下式计算。

最低计税价格=同类型新车最低计税价格×[1-（已使用年限÷规定使用年限）]×100%

规定使用年限为：国产车辆按10年计算，进口车辆按15年计算；超过规定使用年限的车辆，不再缴税。

五、车辆购置税的申报缴纳

纳税人购置应税车辆，应当向车辆登记地的主管税务机关申报缴纳车辆购置税；购置不需要办理车辆登记的应税车辆的，应当向纳税人所在地的主管税务机关申报缴纳车辆购置税。

车辆购置税实行一车一申报制度。纳税人购买自用应税车辆的，应自购买之日起60日内申报纳税；进口自用应税车辆的，应自进口之日起60日内申报纳税；自产、受赠、获奖或者以其他方式取得并自用应税车辆的，应自取得之日起60日内申报纳税。

车辆购置税实行一次征收制，纳税人应一次缴清。纳税人应在向公安机关车辆管理机构办理车辆登记注册前，缴纳车辆购置税。缴税后，主管税务机关应给纳税人开具"车辆购置税完税证明"，纳税人需持"车辆购置税完税证明"到公安机关办理车辆登记注册手续；该完税证明为每车一份，纳税人应随车携带，以备检查。

六、车辆购置税的会计处理

企业购买、进口、自产、受赠、获奖以及以其他方式取得并自用的应税车辆应缴的车辆购置税，或者当初购置的属于减免税的车辆在转让或改变用途后，按规定应补缴的车辆购置税，借记"固定资产"等，贷记"银行存款""应交税费"等。作为固定资产成本构成的车辆购置税，在车辆使用期间，采用计提折旧方式的，可以在税前扣除。

【例10-19】某公司8月购进一辆小汽车，增值税专用发票上所列的价款为22万元，增值税税额为2.86万元，9月到主管税务机关缴纳车辆购置税，并做如下会计分录。

应交车辆购置税=220 000×10%=22 000（元）

（1）购置时。

借：固定资产——小汽车 242 000
　　应交税费——应交增值税（进项税额） 28 600
　　　贷：银行存款或应付账款等 248 600
　　　　　应交税费——应交车辆购置税 22 000

（2）下个月公司缴纳车购税时。

借：应交税费——应交车辆购置税 22 000
　　贷：银行存款 22 000

如果是执行《小企业会计准则》的企业，以收付实现制为会计基础，其缴纳的印花税、耕地占用税、契税、车辆购置税等，不通过"应交税费"科目，直接记入"税金及附加""在建工程""固定资产""无形资产"等相应科目。如本例，小企业购置小汽车，确认实际支付或应付价款及相关税费时，做会计分录如下。

借：固定资产——小汽车 277 200
　　贷：银行存款或应付账款等 277 200

本章重点与难点

各税种的计税依据和适用税率，尤其是车船税和车辆购置税计税依据的确认，相关会计处理和纳税申报。

思考题

1. 概述土地增值税的计算程序。
2. 主营房地产业务的企业与非主营房地产业务的企业，土地增值税的会计处理有何不同？
3. 简述城镇土地使用税、房产税的计税依据及其会计处理。
4. 概述印花税的特点及其会计处理。
5. 试述契税的特点及其会计处理。
6. 简述城市维护建设税的计税依据及其会计处理。
7. 试述车船税、车辆购置税的特点及其会计处理。

技能题

一、计算题

1. 位于市区的甲企业5月销售产品缴纳增值税和消费税共计50万元，被税务机关查补增值税15万元并处罚款5万元。

要求：计算甲企业 5 月应交城市维护建设税。

2．某工业企业 2 月自建的厂房竣工并投入使用。该厂房的原值为 8 000 万元，其中用于储存物资的地下室价值 800 万元。假设房产原值的减除比例为 30%，地下室应税原值为房产原值的 60%。

要求：计算该企业应交房产税。

3．某汽车贸易公司 5 月进口 11 辆小汽车，海关审定的关税完税价格为 25 万元/辆。当月销售 8 辆，取得含税销售收入 240 万元；2 辆企业自用；1 辆用于抵偿债务。合同约定的含税价格为 30 万元（小轿车适用的关税税率为 25%，消费税税率为 9%）。

要求：计算该公司应交车辆购置税。

4．某机械制造厂拥有货车 3 辆，每辆货车的整备质量均为 1.499 吨；挂车 1 部，其整备质量为 1.2 吨；小汽车 2 辆。已知货车车船税税率为整备质量每吨年基准税额 16 元，小汽车车船税税率为每辆年基准税额 360 元。

要求：计算该厂年度应交车船税。

5．某建筑公司与甲企业签订了一份建筑承包合同，合同金额为 6 000 万元（含相关费用 50 万元）。施工期间，该建筑公司又将其中价值 800 万元的安装工程转包给乙企业，并签订了转包合同。

要求：计算该建筑公司此项业务应交印花税。

二、会计核算题

1．资料：位于市区的某企业，3 月实际缴纳增值税 45 万元、消费税 61 万元，其中出口退税（增值税）2 万元，进口货物由海关代征增值税 8 万元、消费税 11 万元。

要求：计算应交城市维护建设税和教育费附加，并做相应会计处理。

2．资料：某企业 1 月与 N 公司签订了一份购货合同，总价值 16 万元；与 B 企业签订了一份设备购置合同，价值 11 万元。当月转让股票，转让额为 450 万元；将购置的车辆投保，保险费金额为 2.5 万元。

要求：计算应交印花税，并做相应的会计处理。

3．资料：某公司 6 月以 5 600 万元购入楼房一栋，并以价值 500 万元的房屋换入价值 530 万元的房屋；接受捐赠房屋，价值 300 万元；当月出售楼房，收入 4 100 万元。设契税税率为 5%。

要求：计算该公司应交契税，并做相应的会计处理。

4．资料：某小型运输公司拥有并使用以下车辆：（1）商用货车 5 辆（整备质量 10 吨，每吨车船税 60 元）；（2）商用客车 10 辆（每辆车船税 1 000 元）；（3）乘用车 5 辆（每辆车船税 500 元）。

要求：根据上述资料，计算该公司应交车船税，并做相应会计处理。

5．资料：某公司 1 月购进国产卡车 2 辆，增值税专用发票上注明价款 450 000 元、增值税 58 500 元；进口小轿车（排气量在 3 升以上）1 辆，CIF 价格折合人民币 260 000 元，关税税率为 50.7%，消费税税率为 8%，增值税税率为 13%。当月已向主管税务机关、海关缴纳车辆购置税。

要求：计算应交车辆购置税，确认卡车、小轿车的入账价值，并做相应的会计处理。

参考文献

[1] 中华人民共和国税收法规公告.

[2] 中华人民共和国个人所得税法（2018年8月31日第十三届全国人民代表大会常务委员会第五次会议第七次修正）.

[3] 中华人民共和国国务院令第707号：中华人民共和国个人所得税法实施条例。

[4] 国家税务总局公告2016.4～2018.9.

[5] 财政部、税务总局（财税〔2018〕77号）：关于进一步扩大小型微利企业所得税优惠政策范围的通知.

[6] 财政部、国家税务总局（财税〔2016〕36号）：关于全面推开营业税改征增值税试点的通知.

[7] 财政部 税务总局（财税〔2018〕33号）：关于统一增值税小规模纳税人标准的通知.

[8] 财政部、国家税务总局、海关总署公告2019年第39号：关于深化增值税改革有关政策的公告.

[9] 财政部（财办会〔2016〕27号）：关于增值税会计处理的规定（征求意见稿）.

[10] 财政部、税务总局（财税〔2018〕54号）：关于设备器具扣除有关企业所得税政策的通知.

[11] 财政部、税务总局、科技部（财税〔2018〕64号）：关于企业委托境外研究开发费用税前加计扣除有关政策问题的通知.

[12] 财政部、税务总局（财税〔2018〕77号）：关于进一步扩大小型微利企业所得税优惠政策范围的通知.

[13] 财政部 制定. 企业会计准则（合订本）[M]. 北京：经济科学出版社，2017.

[14] 财政部 制定. 企业会计准则应用指南（2018年版）[M]. 上海：立信会计出版社，2018.

[15] 盖地. 税务会计原则、财务会计原则的比较与思考[J]. 会计研究，2006（2）.

[16] 盖地. 增值税会计：税法导向、还是财税分离[J]. 会计研究，2008（6）.

[17] 盖地，孙雪娇.税务会计计量属性及其与财务会计计量属性的比较[J]. 会计研究，2009（4）.

[18] 盖地. 税务会计概念框架构想[J]. 会计研究，2014（10）.

[19] 盖地. 税务会计理论研究[M]. 北京：清华大学出版社，2015.

[20] 盖地. 税收与会计——依存与共生[M]. 北京：中国财政经济出版社，2018.